幼儿园优秀体育活动设计99例

朱 清　侯金萍◎主编

中国轻工业出版社

图书在版编目（CIP）数据

幼儿园优秀体育活动设计99例/朱清，侯金萍主编. —北京：中国轻工业出版社，2015.5（2026.1重印）

ISBN 978-7-5184-0453-7

Ⅰ.①幼…　Ⅱ.①朱…②侯…　Ⅲ.①体育课-学前教育-教学参考资料　Ⅳ.①G613.7

中国版本图书馆CIP数据核字（2015）第057655号

保留所有权利。未经中国轻工业出版社书面授权，任何人不得以任何方式（包括但不限于电子、机械、手工或其他尚未被发明或应用的技术手段）复印、拍照、扫描、录音、朗读、存储、发表本书中任何部分或本书全部内容，以及其他附带的所有资料（包括但不限于光盘、音频、视频等）。中国轻工业出版社未授权任何机构提供源自本书内容的电子文件阅览、收听或下载服务。如有此类非法行为，查实必究。

责任编辑：吴　红　　　责任终审：杜文勇
策划编辑：高　君　　　责任校对：吴维斌　　　责任监印：刘志颖

出版发行：中国轻工业出版社（北京鲁谷东街5号，邮编：100040）
印　　刷：三河市鑫金马印装有限公司
经　　销：各地新华书店
版　　次：2026年1月第1版第15次印刷
开　　本：850×1092　1/16　印张：20.75
字　　数：230千字
印　　数：41001—43000
书　　号：ISBN 978-7-5184-0453-7　　定价：45.00元

读者热线：010-65181109
发行电话：010-85119832　　010-85119912
网　　址：http://www.chlip.com.cn　　http://www.wqedu.com
电子信箱：1012305542@qq.com

版权所有　侵权必究

如发现图书残缺请拨打读者热线联系调换

252121Y1C115ZBW

编 者 名 单

主　编：朱　清　侯金萍

编委：卞晓燕　蔡蔚蔚　陈萍萍　丁仕华　韩　静　黄　茜
　　　凌　晨　潘小博　司马文君　眭乃荣　汤　东　田　悦
　　　万　欣　王　慧　王　瑞　张　芳　张　岚　张　琳
　　　张　露　张　璐　周　洁　周　琴　周晓娟　朱　莉

（按姓氏的拼音排序）

前　言

《3—6岁儿童学习与发展指南》(简称《指南》)指出:"健康是指人在身体、心理和社会适应方面的良好状态。幼儿阶段是儿童身体发育和机能发展极为迅速的时期,也是形成安全感和乐观态度的重要阶段。发育良好的身体、愉快的情绪、强健的体质、协调的动作、良好的生活习惯和基本生活能力是幼儿身心健康的重要标志,也是其他领域学习与发展的基础。"由此看来,幼儿园实施健康教育有其独特的价值。体育活动作为幼儿园健康教育的重要组成部分,是不可或缺的,是促进3—6岁儿童学习和健康成长的有效途径。

对于基层幼儿园的广大教师来说,关于体育教学活动的重要性早已达成共识。当前,体育教学活动的开展日趋常态化、科学化,大多数幼儿园基本上能保证一周不少于一节,有的地区情况更好。但笔者还是经常会听到老师们诉苦,他们觉得把体育教学活动设计好并不容易。确实,在观摩活动和公开课当中,除体育特色园外,一般幼儿园很少进行体育教学活动展示,这可能与体育活动本身的专业性、科学性、合理性要求高有关。专业性指的是教师本身的体育专业素养,比如有的教师动作理解不够标准,甚至是错误的;有的教师口令指示不准确,等等。科学性指的是教师的专业知识水平,尤其是对幼儿动作发展的阶段性规律的把握,教师如果把握不当就会出现或低估幼儿或拔高幼儿能力的现象,导致设计的教学活动难易不当,目标达成率低。合理性指的是教师专业技巧的运用,比如有的教师设计的情境或进行的空间调度与幼儿的动作学习不协调,出现混乱场面;有的教师利用的资源材料与幼儿的动作学习不匹配,有时甚至还会妨碍幼儿的动作习得;有的教师选用的集体学习、小组学习、个体学习的方式不当,也会造成活动效益不高,等等。笔者相信教师们只要心中有儿童,学会细细揣摩,步步积累,一定会改变体育教学活动设计和实施中的问题与不足。

近几年，我们凭借对幼儿园体育活动研究的热情和执着，在区级层面组织了幼儿园教师体育基础班和体育骨干班，开展了数百次体育教学的教研活动，积累了相当数量的优秀教学案例。我们编辑此书的目的，是试图将我们的研究经验与广大教师分享交流、共同发展，试图让我们的研究得失与广大教师们见面回眸、得益相长。希望这本包含优质资源的参考资料，能被幼儿园教师喜欢，更希望给幼儿园教师的专业成长以借鉴和启迪。

本书目录依旧沿用习惯的基本动作排列方式，即走、跑、跳、投掷、钻、爬、球类、平衡、一物多玩以及武术类别，这样方便教师们翻阅查找。本书收录了近百个教学设计，其中小班29个、中班30个、大班40个。每个活动设计均包括设计意图、活动目标、活动准备、活动过程、活动延伸、专家评析六部分内容。特别说明的是，活动目标部分采用的是发展目标的三维表述方式，即认知部分、策略部分、情感部分；活动准备部分分为经验准备和物质准备两部分，这样能充分体现对幼儿经验的尊重；活动过程采用表格式呈现方式，分为程序、进程、时间和次数、场地安排四部分，这样能更好地展示幼儿的学习过程；活动延伸部分，则能充分体现幼儿集体学习与幼儿一日活动、家庭活动的衔接。

本书由朱清、侯金萍担任主编，负责全书的架构、策划与统稿。在本书编写的过程中，感谢承担"专家评析"部分撰写任务的园长和老师们，她们分别是南京市鼓楼幼儿园丁仕华老师、卞晓燕老师，南京市金信幼儿园汤东副园长、张芳老师、张露老师，南京市力联阳光幼儿园田悦老师，江苏省军区机关幼儿园眭乃荣园长、张琳园长助理，南京市六一幼儿园王瑞副园长，南京师范大学附属幼儿园周洁副园长，南京医科大学附属幼儿园周晓娟副园长，南京师范大学紫金幼儿园蔡蔚蔚老师。感谢承担"活动设计"部分撰写任务的老师们，她们分别是南京市鼓楼幼儿园丁仕华、卞晓燕、凌晨老师，南京市金信幼儿园黄茜、司马文君老师，南京市力联阳光幼儿园陈萍萍、潘小博老师，江苏省军区机关幼儿园张琳园长助理、万欣老师，南京市六一幼儿园王慧、朱莉老师，南京师范大学附属幼儿园周琴、韩静老师，南京医科大学附属幼儿园张岚、张璐老师，南京师范大学紫金幼儿园蔡蔚蔚老师。在此一并感谢上面八所幼儿园园长的大力支持，感谢中国轻工业出版社万千教育编辑部的高君女士一直以来的信任。

因为篇幅有限，对最初收集来的活动设计有所删减，敬请老师们谅解。为进一步提高书籍质量，也欢迎广大读者和教师对本书提出宝贵的意见和建议。

朱清　侯金萍

2014 年 12 月于南京

目　录

小·班

1. 我和猪宝宝玩游戏（拨球走）……………………………………………002
2. 赶小鸭（拨球走）…………………………………………………………005
3. 小鸡与蛋宝宝（玩球）……………………………………………………008
4. 小矮人运西瓜（蹲走推球）………………………………………………010
5. 小鸡快跑（听信号向指定方向跑）………………………………………013
6. 小老鼠搬粮食（听信号向指定方向跑）…………………………………015
7. 快乐的小鸡（听信号向指定方向跑）……………………………………018
8. 快乐的喜羊羊（直线跑）…………………………………………………020
9. 小花猫捉老鼠（高跳下）…………………………………………………024
10. 小兔子采蘑菇（双脚行进跳）……………………………………………027
11. 小兔子摘蘑菇（跳过障碍）………………………………………………030
12. 小海狮运气球（双腿夹球跳）……………………………………………032
13. 大风和皮球（双脚向上跳）………………………………………………035
14. 看谁投得远（投）…………………………………………………………037
15. 勇敢的小白兔（投）………………………………………………………040
16. 小乌龟历险（手膝着地爬）………………………………………………043
17. 快乐的小老鼠（手膝着地爬）……………………………………………046
18. 乌龟去旅行（听信号变速爬）……………………………………………048
19. 天线宝宝（一定范围内四散爬）…………………………………………051

V

20. 勤劳的小乌龟（手膝着地爬）......054
21. 小乌龟运粮食（听信号变速、变向爬）......057
22. 宝宝倒着爬（倒着爬）......060
23. 勇敢的小熊（在低矮物体上走）......063
24. 小熊过桥（在平衡木上走）......066
25. 小猴运粮（踩高跷）......070
26. 我穿爸爸的大皮鞋（穿大鞋走）......073
27. 快乐的飞行员（在平衡木上走）......076
28. 我和爸爸一起玩（亲子活动）......079
29. 冬天里的温暖（亲子活动）......082

中班

30. 白雪公主和小矮人（蹲走）......088
31. 小松鼠捡松果（后退走）......091
32. 壁虎和尾巴（快跑）......095
33. 小钉子充磁（快跑）......099
34. 渔童跳海浪（立定跳远）......102
35. 看谁跳得远（立定跳远）......106
36. 开心跳跳糖（连续纵跳）......110
37. 多变的塑料棒（直线两侧行进跳）......113
38. 沙包一物多玩（夹包跳）......116
39. 我们都来跳一跳（高跳下）......119
40. 小青蛙跳荷叶（深蹲跳）......123
41. 跳跳虎摘水果（纵跳触物）......126
42. 小兔种花籽（投准）......129
43. 飞镖（投远）......132
44. 撒花瓣（反手投掷）......135
45. 快乐的小勇士（投准）......138

46. 母鸡萝丝去散步（钻） ... 141

47. 猫与老鼠（正钻） ... 146

48. 小小坦克兵（手膝着地障碍爬） ... 148

49. 勇敢的小骑兵（手膝着地侧爬） ... 150

50. 蜘蛛织网（手足爬） ... 153

51. 小螃蟹学本领（侧爬） ... 156

52. 花样抛接球（双人抛接球） ... 160

53. 自抛自接球（自抛自接球） ... 163

54. 踩高跷（踩高跷） ... 166

55. 头顶垫子玩游戏（顶物走） ... 169

56. 小小邮递员（在平衡木上走） ... 172

57. 合作真快乐（合作拖坐平板车） ... 175

58. 搬运轮胎（综合） ... 179

59. 有趣的轮胎（综合） ... 182

大班

60. 双色爆竹（左右分队走） ... 188

61. 小螃蟹运西瓜（双人侧身行走） ... 191

62. 力大无穷（拖轮胎走） ... 194

63. 舞龙（走跑交替） ... 198

64. 凤儿和小羊（四散追逐跑） ... 200

65. 快速返回基地（往返跑） ... 204

66. 夺宝奇兵（绕障碍跑） ... 207

67. 花样跳盒（立定跳远） ... 210

68. 喜气羊羊过蛇年（羊角球跳） ... 213

69. 有趣的瓶子（助跑跨跳） ... 217

70. 夹包比远（夹包跳） ... 220

71. 沙包飞起来（夹包跳投） ... 223

72. 小猴子过河（助跑跨跳）……………………………………………227

73. 勇闯独脚果园（单脚跳）…………………………………………230

74. 勇敢的小兵（高跳下）……………………………………………233

75. 蹲撑跳（蹲撑跳）…………………………………………………237

76. 羊羊大练兵（投远）………………………………………………240

77. 植物大战僵尸（投准）……………………………………………243

78. 穿越烽火线（侧身钻）……………………………………………246

79. 孙悟空种桃树（侧身钻）…………………………………………250

80. 小兔钻山洞（侧身钻）……………………………………………253

81. 丛林野战军（匍匐爬）……………………………………………256

82. 蜘蛛侠（手足爬）…………………………………………………260

83. 小螃蟹爬爬乐（侧身爬）…………………………………………263

84. 勇敢的解放军（匍匐爬）…………………………………………267

85. 我是小小兵（侧滚翻）……………………………………………270

86. 直体滚动（直体滚动）……………………………………………273

87. 小足球真好玩（定点射门）………………………………………277

88. 击地传球（双人击地传球）………………………………………280

89. 好玩的气球（行进间垫气球）……………………………………283

90. 我是小小建筑师（坐滑板车前行）………………………………286

91. 过河不湿鞋（在有间隔的物体上走）……………………………289

92. 小小杂技员（在平衡木上走）……………………………………292

93. 体操运动员（在平衡木上正面走、侧身走）……………………295

94. 百变金箍棒（三人移位接棒）……………………………………298

95. 石头、剪刀、布（轮胎上跳）……………………………………302

96. 搭桥寻宝去（在"椅子桥"上走）………………………………305

97. 我们去哪儿——造新家（一物多玩）……………………………308

98. 功夫小子（武术）…………………………………………………311

99. 小火车过山洞（中大班混合活动）………………………………315

小 班

1. 我和猪宝宝玩游戏（拨球走）

【设计意图】

　　小班幼儿对于球的兴趣比较浓厚，在户外活动中他们经常会用双手滚一滚皮球，或者把皮球往下一扔再弹起来，乐此不疲。但单手拨球对于小班幼儿来说还是有一定的挑战性，尤其是在身体侧面单手拨球向前走对幼儿的动作协调性有一定的要求。借助小班幼儿喜欢情境的心理特点，本活动创设了花园、小动物的家等，让幼儿在情境中不断地探索练习，从而自然习得动作技能。

【活动目标】

　　（1）学习在身体侧面单手拨球向前走，发展动作的协调性。
　　（2）感知拨球的力度与球滚动速度的关系，提高控球手感。
　　（3）在猪宝宝去做客的情境中体验玩球的乐趣。

【活动准备】

　　（1）经验准备：幼儿有双手滚球的经验。
　　（2）物质准备：贴着猪鼻子的小足球人手1个，圈2个，平衡板2块，树丛隔断6个，小猫、小狗、小兔、小青蛙的家，大泡沫垫若干，音乐，地标。

【活动过程】

程序	进　程	时间和次数	场地安排
准备部分	（一）手持"猪宝宝"做热身操，激发兴趣 师：猪妈妈今天想邀请你们和猪宝宝一起玩，你们愿意吗？请小朋友找一个猪宝宝带它们去游乐场玩一玩。 幼儿散点站在大圆内，教师创设情境与猪宝宝打招呼，与幼儿共同做热身操，包括头部运动、上肢运动、体侧运动、体转运动、腹背运动、跳跃运动、整理运动等。	约2分钟 （1次）	○

续表

程序	进　程	时间和次数	场地安排
基本部分	（二）在花园的情境中学习在身体侧面单手拨球向前走 1. 幼儿在指定的范围内自由探索用手拨球向前走 师：今天天气真好啊，猪妈妈想请你们和猪宝宝手牵手去花园的草地上玩一玩，记住不能抱着猪宝宝。你们有什么好方法，来试一试！ 幼儿自由探索用手拨球将猪宝宝从场地一端送至花园。	约2分钟 （1次）	花园情境 □ ○○○○○ 小猪家
	2. 引导幼儿学习在身体侧面单手拨球向前走 （1）幼儿示范自己用手拨球的方法。 师：你是怎样和猪宝宝走过去的呢？谁来用动作做一做？（请幼儿示范） （2）教师示范动作，强调在身体侧面单手拨球。 师：让猪宝宝站到我们的旁边，弯腰，用一只手拨小猪往前走。 （3）幼儿根据动作要领再次练习单手拨球向前走。	约4分钟 （1次）	幼 ○ 师
	3. 引导幼儿学习控球，提高控球能力 （1）师幼讨论控球的方法。 师：猪妈妈发现有的猪宝宝不听话，走得特别快，总是走在小朋友的前面。怎样才能让小猪听话，跟我们一起走呢？你有什么好办法？ （2）教师带领幼儿一起讨论、总结。 师：轻轻地推小猪才能走得慢，不能让小猪超过我们。如果发现小猪跑到我们前面，我们要赶紧追上。 （3）幼儿在场上再次练习，体验自己讨论的结果。 师：现在用我们刚刚说的好方法再试一试。 （4）引导幼儿左右手交替练习，提高控球能力。 师：猪妈妈请小朋友换一只手，带着猪宝宝去对面的草地上散步。	约3分钟 （2次）	幼 ○ 师
	4. 玩游戏"带着猪宝宝去做客"，进一步巩固单手拨球的技能 师：今天许多小动物也想邀请猪宝宝去它们家做客，我们一起来看看怎么去这些小动物的家。 教师介绍四条路线：小朋友从小脚丫处出发，带猪宝宝走过草地（贴有小草的大泡沫垫），走过独木桥（平衡板）或绕过小树林（贴有小树的障碍）来到小动物的家，再从两边回来，尝试去其他动物的家。	约4分钟 （1次）	小动物的家 ☺☺☺☺ 独木桥 ▲▲ 小树林 ▲▲ ▯▯▯▯ 草地 👣👣👣👣

续表

程序	进　程	时间和次数	场地安排
放松部分	（三）放松身体，整理结束 师：今天你们带着猪宝宝去了花园，还去了好多小动物家做客，真能干！猪宝宝也要谢谢你们！现在我们把猪宝宝轻轻送回家，然后来放松休息一下。 幼儿散点找空站，随《小猪吃得饱饱》的音乐放松，重点放松腰部和上肢。	约2分钟 （1次）	

【活动延伸】

在日常体育游戏或晨间锻炼中，可以引导幼儿练习双手滚球、身体侧面单手拨球等技能，比如利用大型滑梯进行滚球，利用保龄球的情境进行单手拨球练习等。

【专家评析】

活动中，在一片友爱的气氛中，幼儿发展着"边单手侧面拨球边向前行走"的运动能力；教师运用简洁明了的语言，引导着幼儿不断提高动作的协调性以及控制能力。

（1）游戏情境激发幼儿参与体育活动的兴趣。活动中，"小朋友与小猪宝宝手拉手做游戏"的简单情境，确定了动作要领——单手侧面拨球；形象化的情境语言，让小班幼儿能完全理解动作，从而激发了他们对活动的好奇心和参与活动的积极性。

（2）语言明确，指导性强。活动中"猪妈妈想请你们和猪宝宝手牵手去花园的草地上玩一玩，记住不能抱着猪宝宝"，这句话让幼儿明确了具体动作，进而尝试练习、体验成功；"猪妈妈发现有的猪宝宝不听话，走得特别快，总是走在小朋友的前面。怎样才能让小猪听话，跟我们一起走呢？你有什么好办法"，这些来自幼儿的问题激发他们在运动中动脑筋，寻找解决问题的办法，理解动作力度的重要，发展了动作控制能力。

建议

在游戏环节设计中，在保证单手拨球的技能练习外，还可以增加其他多样化的路线使活动形式更加多变、更具有趣味性。

2. 赶小鸭（拨球走）

【设计意图】

　　皮球是小班幼儿非常熟悉且喜爱的一种运动材料，具有滚、跳、弹、转等特性。幼儿的体育活动必须能反映幼儿的生活和经验，只有选择那些幼儿熟悉且能引起他们共鸣的教育内容，才能引起他们活动的兴趣，从而积极主动地参加活动，最终获得知识和能力的提升。因此，本活动利用幼儿喜爱球的天性，创设了一个赶小鸭的游戏情境，要求幼儿用手练习拨球，增强他们的双手臂力、腰腹和下肢的力量，提高他们手脚动作的协调性。

【活动目标】

　　（1）练习手拨球，增强身体的灵敏性。

　　（2）通过尝试不同障碍的赶小鸭游戏，感知控球方法的多样性。

　　（3）体验控球游戏成功的乐趣。

【活动准备】

　　（1）经验准备：幼儿有"养鸭人赶鸭子"的初步认知，尝试过球的多种玩法（如接落地球、脚点球等）。

　　（2）物质准备：标记线3条，泡沫垫1块，小树林障碍物3个，平衡木1块，圈6个，皮球人手1个；录音机，音乐。

【活动过程】

程序	进　　程	时间和次数	场地安排
准备部分	（一）热身活动，激发兴趣 1.幼儿听音乐进场，在老师的带领下围着小圆进行走、跑活动，并模仿小动物的动作	约1分钟 （1次）	〇
	2.小鸭模仿操（自编，可以有起床、喝水、走路、捉虫等内容） 师：小鸭们，天气这么好，我们一起去草地上玩一玩吧！	约2分钟 （1次）	幼 〇〇〇〇〇 〇〇〇〇〇 〇〇〇〇〇 △ 师

续表

程序	进　程	时间和次数	场地安排
基本部分	（二）玩"赶小鸭"游戏，练习并掌握手拨球、控球的技能 1. 幼儿自由尝试球的一物多玩 （1）教师出示皮球，激发幼儿玩球的兴趣。 （2）幼儿自由尝试球的不同玩法。 师：这是鸭宝宝，它也想和你们玩一玩。现在请你们找个空地用小手、小脚和鸭宝宝做游戏吧！	约2分钟 （1次）	
	2. 幼儿初步尝试赶小鸭动作 （1）集中幼儿，教师根据幼儿自由玩球的情况，引出手拨球动作。 师：鸭妈妈有个玩法叫"赶小鸭"，请你们瞧一瞧。 （2）教师边示范边讲解要领：把鸭宝宝放在地上，站在它旁边，弯下腰，把手贴近小鸭的屁股，向前拨一下，鸭宝宝就向前跑了，然后我们的小脚也跟着，再用手拨一下，鸭宝宝又会往前跑。 （3）幼儿尝试赶小鸭动作。	约2分钟 （1次）	○ ○幼 ○ ○ ○ ○ △ 师
	3. 幼儿再次尝试赶小鸭动作，体验拨球力量与距离的关系 （1）集中幼儿，提出问题：有什么好办法不让鸭宝宝离自己太远呢？（拨的力气大，球就滚得远；拨的力气小，球就滚得近） （2）幼儿再次尝试赶小鸭动作（提醒幼儿将球放在旁边拨）。 师：这次我们看看哪只鸭宝宝最听你们的话，不会跑得很远。	约3分钟 （1次）	
	4. 幼儿绕障碍拨球，进一步锻炼控球能力 师：你们赶小鸭的本领学得真好！现在我们前面有四条不同的小路，你会带鸭宝宝过小路吗？ 教师示范并讲解过小路的方法：过小路后抱着鸭宝宝跑到标记线后回头，回来以后可选择其他小路，要注意听鸭妈妈的哨声出发。	约3分钟 （1次）	幼　小路
	5. 游戏：鸭宝宝逛花园 （1）幼儿自由选择四条不同路径，把小鸭赶进花园赏花。（教师示范玩法） 师：春天到了，花园里的花非常美丽，鸭宝宝想去花园看看，怎么去呢？赶小鸭过小路以后，把鸭宝宝抱进花园，在花园旁玩五次（抛球等）游戏，就可以得到一朵小花。 （2）在教师交代玩法后，幼儿开始游戏。	约5分钟 （2次）	幼　小路　花园

续表

程序	进　程	时间和次数	场地安排
放松部分	（三）放松身体，结束活动 1. 师幼随音乐放松身体各个部位，重点放松上肢和腿部 2. 师幼共同收拾器械，离场	约2分钟 （1次）	

【活动延伸】

在晨间锻炼和平时的户外活动中，可以增设"赶小鸭"的游戏，设置直线、曲线及一定高度的障碍让幼儿进行不同难度的手拨球练习，锻炼身体的灵敏性。

【专家评析】

球类活动是适合小班幼儿开展的运动项目，其趣味性、多功能性可以有效地激发幼儿的运动兴趣，对发展幼儿的整体素质具有独特的价值。本活动有以下两个突出的特点：

（1）游戏情境优化教程。小班幼儿的思维活动带有具体形象性特点，他们喜欢模仿，对游戏中的情节、角色、动作过程容易产生兴趣。本活动以听音乐做小鸭模仿操导入，以"和鸭宝宝做游戏"进入球的多种玩法尝试中，帮助幼儿充分体验身体和球一起移动的运动经验。接着以"赶小鸭"和"带鸭宝宝过小路"等情境，指导幼儿再次体验拨球力量与身体移动距离的关系，进一步锻炼控球能力。最后以游戏"鸭宝宝逛花园"，调动幼儿全身运动，体验玩球活动的乐趣。

（2）游戏资源渗透发展。教师作为幼儿的支持者、合作者，在教育资源挖掘中应渗透全面发展的意识。在"赶小鸭"中，教师进行了一种技能多种玩法的引导，帮助幼儿体验不同路径中拨球的力量不同，进一步巩固了幼儿的控球能力，同时关注幼儿动作发展的全面延伸。此外，教师创设了不同颜色的标记供幼儿自选路径玩球游戏后贴上，既满足了幼儿的成功体验，又鼓励幼儿选择更多不同的路径去练习；还可以让幼儿自检学习结果，也使教师对幼儿的学习有了进一步的了解，践行了《指南》提出的"关注幼儿学习与发展的整体性，尊重幼儿发展的个体差异，理解幼儿的学习方式和特点，重视幼儿的学习品质"的精神。

建议

在活动中，教师可鼓励幼儿左右手都试试拨球，从而关注运动的全面性。

3. 小鸡与蛋宝宝（玩球）

【设计意图】

小班幼儿爱动，但由于年龄特点，要想促使他们进行有目的的体育运动，就需要教师准备一定的器械来激发和维持幼儿参与活动的积极性。皮球具有滚、弹、跳等不同的特性，轻巧、体积小，便于取放，是幼儿比较喜爱的运动玩具。本活动把皮球的这些特点与幼儿跳、投、跑等动作练习有机地结合起来，以促进幼儿身体的综合发展。

【活动目标】

（1）尝试球的多种玩法，发展力量、速度、灵敏性等身体素质。

（2）通过自主尝试创新及同伴间的模仿，逐步感知球的特性，体验动作与球之间的关系。

（3）体验与同伴共享活动空间的快乐。

【活动准备】

（1）经验准备：幼儿已了解小鸡及鸡蛋的相关信息，有滚、踢球的动作经验。

（2）物质准备：小皮球（多于幼儿人数），大筐2个，饮料瓶若干，大灰狼、老鼠大图各2张，长条泡沫垫2块，标记线1根，录音机和音乐磁带。

【活动过程】

程序	进　程	时间和次数	场地安排
准备部分	（一）进入角色，趣味热身 1. 带幼儿扮演小鸡抱着蛋宝宝（球）入场，并带着蛋宝宝去散步 师：小鸡们，我们一起带着蛋宝宝去散散步吧！ 幼儿抱着球走大圆，并做高人走、矮人走、小跑步等动作。	约2分钟 （1次）	○
	2. 和幼儿做球操，包括头部、上肢、体侧、体转、俯背、下肢、下蹲、跳跃、整理运动等	约2分钟 （1次）	

续表

程序	进 程	时间和次数	场地安排
基本部分	（二）玩球游戏，运动全身 1. 我和蛋宝宝玩游戏 （1）幼儿自主尝试用手、肩膀和蛋宝宝玩游戏。 师：蛋宝宝们最喜欢和小鸡玩游戏了，我们用手和肩膀可以和蛋宝宝怎么玩儿呢？ 在幼儿自主玩的过程中，教师用语言引导幼儿，鼓励幼儿用手和肩膀玩出不同的玩法。	约1.5分钟 （1次）	散点
	（2）集中交流并模仿同伴间的不同玩法。 师：哪只小鸡愿意把你的方法展示给我们看一看？（在幼儿演示时，教师可用拟人化的语言将幼儿的动作趣味化）	约1分钟 （1次）	
	（3）幼儿自主尝试用腿、脚和蛋宝宝玩游戏。 师：刚刚我们是用手和肩膀带蛋宝宝玩游戏的，现在蛋宝宝想让我们用腿和脚带它玩游戏，可以怎么玩呢？	约1.5分钟 （1次）	散点
	（4）集中交流并模仿同伴间的不同玩法。 师：哪只小鸡愿意把你的玩法展示给我们看一看？	约1分钟 （1次）	
	2. 教师带着幼儿去游乐场玩 （1）"蛋宝宝跳水"——投球进大筐。 （2）"蛋宝宝碰响瓶"——推滚保龄球。 （3）"蛋宝宝击大灰狼"——掷球击狼。 （4）"带蛋宝宝过小桥"——夹球平衡跳。 （5）"我和蛋宝宝比赛跑"——追滚动球。 环节要求：在每个区域游戏的旁边放置一张幼儿玩法的照片和场景图，激发幼儿活动的兴趣，引导与提示幼儿区域游戏的玩法及规则等。	约7分钟 （1次）	分区域
放松部分	（三）亲近小球，舒缓身心 1. 韵律"小小蛋儿把门开" 幼儿带着皮球，听教师口令用身体指定部位与同伴碰一碰，或用小球碰自己身体的指定部位。 师：我们和蛋宝宝们一同跳个舞吧！	约2分钟 （1次）	散点
	2. 师幼共同收拾器械离场	约1分钟 （1次）	

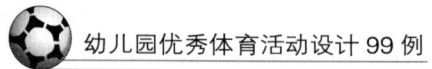

【活动延伸】

教师可以将活动中的区域活动运用在晨间锻炼中；可以发动家长资源，将幼儿园的球类游戏介绍给家长，引导家长带着孩子玩各种球的游戏，并将家庭中生成的有趣的球类游戏与班级其他幼儿共享，促使幼儿运动的可持续发展。

【专家评析】

活动中，在"小鸡与蛋宝宝"的游戏中，幼儿对小鸡、蛋宝宝的游戏角色较为熟悉，也乐于扮演其中；教师通过集中学习，引导幼儿运用上下肢玩球，使幼儿初步感受皮球滚动的特性，发展幼儿的球感。之后，以开放性的区域自选活动形式，让幼儿学看区域的规则标记自主选择，自由活动，自我探索与体验动作与球之间的关系，给予幼儿充足的学习空间。幼儿通过自选，极大地丰富了多种玩球经验，提升了走、跑、投掷、夹球跳、平衡等多种动作能力及相关的身体素质；更进一步激发了玩球活动的兴趣，体验了与同伴共享活动空间的快乐，培养了专注完成活动的学习品质。

建议

教师可把活动中用上肢和用下肢玩球的环节变成幼儿自由玩球，这样对小班幼儿的束缚会相对较少，幼儿发挥想象的空间也就更大；由于小班幼儿年龄较小，所以活动中的分区域游戏可以适当调整为大循环游戏，教师带领幼儿一同游戏，让幼儿充分地运动起来。

4. 小矮人运西瓜（蹲走推球）

【设计意图】

小班幼儿的年龄较小，在体育活动中缺乏持久性，在走路和奔跑时腿部力量也明显不足。通过观察，发现他们很喜欢球类游戏，尤其是球的滚动性能吸引他们的注意。所以，本活动选择蹲走加双手交替推球的动作，让幼儿一直控制手上的球，增强手眼协调能力；同时蹲走的动作也能锻炼幼儿的耐力和腿部力量，促使其走、跑、跳等基本动作的发展。

【活动目标】
（1）学习边蹲走边双手交替向前推球的动作，锻炼腿部力量和小手肌肉的控制能力。
（2）在情境游戏中逐步掌握动作的要领，并能绕过各种各样的障碍物。
（3）有遵守游戏规则的意识，体验运球游戏的快乐。

【活动准备】
（1）经验准备：幼儿练习过两两滚球的动作。
（2）物质准备：装球的筐若干；泡沫地垫，海绵垫子，小平板，制作好的小树；录音机，音乐磁带。

【活动过程】

程序	进　程	时间和次数	场地安排
准备部分	（一）激发兴趣，活跃情绪 1. 学小矮人走路进场 师：小矮人，我们要去摘西瓜喽！出发吧！要钻山洞了（蹲走3米左右），注意前方有老巫婆，我们要快快跑过去；又要钻山洞了，看大老虎在睡觉，我们要轻轻走过去；又要钻山洞了……哇！来到了西瓜田啦！	约2分钟 （1次）	
	2. 做韵律操 师：待会儿我们要搬大西瓜了，来，让我们运动一下吧！（上肢、下蹲、手指、扩胸、跳跃、放松运动等）	约1分钟 （1次）	幼儿站在圆上，西瓜球在圆中间
基本部分	（二）在游戏中自主练习动作，掌握动作要领 1.学习推西瓜的方法，练习推西瓜的动作 师：这么大的西瓜我们要怎么运回家呢？ 教师示范运西瓜的方法。 师：我们可以蹲下来小手扶稳西瓜，再一点一点向前推西瓜。注意，不能让西瓜跑掉，也不能让西瓜碎掉哦！请小矮人们到西瓜田里来推一个西瓜到自己的位置上吧！	约2分钟 （1次）	
	2. 小结幼儿的动作，鼓励幼儿再次练习 师：刚才哪个小矮人的西瓜没有跑掉，请你来做一做给我们看看！哦！小手不能离开西瓜，两只小手轮流交换向前推，这样西瓜才会听话！这次我们把西瓜推到仓库里可以吗？	约3分钟 （1次）	幼儿站在直线上向前推球 仓库

续表

程序	进　程	时间和次数	场地安排
基本部分	3. 游戏：小矮人运西瓜 （1）幼儿集体运西瓜。 师：山里的老巫婆听说我们小矮人摘了很多西瓜，要来抢西瓜，我们要赶紧把西瓜从仓库里运回家里去。我们要先穿过一片树林，推过小桥才能到家。	约3分钟 （1次）	树林　小桥
	（2）幼儿再次游戏。 师：运西瓜时老巫婆来了怎么办呢？（蹲着抱着西瓜不动变成木头人）	约3分钟 （1次）	
放松部分	（三）稳定情绪，放松身心 师：小矮人完成任务了，一起来跳个欢乐舞吧！	约2分钟 （1次）	散点

【活动延伸】

教师在下午的体育游戏中可以带领幼儿玩"小矮人运西瓜"的游戏，在有趣的情境中帮助幼儿巩固下蹲走跳的动作。

【专家评析】

本活动游戏情节生动有趣，从小班幼儿的年龄特点出发，利用童话故事中的小矮人吸引幼儿参与活动。活动预设巫婆的角色能让幼儿提高活动的注意力，能更加关注自己手上的球，也能遵守游戏的规则。而双手滚球的基本动作练习，有效地增强了幼儿的手指、手掌、手臂等部位的肌肉力量，提高了手腕关节的灵活性，发展了双手动作的协调性、准确性和视觉运动的能力，符合《指南》中健康领域目标"发展幼儿动作的协调性和灵活性"。

建议

在幼儿熟悉动作后，可以选择大小不同的球让幼儿练习；游戏环节，可以再次增加难度，如绕障碍走S形路线等。

5. 小鸡快跑（听信号向指定方向跑）

【设计意图】

听信号向指定方向跑是小班幼儿体育教学活动的一项重要内容。听不同信号做不同动作不仅可以发展幼儿的运动反应速度，提高动作的灵活性，还可以促进幼儿身体的健康发展。因此，设计了本活动，要求幼儿按信号要求进行动作、运动方向变换的练习。

【活动目标】

（1）听信号向指定方向跑，发展跑的能力和动作的协调性。

（2）能根据信号指令，快速找到奔跑的方向。

（3）体验与同伴共同游戏的快乐。

【活动准备】

（1）经验准备：幼儿玩过"老狼老狼几点钟""小孩真爱玩"的游戏。

（2）物质准备：泡沫垫1块，平衡木1块，木桩6个，玩具，小动物的家的场景3个，录音机，音乐。

【活动过程】

程序	进　程	时间和次数	场地安排
准备部分	（一）热身活动，激发兴趣 1. 幼儿跟随教师在欢快音乐的伴奏下，走跑进场 师（出示小鸡胸饰）：今天我做鸡妈妈，你们做小鸡宝宝，让我们去草地上跑一跑，活动一下身体吧！	约1分钟 （1次）	
	2. 做小鸡模仿操 带领幼儿随音乐做动作，如伸腰、刷牙、捉害虫等。	约2分钟 （1次）	○○○○○幼 ○○○○○ ○○○○○ △ 师

续表

程序	进　程	时间和次数	场地安排
基本部分	（二）玩游戏，学动作 1. 开展"小鸡去做客"的游戏，练习听信号向指定方向跑 （1）在教师的带领下进行听信号向指定方向跑的游戏。 师：小鸡宝宝，我们一起到小动物的家做客吧！小鸡小鸡快快跑，跑到××家去做客！ （2）集中幼儿，针对游戏中的问题进行讨论，比如怎样快速跑到相对应的动物的家。	约3分钟 （1次）	小动物的家
	2. 开展"小鸡捉迷藏"的游戏，进一步巩固听信号向指定方向跑 师：宝宝们先闭着眼睛，妈妈先到小动物家躲起来，你们说完"妈妈妈妈在哪里"之后来找妈妈，好吗？ （1）玩捉迷藏游戏。 （2）集中幼儿，针对游戏中的问题进行讨论，比如怎样不碰到别人等。	约3分钟 （1次）	
	3. 开展"小鸡送礼物"的游戏 （1）交代游戏玩法，边讲解边领着一名幼儿示范。 游戏玩法：鸡宝宝自由选择不同的线路（小桥、草地和高山）拿礼物，之后再根据鸡妈妈发出的信号将玩具送到相应的小动物的家，以此循环。 （2）幼儿进行游戏，教师指导。 （3）增加"大灰狼"角色，幼儿再次游戏。 师：这一次呀，你们要当心大灰狼。如果听到"狼来了"，就赶紧跑回自己家躲好！	约6分钟 （2次）	草地 小桥 高山　礼物
放松部分	（三）游戏结束，放松身体 1. 听音乐跳舞，放松身体 2. 幼儿收拾器械，离场	约2分钟 （1次）	

【活动延伸】

鼓励家长平时在家与幼儿玩此类游戏，在让幼儿身体得到锻炼的同时，增强他们的自我安全意识。

【专家评析】

"小鸡快跑"是一个角色、情节生动有趣，线索连贯单一的小班幼儿听信号跑的体育活动。此活动主要有以下两个特点：

（1）以游戏激发幼儿的兴趣。本活动在"小鸡快跑""去小动物家做客""找妈妈""躲避大灰狼"等一系列情节中极大地调动起小班幼儿活动的兴趣，让他们学习听信号向指定方向跑，既促进了幼儿空间知觉的发展，又发展了他们的听觉和视觉协调一致的能力。

（2）养成安全运动的习惯。在不同目标的跑动中，幼儿始终在"怎样不碰到别人"的引导下，在与同伴的交流分享中逐步形成对安全跑动的初步意识。这也很好地说明了如何在运动中对幼儿实施安全教育，让幼儿学习安全活动的自我保护方法。

建议

根据季节条件变化可适当增加或降低幼儿的活动量，通过不同的走跑距离、不同的障碍物难度及游戏密度进行调节。

6. 小老鼠搬粮食（听信号向指定方向跑）

【设计意图】

小班幼儿刚刚进入集体中生活，他们的听信号能力较弱，时常会一个人想跑到哪儿玩就跑到哪儿玩。此外，他们的动作技能发展不够成熟，跑步动作不太协调。因此，应该让幼儿了解进入集体后要听老师的指令进行游戏，并愿意大胆地跑动起来。本活动以"游戏情境、教师示范、幼儿观察、儿歌帮助、探索尝试、讨论、再练习"为主要方法，让幼儿在玩的过程中，不知不觉地掌握规则，培养大胆尝试的能力。

【活动目标】

（1）学习听信号向指定方向跑，发展听指令和奔跑的能力。

（2）通过游戏情境中儿歌的帮助，初步掌握听到指令后做出相应的动作。

（3）愿意参与搬粮食游戏，体验游戏规则。

【活动准备】

（1）经验准备：幼儿玩过一些听指令的游戏。

（2）物质准备：有大圆的空旷的场地，录音机，音乐，地垫。

【活动过程】

程序	进　程	时间和次数	场地安排
准备部分	（一）激发兴趣，活跃情绪 师：瞧，森林里来了哪些小动物呀？飞飞，小鸟飞；跳跳，小兔跳；走走，大象走；跑跑，小猴跑；走走，小鸭走；跳跳，青蛙跳；走走，长颈鹿走。 1. 热身活动：听儿歌模仿小动物走 幼儿与教师站成一个圆圈，模仿各种动物走、跑、跳。	约2分钟 （1次）	◯
	2. 专项准备 幼儿和教师一起围成大圆，在大圆上做准备活动，为跑进行重点部位的专项热身，包括头部、扩胸、摆臂、手腕脚踝、脚部运动等。	约2分钟 （1次）	播放音乐
基本部分	（二）在游戏中发展能力，体验乐趣 1. 引出"老鼠老鼠爱吃米"游戏情境，复习听信号回家 师：我是老鼠妈妈，我的老鼠宝宝在哪呀？小老鼠们，我们一起来吃粮食喽！小小老鼠，小小老鼠，来吃粮食喽，啊呜啊呜，大口吃，啊呜啊呜，真好吃。喵喵，老猫来啦！ 游戏玩法：幼儿跟随教师在圈内，边念儿歌边游戏。当教师念到"喵喵，老猫来啦"时，幼儿要快速跑回到圈上。教师及时提醒幼儿注意跑回家时不碰撞等。	约2分钟 （1~2次）	◯
	2. 引出"小老鼠运粮食"的游戏情境，学习四散追逐跑，逐渐掌握躲闪的方法 （1）初步尝试听指令向指定方向跑。 师：刚刚我们把粮食都吃完了，现在请你们到家附近去找找粮食。每只老鼠拿到一袋大米后，赶紧跑回家，千万不要让老猫发现哦。小老鼠爱吃米，大米大米在哪里？大米藏在滑梯那儿。 游戏玩法：教师拍手念儿歌，当念到"大米藏在滑梯那儿"后，幼儿跑到滑梯处，找到大米后跑回来，放回筐里。第二遍游戏时，教师将藏的地方替换。 （2）师生集中站成半圆，共同讨论。 师：你找到大米了吗？在哪儿找到的？为什么去那儿找？你是听到哪一句话后跑出去找到的？你有没有被老猫发现？为什么？（"动作轻，速度快"）	约4分钟 （1~2次）	⌒ 幼 ◯ 师

续表

程序	进程	时间和次数	场地安排
基本部分	（3）在讨论的基础上，幼儿再次游戏。 师：我们的小老鼠又要出门找大米了，要听清楚大米藏在哪儿哦！如果老猫来了，要赶紧跑回家哦。 ①游戏玩法：教师拍手念儿歌，当念到"大米藏在××那儿"后，幼儿跑去找。当幼儿找到大米后，老猫就出现了，幼儿要快速跑回家。	约4分钟 （1～2次）	○
	②集中讨论：当老猫出现后，老鼠要怎么办？怎样才能快快地回家？看见其他小老鼠怎么办？	约1分钟 （1次）	幼⌒ ○ 师
	（4）集体游戏，调整身心。 师：小老鼠找了许多粮食，我们把它们送给老鼠奶奶吧。 游戏玩法：幼儿分成两队，分别爬过垫子，将粮食送到对面的篓子里。	约3分钟 （2次）	草地（垫子） ○○○○○ ○ ○○○○○ 草地（垫子）
放松部分	（三）稳定情绪，放松身心 幼儿围圆站，随音乐放松，调整呼吸、调节情绪，重点进行腿部和脚踝的拉伸。 师：今天小老鼠找到了许多的粮食，都辛苦了，我们一起放松放松、按摩按摩吧！	约2分钟 （1次）	

【活动延伸】

为了使活动更具变化、更加好玩，教师可以在不同的地方设置不同的老鼠敌人，比如有的地方是老虎，需要小老鼠很快跑回家；有的地方是狗熊，需要小老鼠不动装死，等等。

【专家评析】

针对小班幼儿，听指令跑步的游戏有很多。幼儿在听指令跑步的游戏中积累了听信号的能力，锻炼了跑步动作和跑步能力，学习了在运动中避免碰撞的方法，懂得遵守游戏规则……所有这些都不是一两次的游戏可以获得的，需要多次的尝试。本活动利用儿歌式的语言帮助幼儿理解了游戏的规则；利用完整的游戏情境，让幼儿知道每一个步骤要做什么，以及为什么这样做。在这样的情境中，幼儿积累的不仅仅是动作技能和遵守规则的能力，更重要的是知道游戏中不同角色之间的关系，感受到由此带来的快乐和支持。

7. 快乐的小鸡（听信号向指定方向跑）

【设计意图】

奔跑是小班幼儿喜欢的运动方式，他们不在意身边的环境是否适合奔跑，只要能转动自己的身体，就会加快自己的步伐。而这时候老师、家长都会很担心地说："不要跑，别摔倒。"有时候，他们甚至会禁止幼儿去跑。其实，幼儿在奔跑中不仅能发展方位、深度、速度和节奏知觉，更能提高注意、观察、思维、想象等能力，同时适宜的动作练习还能让他们学会运动中自我保护的正确方法。所以在春暖花开的季节，教师有目的地带着幼儿去练习奔跑，是非常有意义的事情。

【活动目标】

（1）练习听信号向指定方向跑，发展跑的能力和动作的协调性。

（2）在信号声中、颜色的对应中，快速找到奔跑的方向。

（3）体验帮助好朋友解决困难的乐趣。

【活动准备】

（1）经验准备：幼儿认识蔬菜，有"走跑"交替的运动经验。

（2）物质准备：用红、黄、绿皱纹纸捻成的小虫（总数为幼儿人数的7倍），萝卜、青菜、蘑菇图片各1张，鸡妈妈头饰，绿筐3个，红、黄筐各1个，录音机；音乐：《火车快飞》《小鸡的舞》《可爱的小鸡》。

【活动过程】

程序	进程	时间和次数	场地安排
准备部分	（一）激发兴趣，活跃身体 1. 幼儿自由开火车进场 师：我是鸡妈妈，你们是鸡宝宝，我带你们开着火车到草地上做游戏去。（在《火车快飞》音乐中走跑热身）	约1分钟 （1次）	散点
	2. 听音乐做"小鸡操" 教师利用语言提示幼儿学小鸡走、吃虫、喝水、梳羽毛等动作，重点活动腿部。	约2分钟 （1次）	
基本部分	（二）做游戏，练习向指定方向跑 1. 幼儿跟着老师向指定方向跑 师：宝宝们，我们菜园里的蔬菜宝宝都长大了，我们一起去菜地里和他们打个招呼吧。 （1）和蔬菜宝宝打招呼（蘑菇、萝卜、青菜）。 （2）探讨怎样去蔬菜宝宝家：刚才你们是怎样去看蔬菜朋友的？ 总结动作要领：眼睛向前看，慢慢跑过去，碰到身边的小伙伴。 （3）幼儿再次听动作信号——慢慢走过去、轻轻跑过去，听地点信号——蘑菇朋友、青菜朋友、萝卜朋友，做出动作。	约6分钟 （2次）	蘑菇 ○○○○ 萝 ○○○○ 卜 ○○○ 幼 青菜
	2. 玩游戏：小鸡捉虫（每次只捉一条小虫） 师：蔬菜朋友家有小虫子了，我们去帮蔬菜朋友捉虫子吧。请把捉到的小虫子放回与它颜色相同的筐里。 （1）幼儿第一次捉虫（教师提供一种颜色的小虫，请幼儿把它放回相对应颜色的筐里）。 （2）幼儿第二次捉虫（把三种颜色的小虫，放回相对应的筐中）。 师：这次蔬菜朋友家的虫子颜色有点多，捉回来的时候要看清楚筐的颜色，不要放错地方。	约6分钟 （2次）	黄筐 蘑菇 红筐 萝卜 绿筐 青菜
放松部分	（三）放松身心，整理场地 1. 幼儿听音乐《小鸡的舞》跳舞，做放松活动 2. 师幼一起整理场地，结束活动	约3分钟 （1次）	散点

【活动延伸】

在下午的体育游戏中，可以增加不同的道路，改变幼儿的动作练习环境；在区域活动中，可让幼儿用皱纹纸制作彩色的小虫；在晨间锻炼游戏区，可创设一个"我为蔬菜除害虫"游戏情境。

【专家评析】

"可爱的小鸡"是一个角色、情节生动有趣，线索连贯单一的小班幼儿听信号走跑体育活动。在信号声、颜色对应等多种丰富的游戏规则变化下，充分发展幼儿的听信号向指定方向走跑的能力。同时，在快速奔跑中进一步增强幼儿的自我保护经验，促进幼儿的全面健康发展。

本活动重在激发幼儿的兴趣，通过让幼儿扮演小鸡这一他们熟悉的生活角色，在"去菜园捉小虫"的方向指引下，引导他们反复学听信号，进行不同目标的走跑练习，和同伴分享游戏空间，促进他们的动作发展。此外，在游戏中融入颜色匹配、数学知识等策略，让幼儿感受到了游戏的新奇，激发了他们积极的、坚持参与游戏的愿望。在幼儿充分体验到指令地点的走跑练习中，活动密度随着情节层层加大，而活动强度始终保持在小班幼儿可承受的范围内，教师注意提醒幼儿调整呼吸、稳定情绪，不断增强幼儿的心肺功能，让幼儿感受到运动的快乐，体验到分享与自我保护的意义，身心得到全面健康发展。

8. 快乐的喜羊羊（直线跑）

【设计意图】

小班上学期的幼儿刚刚开始适应幼儿园的生活，他们比较喜欢在情境中跟着老师、同伴一起奔跑，比如在晨间锻炼中他们会拿着方向盘当司机在操场上四处奔跑。但是受年龄特点所限，他们不能很好地保持身体平衡，在奔跑的过程中经常摔跤或者碰到同伴。因此，教师要引导幼儿在奔跑的过程中注意方向性以及注意避让同伴，这对培养幼儿的观察力和安全意识有一定的帮助。考虑到小班幼儿平日活动中的情境性，所以整个活动引入了幼儿喜欢的喜羊羊动画片，以幼儿熟悉的角色和场景贯穿，让幼儿在情境游戏中自然习得。

【活动目标】

（1）学习向指定方向直线跑，保持身体平衡。

（2）在跑步过程中注意避让，不碰到同伴。

（3）体验与教师、同伴共同玩跑步游戏的乐趣。

【活动准备】

（1）经验准备：幼儿在平时的户外活动中经常奔跑。

（2）物质准备：喜羊羊胸饰人手1个，村长胸饰1个，动物毛绒玩具若干，大肥羊学校、绿草地、羊村场景，自编小草藤蔓4条，美羊羊地标，起始线2条，地垫若干，音乐，录音机。

【活动过程】

程序	进　　程	时间和次数	场地安排
准备部分	（一）以情境导入，激发兴趣，活动身体 1. 教师带领幼儿做热身运动 师：早上天气真好，羊羊们跟着村长一起来做运动吧。 幼儿与教师以村长和喜羊羊角色一路纵队进场，进入大圆内幼儿散点跟随教师做热身运动，包括头部、扩胸、摆臂、腹背、跳跃、整理运动等。	约2分钟 （1次）	
	2. 带领幼儿认识场地布置 师：现在羊羊们跟村长去羊村看一看吧，要跟好我哦。 幼儿跟随教师沿操场顺时针方向依次认识小动物的家、大肥羊学校（轻声慢跑过去）、青青草原（学小猫走）。	约1分钟 （1次）	大肥羊学校 小动物的家 青青草原
基本部分	（二）在情境游戏中学习向指定方向直线跑，体验游戏的乐趣 1. 练习听信号向指定方向跑 （1）选择一个小动物做好朋友，练习听信号向指定方向跑。 师：小动物们想到我们的羊村来玩，现在我们都去找一个小动物做朋友，找到朋友后请羊羊们回到村长这里。	约1分钟 （1次）	

续表

程序	进　程	时间和次数	场地安排
基本部分	（2）师幼讨论送动物去大肥羊学校的方法。 师：小动物们很想去我们的大肥羊学校学本领，可是上课时间快到了，我们怎样才能把他们快快地送到大肥羊学校去呢？羊羊们有什么好方法？ 幼儿根据喜羊羊地标站成半圆，教师总结幼儿的方法：快快跑过去将小动物送到大肥羊学校，然后再快快地回到自己的家。	约1分钟 （1次）	幼 〇 师
	（3）师幼讨论跑步时拥挤、碰撞的问题。 师：刚才羊羊们跑的时候有没有遇到什么问题？	约1分钟 （1次）	
	2. 幼儿初步练习向指定方向直线跑 （1）教师介绍小路并示范玩法。 师：美羊羊替村长想到了一个好办法，她为了不让灰太狼知道，还在地上做了一条警戒线，等下我们轻轻地跟着村长走到警戒线后面去看一看她的方法。 教师示范：去大肥羊学校有四条路，先选择一条道路跨过警戒线，找到喜羊羊标志准备好，快快出发跑到大肥羊学校，然后再从原来的小路跑回来。 （2）幼儿分组练习向指定方向直线跑。	约3分钟 （1次）	大肥羊学校 小 路 警戒线
	（3）集中讨论：有了小路以后，你感觉怎么样？有没有挤到一起？ 讨论完后幼儿跟随教师轻轻走至小动物的家，将动物送回。	约1分钟 （1次）	幼 〇 师
	3. 变换小路，幼儿再次练习向指定方向直线跑 （1）介绍新的道路。 师：咦，这儿也有一条警戒线！羊羊们赶紧躲到警戒线的后面别被灰太狼发现了。去青青草原的小路两边怎么有这么多小草啊？我们应该怎么过去呀？你们有什么好办法？ 请一组幼儿示范去青青草原的方法：选一条小路跨过警戒线，找到喜羊羊标志准备好，在小路中间快快地跑过去，再从原来的道路跑回来。	约1分钟 （1次）	

续表

程序	进　程	时间和次数	场地安排
基本部分	（2）幼儿分组练习直线快跑。 师：小动物知道我们想到了这么好的方法也想去青青草原玩一玩，那我们先轻轻地把动物朋友抱过来，然后分组带它们去草地上玩一会儿。	约2分钟 （1次）	草地路　　　　小动物家　　　　草原
放松部分	（三）稳定情绪，放松身心 师：羊羊们今天真能干，帮助小动物到我们的大肥羊学校去学本领，又送小动物去我们羊村的草地上做游戏，还没有被灰太狼发现！我们都累了，跟村长休息放松一下吧。 幼儿散点找空站，随音乐放松，调整呼吸，重点进行腿部和手臂的放松。	约2分钟 （1次）	

【活动延伸】

  可以在晨间锻炼活动中增加跑道，鼓励幼儿玩小汽车的游戏，让幼儿练习沿指定方向直线跑。

【专家评析】

  对体育活动本身的兴趣是幼儿参加体育活动的主要动力。没有兴趣，勉强去参加，不仅难以收到好的效果，还会使幼儿产生消极情绪，不利于幼儿的身心健康发展。本活动采用幼儿熟悉的"喜羊羊"角色，让幼儿首先从情感上亲近体育活动，为幼儿积极参与体育活动奠定了基础。之后的教学过程层次清楚，动作练习的重难点分配合理，能抓住幼儿易感到困难的内容，有效地帮助幼儿掌握，很好地达成了活动目标。

9. 小花猫捉老鼠（高跳下）

【设计意图】

儿童在两岁左右已能依靠双腿力量使身体跳起。到了小班，幼儿总喜欢蹦蹦跳跳，尤其喜欢从台阶上往下跳，但由于落地动作不规范，再加上腿部力量弱、身体平衡能力差，故落地时易失去平衡。而向下跳的游戏能较好地改进幼儿的落地动作，发展他们的腿部力量、柔韧性和平衡能力。幼儿从高处向下跳落地时，要判断落地时间、做好落地准备，落地时要求较准确地知觉和判断地面冲击力，调节屈腿的速度和幅度，以减少对身体的震动。因此，设计了本活动。

【活动目标】

（1）双脚从 50 厘米左右的高处跳下，提高下肢力度及深度知觉，改善落地动作。

（2）通过扮演小猫角色，感知真实情境下向下跳的身体动作。

（3）体验游戏活动的乐趣。

【活动准备】

（1）经验准备：幼儿对猫和老鼠的习性有所了解，平时生活中接触过双脚跳动作。

（2）物质准备：椅子人手1把，地标线，自制小老鼠若干，小筐，皮筋，海绵垫，圈，音乐。

【活动过程】

程序	进 程	时间和次数	场地安排
准备部分	（一）激起动机，唤醒身心 1. 教师带领幼儿学小花猫走进场 师：小猫们，猫妈妈今天要带你们捉老鼠，我们出发吧！	约1分钟 （2次）	一路纵队
	2. 小猫模仿操（教师自编） 幼儿站成大圆做操，为向下跳进行重点部位（即下肢）的专项热身活动。 师：小猫们先和妈妈一起做个热身操吧！	约2分钟 （1次）	幼儿围圈

续表

程序	进程	时间和次数	场地安排
基本部分	（二）情境暗示，探索感知 1. 练习从低矮路崖上向下跳 师：小猫们，小老鼠经常会从这个路崖前路过，我们在路崖上等老鼠从这儿路过时跳下来捉住它，好不好？ （1）幼儿自主尝试从路崖上往下跳。 师：小猫们先去练一练怎样从路崖上跳下来才能轻轻地落地，不被老鼠们发现。	约1分钟 （1次）	幼儿横排
	（2）师幼集中小结动作要领。 师幼集中站成半圆，请一名幼儿示范，并小结动作。 师：哪只小猫来演示一下你是怎样从路崖上轻轻跳下来的？ （3）师幼听口令集体练习两次左右。 师：小猫们，我们一起来跳一跳，比比哪只小猫落地最轻！ 其间可由一名教师扮演大老鼠，在适当的时机出现，激发幼儿活动的兴趣和积极性。	约3分钟 （1次）	幼⌒师
	2. 尝试从椅子上向下跳 师：这儿的老鼠被吓得不敢出来了，我们一起到树林里去捉老鼠吧！瞧！前面有一棵棵的大树（椅子），我们爬到树上等老鼠一来就捉住它。试试看，从高高的树上怎样才能轻轻地跳下来不被老鼠发现呢？ 在幼儿练习的过程中，教师扮演的大老鼠要看时机出现。主班教师在组织幼儿从高处跳下时，要营造一定的情境性和神秘性，让幼儿乐此不疲地练习高跳下。	约2分钟 （1次）	椅子散点摆放
	3. 玩游戏"捉老鼠" 教师介绍游戏场地及要求，幼儿游戏。 师：小猫分成四队，每队排头放一把椅子。排头小猫从椅子上跳下后，爬过草地（垫子）、跨过小沟（圈）、钻过山洞（皮筋拉成的）捉一只老鼠回队伍，将老鼠放至队前的老鼠笼（篓子）里后，到队尾排队，此时下一个幼儿便可向前移一位，站在椅子上跳下，同前游戏。	约3分钟 （1次）	起始线 椅子 ▪▪▪▪ 垫子 ▪▪▪▪ 沟 ○○○○ 山洞———— 老鼠

续表

程序	进　程	时间和次数	场地安排
放松部分	（三）庆祝成功，感受喜悦 师：小老鼠都被我们能干的小猫们捉光啦，你们开不开心？我们一起放松放松，跳个舞庆祝一下吧！ 幼儿散点站，随轻音乐拉伸放松，调整呼吸、调节情绪，重点进行腿部的拉伸和拍打放松。	约3分钟 （1次）	散点

【活动延伸】

教师在下午的体育游戏中可以带领幼儿玩"猫捉老鼠"的游戏，在有趣的情境中帮助幼儿巩固向下跳的动作。

【专家评析】

小班幼儿喜欢从台阶上往下跳，但双脚落地时不能主动屈腿缓冲，加上地面对身体冲击力大，易失去平衡。因此，在"小猫捉老鼠"的游戏中，通过让幼儿扮演"小猫"这一他们熟悉的动物角色，进行"路崖边捉老鼠""从树上跳下捉老鼠"等不同情境的活动，在"不能让大老鼠听到落地声音"的捉鼠任务中，帮助幼儿反复体验学习如何减少震动、轻轻落地的动作要领，提高了幼儿的下肢力度，改善了他们的落地动作，使他们机体的协调性得到进一步提升。

整个活动的密度随着情节层层加大，在不同情境的变化中，幼儿始终在"怎样不让大老鼠听见"的引导下，在与同伴游戏的分享中逐步形成有关高跳下的安全意识，在动作上有所关注与改进，提高了在运动中进行自我保护的能力。

建议

在让幼儿尝试从不同的高度向下跳时，教师可充分利用本园已有的活动场地，或为幼儿设置一些高度不同的台阶让幼儿练习；在活动中教师也可自编儿歌，以暗示幼儿向下跳的动作要领。

10. 小兔子采蘑菇（双脚行进跳）

【设计意图】

　　小班幼儿对于小动物具有天生的兴趣与好奇心，在小动物形象的帮助下，他们能够更好地接受教育活动内容。小兔子是幼儿非常喜欢的动物形象，在平时的户外体育活动中，幼儿已经能够较灵活地模仿小兔子向前、向上跳跃，但还没有尝试过双脚连续向前跳。为了促使幼儿能较熟练地用双脚向不同方向跳，发展跳跃能力，结合本班幼儿的实际情况，设计了本次活动。幼儿在"小兔子采蘑菇"的情境中，在快乐的游戏中，自然地掌握了双脚连续行进跳的动作。

【活动目标】

　　（1）能双脚同时向前连续行进跳，发展动作的协调性。

　　（2）通过游戏情境，探索双脚同时向前连续行进跳的方法。

　　（3）感受和同伴一同游戏的快乐。

【活动准备】

　　（1）经验准备：幼儿对小兔子的形象很熟悉，掌握了小兔子跳跃的基本动作。

　　（2）物质准备：不同颜色的蘑菇若干，小兔子的家4个，草地道具，兔妈妈头饰1个，小兔子头饰人手1个，布口袋人手1个。

【活动过程】

程序	进　程	时间和次数	场地安排
准备部分	（一）创设活动情境，激发活动兴趣 1.带领幼儿学小兔子的样子，跳到草地上玩一玩 师：小兔子们准备好了吗？跟着妈妈一起出来玩喽！	约1分钟 （1次）	散点
	2.带领幼儿做热身操，活动身体 师：首先我们来活动一下我们的身体，这样待会儿才有力气去找食物吃！ 组织幼儿散点站立，模仿小兔子做以下动作：点点头、弯弯腰、弯弯腿、跳一跳等。	约2分钟 （1次）	

续表

程序	进　程	时间和次数	场地安排
基本部分	（二）玩游戏"小兔子采蘑菇"，引导幼儿练习双脚向前行进跳 1. 创设游戏情境，激发活动兴趣 师：兔宝宝们，秋天到了，森林里长出了好多好吃的蘑菇，今天我们的任务是带上我们的口袋到森林里去采蘑菇。	约3分钟 （1次）	幼 师
	2. 带领幼儿到草地上采蘑菇 师：宝贝们，让我们一起到草地上去采蘑菇吧！把你采到的蘑菇放到你的小口袋里哦！ 教师注意观察幼儿游戏的情况，提醒幼儿不能撞到别人。 3. 组织幼儿小结、交流自己的成果 师：兔宝宝们都好厉害呀，刚才采了好多蘑菇，现在把你们采到的蘑菇举起来看一看！ 4. 引导幼儿总结跳得快的原因，认识双脚连续行进跳 师：有的兔宝宝采了很多蘑菇，你能告诉我为什么你能采到这么多蘑菇吗？你是怎么跳的？ 师：这个兔宝宝一直连续往前跳，中间没有停，所以他的速度快。 5. 带领幼儿一起学习双脚连续向前跳 师：我们一起学一学他是怎么跳的。	约3分钟 （1次）	草地 幼
	（三）玩游戏"小兔子运蘑菇"，帮助幼儿巩固行进跳的动作 1. 介绍游戏玩法 师：兔宝宝们真棒，今天采了这么多的蘑菇，待会儿我们要把蘑菇运到我们家里的小仓库中。 师：从笑脸的起点出发，跳过草地，就来到了我们的仓库，把袋子里的蘑菇倒进仓库里，你的任务就完成了！ 2. 幼儿游戏，教师观察指导，引导幼儿双脚连续行进跳 师：注意中间不能停哦！	约3分钟 （1次）	仓库 草地
放松部分	（四）结束活动，放松身体 1. 小结活动内容，让幼儿感受任务完成的成就感 师：今天兔宝宝采了这么多的蘑菇，真能干，为自己鼓鼓掌！ 2. 带领幼儿散点站，做放松活动，重点放松腿部 师：辛苦了一天，听着好听的音乐，我们来放松一下吧！ 引导幼儿敲敲腿、踢踢腿、坐下来捶捶腿。	约3分钟 （1次）	散点

【活动延伸】

在日常体育活动中，可以开展"小兔子采蘑菇"的活动，为幼儿提供进一步练习双脚行进跳的能力。

【专家评析】

本活动遵循"以幼儿发展为本"的理念，突出了幼儿发展的自主性和能动性。教师根据小班幼儿思维形象、对扮演小动物非常感兴趣的特点，以小兔子采蘑菇、运蘑菇的故事情节贯穿整个活动，让幼儿在轻松愉快的气氛中锻炼身体机能，发展双脚行进跳的能力。

（1）当学习要求转化为幼儿的内在需要时，教育目标就变成了幼儿游戏的意愿。此活动正是从幼儿的年龄特点出发，创设了"小兔子采蘑菇"的故事情境，让幼儿以角色身份轻松、自然地完成了各项操作。这样的设计理念，在幼儿园的各种活动中都是非常必要的，能够激发幼儿主动活动的意愿，达到更好的学习效果。

（2）"小布口袋"的简单设计，体现了教师从幼儿的角度出发思考的能力。"采蘑菇"十分有趣，可是把采完的蘑菇抓在手上会不会对双脚跳的动作有所影响？蘑菇越采越多怎么办呢？小小的布口袋，既可以让幼儿装一装、放一放，又可以直观地看到自己的成果，可谓一举两得。

（3）总结是对活动要点的提升，是幼儿园体育活动中不可或缺的部分。活动之后的总结往往能够帮助幼儿提升自我，起到画龙点睛的效果。在本活动设计中，教师"引导幼儿总结跳得快的原因，认识双脚连续行进跳"这一环节，能够使幼儿的思路更加清晰，不仅仅是在游戏中玩一玩，而是一种智慧的学习。

建议

在幼儿跳跃能力发展的基础上，除了为幼儿提供平地跳跃的机会，还可以适当地增加材料，如圈、栅栏等，提高活动的挑战性；小兔子除了可以采蘑菇，还可以拔萝卜、摘青菜等；可以结合《小白兔》的儿歌，引导幼儿边念儿歌边玩游戏。

11. 小兔子摘蘑菇（跳过障碍）

【设计意图】

　　小班幼儿喜欢自由地跑跑、跳跳，因此本活动结合小班幼儿身心发展的特点及身体锻炼的要求，运用了"游戏情境、教师示范、幼儿观察、儿歌帮助、探索尝试、单个练习、集体练习、分组练习"等策略，鼓励幼儿积极参与游戏。教师在游戏的设计上从易到难，有层次地让幼儿主动投入其中，通过自己的不断尝试和不断调整完成任务，从而体验挑战成功的乐趣，达到锻炼双脚并拢跳的目的。

【活动目标】

　　（1）学习双脚并拢跳，发展跳跃的能力。

　　（2）通过儿歌的帮助、教师的示范和游戏的体验，初步掌握双脚并拢跳的方法。

　　（3）在教师的帮助下，体验双脚跳活动的规则。

【活动准备】

　　（1）经验准备：幼儿玩过一些跳跃游戏。

　　（2）物质准备：有大圆的空旷场地，垫子，踩河石或者抱枕，蘑菇、小兔图片，音乐，排头点子标记。

【活动过程】

程序	进　　程	时间和次数	场地安排
准备部分	（一）激发兴趣，活跃情绪 师：春天到了，小兔子们一起来活动活动吧。今天天气真正好，我们一起来做操，伸伸臂伸伸臂，弯弯腰弯弯腰，天天锻炼身体好！ 1. 热身活动 幼儿与教师站圆，做热身操，准备进行游戏。	约2分钟 （1次）	○
	2. 专项准备 幼儿和教师一起围成大圆，在大圆上做准备活动，为跳进行重点部位的专项热身，包括头部、扩胸、摆臂、手腕、脚踝、脚部运动等。	约2分钟 （1次）	播放音乐

续表

程序	进 程	时间和次数	场地安排
基本部分	（二）在游戏中发展能力，体验乐趣 1.引出"小兔小兔真爱玩"的游戏情境 师：小兔子们，我们一起玩游戏吧，注意听好妈妈的话做动作哦。小兔小兔真爱玩，摸摸这、摸摸那，摸摸小草走回来。 游戏玩法：幼儿跟随教师在圈内，边念儿歌边游戏。儿歌念完，幼儿能快速回家。教师及时观察并提醒幼儿注意小兔子是如何跳的。	约2分钟 （1～2次）	○
	2.引出"小兔子摘蘑菇"的游戏情境，学习双脚并拢跳的方法 （1）初步尝试游戏。 ①妈妈念儿歌，兔宝宝摘蘑菇，摘完蘑菇运回家。 师：刚刚我们玩了好玩的游戏，现在肚子好饿呀，我们一起去摘蘑菇吃吧。哎呀，路上有石头挡住了我们的路，怎么办呢？小白兔摘蘑菇，看见石头走上去，小脚并拢往下跳，跳下石头摘蘑菇。 游戏玩法：小兔子竖着耳朵，走上石头，双脚并拢跳下，看见蘑菇摘下来，运回家。 ②师生集中站成半圆，共同讨论。 师：你们看见石头了吗？怎么跳过石头的呀？请一个小朋友试一试，我们一起来学一学。站在石头上，两脚并拢，一二三，两脚一起跳。	约4分钟 （1～2次）	石头（抱枕） ○○○○○ 蘑菇 ◯
	（2）在讨论的基础上，幼儿再次游戏。	约4分钟 （1～2次）	石头（抱枕） ○○○○○ ○○○○○ 蘑菇 ◯
	（3）集体游戏、调整身心。 师：我们找到了许多的蘑菇，我们一起听着音乐来洗一洗、烧一烧、吃一吃蘑菇吧！ 游戏玩法：幼儿围圆站，随音乐放松，调整呼吸、调节情绪，做蘑菇操。重点进行腿部和脚踝的拉伸。	约3分钟 （2次）	⌒ 幼 ○ 师

续表

程序	进　程	时间和次数	场地安排
放松部分	（三）稳定情绪，放松身心 师：我们还有许多的蘑菇，我们一起去花园散步，把它们送给我们的动物朋友吃吧！	约2分钟 （1次）	

【活动延伸】

可以更换游戏情境，组织幼儿在晨间锻炼时进行游戏。

【专家评析】

跳跃能力对幼儿来说有一定的困难，尤其是有些幼儿在跳跃中不能掌握双脚并拢跳跃的动作要领。为什么会出现这样的问题？分析后发现，当不在真实性的情境中时，幼儿往往因为缺少辅助性材料的帮助和隐性指导，没有办法做好双脚并拢跳跃的动作。那么如何添加一定的辅助材料帮助幼儿呢？活动中，教师运用了相同高度但是大小不同的河石作为辅助材料，在刚刚开始的游戏尝试中，幼儿只需要跳跃一块石头就可以了；在后期的游戏过程中，教师将石头排列成不规则的图形，幼儿在走过时，可能需要跳跃过多块石头。就这样，幼儿得到锻炼的机会和次数就变多了，积累了正确的动作方法。同时，教师考虑到了小班幼儿的腿部力量不够，所以从一块石头逐步累加到三块、四块石头，循序渐进，虽有挑战但是在幼儿的能力范围内。

建议

根据幼儿的游戏情况，可以增加踩河石的高度和宽度，给幼儿更大的游戏挑战。

12. 小海狮运气球（双腿夹球跳）

【设计意图】

小班幼儿喜欢想象，喜欢模仿熟悉的事物。在一次谈话活动中，一名幼儿说到双休日休息的时候，爸爸妈妈带他去海底世界看了海狮和海豚的表演。这个话题立刻引起了其他幼儿的兴趣，大家讨论得非常热烈。来源于幼儿自身需要的内容才是最适合的内容，于是围绕海底世界的内容，设计了本活动。结合《指南》"3—4岁幼儿能身体平稳地双脚连续向前跳"这一目标，本活动提供了轻巧有弹性的气球作为材料，让幼儿在情境模仿中自主探索、学习基本动作，从而发展动作的协调性。

【活动目标】

（1）学习双腿夹球跳的动作，提高腿部控制和弹跳能力。

（2）通过迁移经验和同伴间相互学习的方法，体验两腿夹球跳的基本要领。

（3）体验用多种方法玩气球的乐趣。

【活动准备】

（1）经验准备：幼儿练习过双脚向前行进跳，看过海狮表演。

（2）物质准备：气球人手1个，录音机，音乐。

【活动过程】

程序	进　程	时间和次数	场地安排
准备部分	（一）激发兴趣，活跃情绪 1. 教师带幼儿一路纵队走进场地，慢跑、中速跑、慢跑、走成大圆 师：小海狮们，我们的操练开始了！	约2分钟 （1次）	△师 〇
	2. 随音乐做气球操 幼儿在场地上拿好气球站成大圆，随音乐做操，包括头部、上肢、下蹲、扩胸、体侧、体转、腹背、跳跃、手腕、脚腕放松运动。	约2分钟 （1次）	
基本部分	（二）在游戏中探索气球的多种玩法，初步掌握夹球跳的基本方法 1. 引出小海狮运气球的游戏情节 师：小海狮们，今天我们要用身体运气球。你们想一想，可以用我们身体的哪个部分运气球呢？ 幼儿自由探索用身体运气球的方法。	约2分钟 （1次）	
	2. 幼儿自主尝试双腿夹球行进跳的方法 师：小海狮们，大家试试用双腿夹着运气球，怎样不会掉呢？ 幼儿自由尝试夹包向前行进跳。	约2分钟 （1次）	散点
	3. 学习夹球向前行进跳的基本动作 师：小海狮真能干！不过，有的能一直夹着气球向前跳，有的气球却掉了，请不掉的小海狮来示范一下怎么让它不掉。其他小海狮也跟着学，双腿稍稍分开，夹紧气球向前跳。	约2分钟 （1次）	△师 〇

续表

程序	进 程	时间和次数	场地安排
基本部分	4. 玩游戏"跟妈妈去做客"，再次尝试夹球行进跳 师：妈妈现在到了小海豚的家，小海狮也夹着球跳到妈妈这儿来吧，让小海豚看看你们的本领！	约3分钟 （2次）	
	5. 玩游戏"小海狮运气球" （1）示范讲解游戏场地及玩法。 师：以前小海狮还和气球玩过一些有趣的游戏，今天我们再把这些本领练一练。你们可以在左后方夹球过小桥，可以在右后方抛接气球，还可以在正前方练习今天的新本领，请小朋友选择人少的地方活动，听到哨音后交换。 第一组，双腿夹住气球行进跳，运到终点。 第二组，双臂夹住两个气球过平衡桥。 第三组，抛接气球。 （2）幼儿分组进行游戏，教师重点指导幼儿双腿夹住气球行进跳。	约4分钟 （1次）	小桥
放松部分	（三）稳定情绪，放松身心 师：今天海狮们都表现得很棒，让我们到大海里游游泳吧。 幼儿放松身体，重点放松脚部。	约2分钟 （1次）	△师

【活动延伸】

　　活动中，教师还可以选择海绵软球或者沙包，不断发展幼儿夹物跳的技能。

【专家评析】

　　本活动中教师从幼儿感兴趣的事物出发，选择幼儿熟悉的游戏器械帮助他们愉快地参与到游戏中，从而达到锻炼下肢力量的目的。首先，合适的材料促进了幼儿动作的发展。材料是支撑活动的重要因素。本活动中，教师选择了有一定体积又有一定弹性的气球作为辅助锻炼的材料，帮助幼儿在游戏化的学习中反复锻炼双脚夹球连续行进跳的基本动作。其次，活动最后的游戏环节采用了循环游戏法，既满足了幼儿对多种游戏的需要，又促进了幼儿上下肢的均衡发展，提高了幼儿的活动能力。

13. 大风和皮球（双脚向上跳）

【设计意图】

小班幼儿虽然已初步掌握了走、跑、跳等大动作，但是身体动作仍然不够自然、协调、轻松和熟练。结合《指南》健康领域"3—4岁幼儿能身体平稳地双脚连续向前跳"这一目标，本活动以幼儿熟悉的玩具——皮球作为切入点，引导幼儿迁移玩球的经验，从而模仿皮球跳动的样子来学习双脚连续向上跳的技能，为双脚连续向前跳奠定基础。

【活动目标】

（1）学习双脚向上跳的基本动作，提高腿部肌肉力量。

（2）通过情境游戏逐步掌握双脚向上跳的方法。

（3）体验和同伴共同游戏的快乐。

【活动准备】

（1）经验准备：幼儿玩过跳远、走平衡的游戏。

（2）物质准备：皮球胸饰，圈，音乐。

【活动过程】

程序	进 程	时间和次数	场地安排
准备部分	（一）激发兴趣，活跃情绪 1. 教师带幼儿一路纵队小跑进场，在场地中进行慢跑、中速跑交替运动 师：小皮球们，今天和大风一起运动运动吧！	约2分钟 （1次）	△师 〇
	2. 随音乐做操 幼儿在场地上站成四路纵队，随音乐做操，包括头部、上肢、下蹲、扩胸、体侧、跳跃、手腕、脚腕、放松运动等。	约2分钟 （1次）	

续表

程序	进程	时间和次数	场地安排
基本部分	（二）在游戏中学习双脚向上跳的基本方法 1. 引出拍皮球的游戏情节 师：我们都是小皮球，小皮球有什么本领呢？小皮球会跳，是怎样跳的？请你们试一试。 幼儿自由尝试双脚向上跳的方法。	约3分钟 （1次）	场地安排同上
	2. 学习双脚连续向上跳的基本动作 （1）教师重点示范双脚连续向上跳的基本动作：用力蹬伸膝踝关节，用前脚掌先落地，稍屈腿，连续跳时动作连贯。 师：看看我这只小皮球是怎样跳的，你们来学一学。 （2）幼儿学习双脚向上跳。	约3分钟 （1次）	△教师 〇
	3. 听儿歌练习向上跳，巩固基本动作 幼儿根据儿歌做向上跳的动作。 师：我是一个小皮球，会跑步，会跳高。拍一拍，跳一跳，跳！跳！跳！	约4分钟 （2次）	
	4. 玩游戏"大风和皮球" 师：大风和皮球做游戏，大风一吹皮球会怎么样啊？小皮球的家在哪里呢？ （1）幼儿根据儿歌玩游戏。 师：我是一个小皮球，会跑步，会跳高。拍一拍，跳一跳，跳！跳！跳！听老师说"大风一吹四处跑"时，小皮球要迅速跑向场地一端，躲在圈里。 （2）总结要求，幼儿再次进行游戏。	约4分钟 （1次）	〇 〇 〇 〇 〇
放松部分	（三）稳定情绪，放松身心 师：小皮球，你们今天玩得开心吗？让我们听听音乐休息一下吧！ （重点放松脚部） 教师带领幼儿拍拍胳膊拍拍腿，<u>坐在地上拉伸拉伸</u>。	约2分钟 （1次）	

【活动延伸】

在户外游戏中，教师可以悬挂高低不同的软物让幼儿自由尝试头部顶物，满足不同幼儿的发展需要。

【专家评析】

小班幼儿对周围的生活和事物充满了好奇心和模仿欲，本活动中教师运用幼儿对皮球的认识，引导幼儿迁移经验配合简短有趣的儿歌熟悉游戏玩法，在练习双脚连续向上跳的同时学会控制自己的身体，有节奏地跳跃。活动中儿歌贯穿整节活动，儿歌的内容就是游戏的玩法，这样的游戏形式解决了小班幼儿理解游戏玩法的难点，也减少了教师过多的组织环节，真正做到把时间留给幼儿，让幼儿得到充分的锻炼。儿歌的内容，在锻炼幼儿身体素质的同时，也培养了他们良好的倾听习惯。

建议

活动中，教师可以变换儿歌内容，让游戏更具有层次性，比如"我是一只大皮球，会跑步，会跳高。拍得轻，跳得低。拍得重，跳得高。连续拍，连着跳，跳、跳、跳……"；教师也可以手持软物放在幼儿的头顶上方，让幼儿跳起用头部顶软物。

14. 看谁投得远（投）

【设计意图】

看到晨间活动中有皮球，小班幼儿可高兴了。有的拿着球在地上滚来滚去，有的当作足球踢，有的当小凳子坐，有的拿着球向远处扔……于是从幼儿感兴趣的内容入手，设计了这个投掷活动。小班幼儿对于单一动作的练习不感兴趣，因此活动中让幼儿扮演小球手的角色贯穿始终，让他们兴趣浓厚地探索、观察、尝试等，掌握双手头上投掷的动作要领。

【活动目标】

（1）学习双手头上投掷的动作，并能投出不少于1.5米的距离。

（2）在自主练习和情境游戏中逐步学会双手头上投掷的动作要领。

（3）体验投掷活动带来的乐趣。

【活动准备】

（1）经验准备：幼儿玩过一些简单的投掷游戏和球类游戏。

（2）物质准备：空旷的场地，起始线，跳跳虎臂章（3种不同图案的跳跳虎），皮球，自制奖牌人手1枚，小方垫、爬行垫、山洞、独木桥、呼啦圈各3个，绿色、黄色、红色线条各1根（离起点分别是1.5米、2米和2.5米），录音机，音乐。

【活动过程】

程序	进　程	时间和次数	场地安排
准备部分	（一）和幼儿一起做球操，活动身体各部分，激发兴趣 师：今天小朋友当跳跳虎，老师当教练。听说森林里要举行投球运动会，你们想去参加吗？那让我们一起和皮球来活动身体吧！ 1. 专项准备：头部、上肢、腰部、下肢、跳跃整理运动 幼儿散点站好，教师带着幼儿做球操，为双手头上投球进行重点部位的专项热身。	约2分钟 （1次）	播放音乐
	2. 玩游戏：小球传传乐 师：今天我们玩个游戏"小球传传乐"，请跳跳虎们站在圆线上传球。 游戏玩法：幼儿站在圆线上，音乐响起，幼儿向一个方向传球。音乐停止，游戏结束。	约2分钟 （1次）	播放音乐 〇
基本部分	（二）自主练习，发展投掷能力，体验游戏乐趣 1. 幼儿自由玩球 师：跳跳虎们，你们刚刚一起和小球玩了个游戏，高兴吗？下面请你们找个空旷的地方一个人自由玩球。 游戏玩法：幼儿人手一球，散点找一个空旷的地方，自由和小球做游戏，可以拍球、滚球、抛球等。教师观察幼儿的动作，并提醒幼儿不砸到、碰到同伴。	约2分钟 （1次）	
	2. 学习双手头上投掷的动作 （1）讨论游戏玩法。 师：刚刚很多跳跳虎拿着小球玩出了不同的方法，现在我们请几个小朋友来向大家介绍一下。 ①幼儿相对站成两横排，教师请3～4个幼儿来介绍自己和小球做的游戏。 ②请一名幼儿示范双手头上投球的动作。 师：请大家仔细看一看，他是怎样和小球做游戏的？他的动作就是这次运动会规定的投掷动作。 ③师生共同讨论：谁来说说看，双手头上投掷的动作是什么样的？ ④小结并示范讲解：双手拿球在头后，两腿屈膝，站直挥臂，将球向前上方投出。注意投球时不要砸到他人。	约3分钟 （1次）	幼 幼 〇 〇 〇 〇 〇 师 〇 〇 ☆ 〇 〇 〇 〇 〇 〇 〇

续表

程序	进　程	时间和次数	场地安排
基本部分	（2）出示绿色的线，鼓励幼儿投远。 师：熊伯伯是个投球高手，地上绿色的线都能投到。跳跳虎们，你们想来试一试吗？ 游戏玩法：幼儿站在起始线后，用双手头上投掷的动作投远。 教师再次小结：想要将球投得远，双手头上投掷时一定要将球向前上方投出。	约2分钟 （1次）	
	（3）提出新的挑战，出示另外两条不同距离的线。 师：地上有三条不同颜色的线——绿线、黄线和红线（离起点分别是1.5米、2米和2.5米）。绿线离我们最近，红线离我们最远。下面，请跳跳虎们试一试能不能投到黄线或者红线处，投得越远，参加运动会就越有机会获胜。 游戏方法：幼儿站在起始线后，用双手头上投掷的动作向地上的线投球。教师鼓励幼儿根据自己的能力，尝试挑战更远的距离。	约2分钟 （1次）	
	3. 分组玩游戏：看谁投得远 （1）介绍游戏玩法。 师：森林投球运动会要开始啦。下面，让我们一起来听一听运动会的要求。比赛时要爬过垫子，钻过山洞，走过独木桥，然后再拿球站在小方垫上投掷，看看谁投得远。 游戏玩法：跳跳虎根据自己臂章上的图案排成三队，在起点站好。听到信号后，每队的第一个人出发，先爬过垫子，接着钻过山洞，再走过独木桥，最后到呼啦圈里拿一个球，站在方形垫子上，用双手头上投掷的动作向远处投掷。地上有三条不同颜色的线，球投得越远越好。每个幼儿都练习过，游戏结束。 （2）小结游戏中出现的情况。	约3分钟 （1次）	起点 垫子 山洞 独木桥 小方垫 ——绿色线 ——黄色线 ——红色线
放松部分	（三）稳定情绪，放松身心 师：今天的运动会上，你们太棒了，个个都挑战了自己，投掷得很远。熊伯伯为你们每人准备了一块奖牌做奖励。让我们先放松一下，再来发奖牌。 幼儿散点找空站，随着舒缓的音乐，调整呼吸、放松身体，重点进行上肢和腰部的放松。	约2分钟 （1次）	播放音乐

【活动延伸】

在晨间活动中，鼓励幼儿用双手头上投掷的动作，和同伴比赛谁投得远；也可根据幼儿的投掷情况，加大投掷线与起点之间的距离，鼓励幼儿用双手头上投掷的动作投得更远。

【专家评析】

投掷是人类最基本的动作之一。幼儿在掌握投掷动作的过程中总是会出现各种各样的问题，如转体上下肢不协调，投出去的物体距离不够，等等。其实，投掷活动是循序渐进的活动，教师应注重有计划、有规律地开展活动。本次活动正是投掷类活动的基本课程。

（1）活动年龄段把握准确。这是一节适合小班上学期开展的投掷动作活动。从类投掷动作的发展来看，3岁左右的幼儿在进行投掷时往往是用"砍"的动作。因此，投掷的物体没有高度与远度。"双手头上投掷的动作"能让小班幼儿很好地理解"向上""向远"的目的。

（2）活动设计儿童化、趣味化。游戏是幼儿最喜欢的活动。小班幼儿在跳跳虎角色扮演中自然而然地完成了学习的任务——"双手头上投掷的动作"；在森林运动会的情境中投入地进行游戏，达到了基本动作巩固练习的良好效果，孩子的参与度与积极性都很高。

建议

活动中分组游戏的环节，也可采用循环游戏的方式进行，让幼儿尝试不同距离的投远，不断地挑战自己。

15. 勇敢的小白兔（投）

【设计意图】

小班下学期，幼儿在户外游戏区域中对大灰狼的头像感兴趣，每次经过都会去拍打几下，或者捡起地上的沙包去砸它。但由于手臂力量和手眼协调能力较弱，掌握正确投掷方法的幼儿并不多，而且投中的概率也不高。因此，应该让幼儿学习正面单手向前投掷的正确方法，锻炼幼儿的上肢力量，在此基础上练习投准目标，提高幼儿的手眼协调能力。这些能力的提高，对于小班幼儿学习扣扣子、拿勺子等生活技能以及增强身体素质都有一定的帮助。因此，我们设计了本活动。

【活动目标】

（1）学习单手正面向前方投掷沙包，发展手臂力量。

（2）通过交流讨论、游戏情境，知道瞄准前方的动物头像投掷。

（3）乐意在游戏中扮演小白兔，体验打中、赶走大灰狼的快乐。

【活动准备】

（1）经验准备：幼儿玩过扔沙包的游戏。

（2）物质准备：沙包若干，大灰狼图片4张，地垫4块，平衡桥，梯子，海绵垫、篓子、凳子各4个，大夹子，萝卜若干；录音机，音乐。

【活动过程】

程序	进　程	时间和次数	场地安排
准备部分	（一）激发兴趣，活跃情绪 师：兔宝宝们，妈妈今天带你们出去玩好不好？ 1.热身活动 幼儿与教师以兔宝宝和兔妈妈的角色以一路纵队跑步进场，在欢快音乐的伴奏下边跑边跳过障碍，走过地面的小桥。	约2分钟 （1次）	●●● 障碍物 ▬▬ 小桥
	2.专项准备 幼儿分散站立，听音乐做"儿童乐园操"：划小船（上肢）、荡秋千（下肢）、转转椅（体转）、开飞机（体侧）、跷跷板（下蹲）、蹦蹦床（跳跃）。	约3分钟 （1次）	播放音乐
基本部分	（二）在游戏中自主练习动作，发展平衡能力，体验活动的乐趣 1.幼儿自由探索沙包的各种玩法 师：今天妈妈给兔宝宝们带来了好玩的沙包，待会儿请你们每人拿一个沙包，找一个空地方玩一玩，看看沙包都可以怎样玩。 （1）幼儿自由游戏。 （2）幼儿与同伴共同分享沙包的玩法。 师：谁来说说刚才你是怎样玩沙包的？ （3）提出本次活动的基本动作——单手向前投掷沙包。 师：如果大灰狼来了，我们可以怎么对付它呢？	约3分钟 （1次）	散点

程序	进　程	时间和次数	场地安排
基本部分	2. 器械拓展，分享练习 （1）幼儿自由练习单手投掷沙包。 （2）讨论、小结动作要点。 　师：怎样才能砸到大灰狼呢？ 　要点：双脚自然分开；投得不要太低；用力投。 （3）幼儿再次练习动作。	约 2 分钟 （1 次）	幼 师
	3. 游戏：打大灰狼 师：山上的大灰狼真的来了，它们想吃我们呢！我们一起用沙包把大灰狼砸跑，好不好？ （1）幼儿自由练习，教师根据幼儿的情况给予不同的指导和帮助。 师：大灰狼被宝宝们砸得都有点晕了，但它们还是要来吃我们。小朋友有没有战胜它们的信心啊！ （2）幼儿再次游戏。	约 4 分钟 （2 次）	大灰狼 幼
	4. 再次拓展游戏：勇敢的小白兔 师：刚才打大灰狼累得我都有点饿了，兔宝宝们，妈妈带你们去拔萝卜吃，好不好？拔萝卜的时候先要砸到大灰狼，把它赶走哦！ 游戏规则：面前有四条路，它们都通向萝卜地，请小朋友选一条路（跳过地垫、爬过垫子、走过梯桥、走平衡桥）拔萝卜，直到萝卜都被拔光为止。 幼儿游戏，教师提醒他们走自己没有走过的小路。	约 4 分钟 （2 次）	大灰狼 幼
放松部分	（三）稳定情绪，放松身心 师：我的兔宝宝真勇敢、真能干！大灰狼被打跑了，我们来跳个舞庆祝一下吧！ 幼儿散点找空站好，师幼一起随音乐放松做律动《手腕花》，调整呼吸、放松肌肉、调节情绪，重点进行腿部和手臂的放松。	约 3 分钟 （1 次）	散点

【活动延伸】

　　鼓励家长在家中和幼儿用柔软的玩具进行投掷比赛，比一比看谁投得远、投得准，增加亲子之间的情感。

【专家评析】

　　整个活动，幼儿兴趣浓厚，整体参与性高，通过自主探索、练习，轻松地掌握了单手投掷的动作,锻炼了上肢力量以及手眼协调能力。

(1)游戏情境体验贯穿始终。角色扮演是小班幼儿最感兴趣的游戏。活动中,教师带领幼儿扮演小白兔,使幼儿很快融入角色中去,然后用游戏的方式引出情节:跟妈妈一起玩沙包—练习扔沙包—打大灰狼—拔萝卜。整个游戏环节前后呼应、环环紧扣,由易到难地开展一系列锻炼活动,趣味性强,幼儿乐在其中,凸显了生活化、游戏化的教学理念,将幼儿的已有经验进行有效的整合,化幼儿的被动学习为主动参与。

(2)尊重幼儿的个体差异。《指南》指出:"尊重幼儿发展的个体差异。"每个幼儿的动作发展水平不同,运动能力也不同,具有明显的个体差异。在活动中,教师让幼儿选择不同的路径拔萝卜,让每个幼儿都能体验到成功的快乐。

> 建议

在材料的投放上,还可设置不同的难度。比如,不设置固定的投掷点,让幼儿根据自己的能力选择不同的距离投掷。再比如,在拔萝卜的时候,能力强的幼儿可多走几次小路,能力弱的幼儿可以少走几次,等等。此外,最后的游戏环节,可设置同样的小桥,让幼儿进行比赛,看谁拔的萝卜多。

16. 小乌龟历险(手膝着地爬)

【设计意图】

小班幼儿的身体和手的动作已经比较自如,可以掌握各种大肌肉动作和一些精细动作。手膝爬,即手膝着地交替支撑身体发生位移的周期性动作,对手脚的力量、协调性发展具有一定的锻炼和促进作用。因此,结合小班幼儿的动作水平和爱模仿的特点,设计了本次活动,通过引导幼儿扮演"小乌龟"、模仿"小乌龟"的动作,激发幼儿活动的兴趣。在教学策略上采用了"游戏情境、层层累加"的方法,让幼儿在不知不觉中锻炼了手脚的协调能力,同时也培养了一定的坚持性。

【活动目标】

(1)学习眼睛看前方、手膝着地向前爬行,发展协调能力。

(2)在充满情趣和挑战的游戏情境中,感知手膝协调配合用力向前爬行的基本方法。

（3）愿意较长时间地模仿小乌龟爬行，体验爬行活动的快乐。

【活动准备】

（1）经验准备：幼儿玩过一些四散跑游戏。

（2）物质准备：空旷的场地，泡沫垫子若干，沙包，布桶（隧道）。

【活动过程】

程序	进　程	时间和次数	场地安排
准备部分	（一）激发兴趣，活跃情绪 师：我的乌龟宝宝们，和妈妈到外面玩玩去吧！ 1. 热身活动 幼儿听着音乐一个跟一个，双手做交替爬的动作走到大圆上，慢慢走、快快走、高人走、矮人走、大步走、小步走。	约2分钟 （1次）	○
	2. 专项准备：头部运动、手腕脚腕运动、肩部环绕、膝关节运动、压腿 幼儿站在圈上，教师带领幼儿手膝着地爬，进行重点部位的专项热身活动。	约2分钟 （1次）	○
基本部分	（二）层层累加、不断挑战，发展能力、体验快乐 1. 创设"小乌龟运粮食"的情境，调动幼儿已有的爬行经验 师：我的乌龟宝宝长大了，都能帮妈妈做事情了！看看哪只小乌龟能够勇敢地爬到河对岸，帮妈妈把米拿回来！不过路上要小心，不要掉到河里哦！ 游戏玩法：幼儿一个接一个，手膝着地爬过长约5米的垫子，将河对岸的"米"（沙包）拿回来，放到圈里面的篓子里。 教师在幼儿游戏的过程中，用情境性的语言提醒幼儿在垫子上向前爬行，鼓励幼儿坚持爬到结束的地方。	约3分钟 （1次）	沙包
	2. 引出"小乌龟历险"的游戏情境，学习眼睛看前面、手脚协调地向前爬行 （1）创设"小乌龟历险"的情境，激发幼儿不怕困难的勇气。 师：我的宝贝真的长大了，变得更有力气、更勇敢了！这一次，妈妈带你们去"迷宫城"探险，路上可能会遇到更多的困难，你们怕不怕，有没有勇气？	约1分钟 （1次）	幼 师

续表

程序	进程	时间和次数	场地安排
基本部分	（2）玩游戏"小乌龟历险"，学习手膝着地爬过不规则的小路。 师：快看，迷宫城到了，迷宫城里的小路绕来绕去，你们可不要迷路哦！ ①游戏玩法：幼儿从迷宫开始的地方，一个跟着一个手膝着地爬过长约10米的"迷宫"。 教师提醒幼儿注意拐弯，不要迷路了。	约5分钟 （1次）	开始 终点
	②师幼集中站成半圆，共同讨论：在绕来绕去的迷宫里，怎样才不会迷路？你怎么发现要拐弯的呢？	约1分钟 （1次）	
	（3）在讨论的基础上，再次游戏。（在"小路"上增加一段长约1米、高约0.8米的隧道） 师：你们说的都很对，穿越"迷宫"的时候一定要把头抬起来，眼睛紧紧地看着前面，这样你才知道要拐弯、不迷路呀！这次，"迷宫城"的路上，多了一截隧道，小乌龟们可要小心哦！ 游戏玩法：幼儿从迷宫开始的地方，一个接一个爬过"迷宫"，在穿过隧道的时候能够不怕黑，坚持爬到迷宫的终点。	约5分钟 （1次）	开始 终点
放松部分	（三）稳定情绪，放松身心 师：小乌龟，跟着妈妈来晒太阳吧，被太阳晒到的地方会舒服得抖起来哦！ 游戏玩法：幼儿散点站在圈里，根据教师的儿歌，有顺序地对头部、膀子、腿等部位进行放松活动。 儿歌内容：太阳当空照，把我晒一晒（两腿分开，双手上举）；晒晒小脑袋，真呀真舒服（扭扭头）；晒晒小膀子，真呀真舒服（抖抖手，自然下垂）；晒晒小屁股，真呀真舒服（扭扭屁股）；晒晒小小腿，真呀真舒服（抖抖腿，躺下来）。	约2分钟 （1次）	散点

【活动延伸】

鼓励家长利用家中的垫子铺设"小路"，家长手脚着地拱起身子变为"隧道"（可以随时调节"隧道"的高低），让游戏变得更加生动，增进亲子感情。

【专家评析】

小班幼儿喜欢重复，因为重复带来的成功体验有助于幼儿比较长时间地参与到游戏中；他们需要变化，因为变化带来的新奇体验让他们对活动产生新奇感，但是重复和变化都不能太多、太频繁，否则幼儿容易疲劳。本活动中，幼儿从刚刚开始的直线爬行，逐步变成有拐弯的直角线路爬行，再到有多个直角线路的爬行，在游戏情境的累加和动作难度提升的过程中，幼儿从单纯爬行动作的经验积累，逐步到爬行中调整自己身体的能力，比如遇到拐弯时怎么办？遇到比较黑暗的山洞时，如何微调自己的动作、辨认清楚爬行的方向，等等。就这样，幼儿在充满变化的情境中，保持着高涨的参与热情，掌握了手膝着地向前爬的动作要领，体验到了爬行游戏的成就感。

建议

在游戏场地的设置上，可以增加迷宫的复杂性；在材料的提供上，可以变换"迷宫道路"（垫子）的宽窄；在道路障碍的设置上，还可以变化"隧道"的高矮、长短以及数量。

17. 快乐的小老鼠（手膝着地爬）

【设计意图】

小班幼儿虽然已经初步具备爬的技能，但仍有许多孩子在手膝着地爬的时候动作不协调。比如有的幼儿两个膝盖同时向前，有的幼儿手膝着地爬的速度不快等。因此，针对这一特点设计了本次活动。本活动紧紧围绕手膝着地协调向前爬的基本动作，运用"小老鼠"的形象，创设幼儿喜欢的生活化游戏情境展开，通过引导幼儿学习手膝着地向指定方向爬再提升到快速向指定方向爬，最终解决本节活动的重难点。

【活动目标】

（1）了解手膝着地行进爬的方法，发展动作的协调性与灵活性。

（2）通过同伴间的相互学习、游戏情境等方式，学会手脚协调快速向前爬的方法。

（3）喜欢和同伴一起游戏，体验爬行游戏的乐趣。

【活动准备】

小老鼠和猫的头饰各1个，气球伞1个，筐4个，酸奶瓶若干，护手、护腕、护膝若干。

【活动过程】

程序	进程	时间和次数	场地安排
准备部分	（一）激发兴趣，活跃情绪 师：今天小朋友当小老鼠，老师当老鼠妈妈，让我们一起到花园里玩玩吧！ 1. 师幼走进场地 2. 做热身运动，活动身体各部分 师：小老鼠们好，我们一起听音乐活动活动身体吧！ 《在小老鼠上灯台》的音乐中，模仿老鼠走路（双手放在胸前，两脚轻轻踮起）—老鼠爬（蹲下一下一下往前爬）—吃食物（双手举过头顶抓食物）—猫来了躲起来（双手快速绕圈，蹲下来）。	约3分钟 （1次）	散点
基本部分	（二）学习手膝着地爬的基本动作 1. 幼儿自由练习爬行，教师运用语言创设游戏情境 师：小老鼠们，这里有好多玉米，我们爬过去吃点吧！天气越来越冷了，我们储藏一些玉米过冬。 （1）幼儿自由练习。 （2）个别幼儿示范后，师生讨论手膝着地快速爬的动作要领：手和膝盖快速交替向前爬，跪下时要轻轻地，保护好小膝盖。 （3）幼儿练习听信号向指定方向手膝着地快速爬。 师：小老鼠们，我们一起去小蚂蚁家做客吧！（场地的一端）看谁先到哦。	约5分钟 （2~3次）	
	2. 游戏：快乐的小老鼠 （1）教师讲解游戏方法：这里有一把彩虹伞，是小老鼠的彩虹乐园。请每个小老鼠站在一个颜色前，当"老鼠妈妈"发出指令后，小老鼠要快速爬到气球伞的中间取出一瓶奶爬回来，然后跑着送到前面的筐子里。 （2）幼儿游戏。 （3）幼儿完整游戏。 师：小老鼠们玩得开心极了，这时候一只大黑猫醒了过来，小老鼠们赶紧躲进气球伞里啊！（掀起气球伞躲进里面去）	约5分钟 （2~3次）	气球伞
放松部分	（三）稳定情绪，放松身心 师：今天我们玩了小老鼠的游戏，小朋友们开心吗？让我们一起听音乐放松一下吧！ 幼儿散点找空站，随音乐放松，调整呼吸、调节情绪，重点进行腿部和膝盖的拉伸与放松。	约2分钟 （1次）	散点

【活动延伸】

在晨间游戏中增设锻炼幼儿手膝着地向前爬的游戏项目，鼓励幼儿坚持游戏，以取得更大的进步。

【专家评析】

爬是小班幼儿最常开展的体育活动之一。本节活动，教师巧妙地利用了"小老鼠"这个动物形象贯穿其中，让幼儿一直沉浸在快乐的游戏世界中，寓教于乐。此外，本活动还有以下两个突出的特点：

（1）巧妙运用气球伞，训练幼儿手脚快速协调向前爬的基本动作。教师挖掘了气球伞的游戏功能，在"取奶"的游戏情境中，幼儿沿着气球伞的色块快速爬行，学习兴趣高涨，在不知不觉中提高了能力。之后，"猫"的出现让幼儿再次体验了爬行活动的乐趣。

（2）注重同伴间的相互学习。同伴间学习是幼儿进行自主学习的最有效的方法之一。本活动中教师除了发出指令引导幼儿练习外，更注重观察幼儿在学习中的感受，试图通过同伴互助、自主探索、不断尝试等学习策略化解重难点。比如爬行动作是通过"幼儿示范"来完成的，教师注重引导其他幼儿观察与归纳，从而形成自己的认知，再通过游戏进行练习，达到了很好的学习效果。

建议

3岁幼儿具有具体形象化的思维特征，他们特别喜欢模仿小动物。因此，游戏中，教师还可以根据其他动物的自然属性设计游戏。当幼儿完成手膝着地协调向前爬的基本动作后，可以增加游戏的难度，比如听节奏向前爬、听声音向指定方向爬等，以便有效地锻炼幼儿爬的技能。此外，为了幼儿安全，建议此活动在软质垫上进行或为幼儿佩戴护膝和手套。

18. 乌龟去旅行（听信号变速爬）

【设计意图】

小班幼儿很喜欢玩各种爬的游戏。根据幼儿的兴趣点，以健康快乐为目的，同时结合班级的"户外亲子课题"设计了这个亲子活动。本活动以大乌龟带小乌龟出去旅行的游戏情境展开,既锻炼了幼儿的身体,又增进了幼儿和家长之间的情感,同时让家长了解了幼儿园的健康体育活动,增强了他们对幼儿锻炼身体重要性的认识。

【活动目标】

(1) 学习手膝着地向前爬行,发展动作的灵敏性和协调性。

(2) 通过游戏情境的探索、同伴和教师示范、家长的鼓励、鼓声的引领,提高听信号变换速度、方向的反应能力。

(3) 以快乐的情绪扮演乌龟学本领,体验和爸爸妈妈一起游戏的快乐。

【活动准备】

(1) 经验准备:幼儿玩过手膝着地爬的游戏,在晨间活动中有爬的经验。

(2) 物质准备:空旷的场地,系好松紧带的小筐(制作成乌龟壳),手套(每个幼儿1双),小鼓,录音机,音乐,跳板两块,垫子,拱形门,障碍物。

【活动过程】

程序	进　程	时间和次数	场地安排
准备部分	(一)背好乌龟壳,做热身运动 师:今天天气真好,我们的爸爸妈妈也来和我们一起锻炼身体了,你们开心吗?(教师指小朋友身上的龟壳)我们是谁啊?(小乌龟)我们的爸爸妈妈是谁啊?(乌龟爸爸、妈妈)下面我们和爸爸妈妈一起来跳个舞,好吗? 亲子互动跳热身舞,包括头部运动、上肢运动、体侧运动、腰部运动、下肢运动、腹背运动、跳跃运动、整理运动等。	约3分钟 (1次)	散点
基本部分	(二)自由探索乌龟爬行的动作 1. 幼儿和家长自由在空地上探索手膝着地爬的动作 师:今天天气真好,我们一起去旅行,可是旅行的路很远,乌龟宝宝们要先练好爬的本领才能去,找个空地方去练一练吧!	约3分钟 (1次)	
	2. 大乌龟和乌龟宝宝共同探索如何爬得又快又稳 (1)请个别幼儿示范。 师:刚才我发现很多宝宝爬得都又快又稳,谁愿意来试试? (2)师生集中站成半圆共同讨论,教师示范:要想爬得快,需要两手、膝盖不停快速交替;要想爬得稳,需要手臂用力撑地、伸直。	约5分钟 (1次)	幼 ○ 师
	(3)在讨论的基础上,幼儿再次练习爬行,教师个别指导。	约2分钟 (1次)	

续表

程序	进　程	时间和次数	场地安排
基本部分	3. 游戏：听鼓声做动作 师：看，我这有一面小鼓，我们一起来玩"听鼓声做动作"的游戏。鼓声慢，要爬得慢；鼓声快，要爬得快。中间敲一下，两边敲一下时，要转圈爬。鼓声停后，要缩到壳里。我们一起来看看哪只小乌龟最能干。	约3分钟 （1次）	
	4. 去旅行 师：练好本领了，下面我们要出发去旅行了。我们要爬过草地，越过小河，钻过山洞，有没有信心？ （1）大乌龟带着乌龟宝宝爬行。 （2）教师扮演大鸟，来抓小乌龟。 师：刚才有乌龟宝宝丢了，我们应该怎么办呢？（"要跟着乌龟爸爸或者妈妈沿着路线爬行"）这次海面上会有大鸟，大鸟来的时候，我们应该怎么办？ 游戏：配班老师扮演大鸟来抓小乌龟，当大鸟来的时候，小乌龟要跟着妈妈（爸爸）一起缩进壳里，不能动。等海鸟飞走后，小乌龟继续向前爬行。	约6分钟 （2次）	○○○○○ 山洞 小河　△ 　△ 障碍 草地
	5. 玩大背小游戏 师：乌龟宝宝要趴在乌龟爸爸（妈妈）身上一起去旅行。	约2分钟 （1次）	
放松部分	（三）稳定情绪，放松身心 师：今天乌龟宝宝们很棒，不仅学会了爬的本领，在旅行中还不怕困难，在遇到大海鸟的时候也非常勇敢。 幼儿散点找空站，随音乐放松，调整呼吸，重点进行腿部和手臂的放松。	约3分钟 （1次）	

【活动延伸】

　　在晨间活动中可以通过小乌龟去旅行的游戏环境，让幼儿进行爬的练习，可适量添加不同高度、宽度、坡度的障碍物增加难度。

【专家评析】

　　爬行活动是一项全身的运动，不仅有利于幼儿四肢协调性、灵活性的发展，还能重新激起他们在婴儿期曾经体验到的那种舒适和安全的感觉，有助于幼儿身心的和谐发展。本活动，教师采取了以下三个有效的措施：

（1）以情激趣，激发幼儿参与活动的内驱力。活动中，成为自己最喜欢的小动物——小乌龟，可以和"乌龟妈妈""乌龟爸爸"（家长）一起游戏，对幼儿来说这是一件多么高兴的事！此外，心理学研究表明：模仿角色与对象的一致性能帮助幼儿自然进入角色。小乌龟的角色与体育活动中爬行动作的一致性、匹配性促使幼儿积极、投入地参与活动，不厌其烦地一次次练习。

（2）把握幼儿的"最近发展区"，给予幼儿适度的挑战。教育是有目的、有计划的活动，不仅要满足受教育者的身心发展需要，更要设置合适的教育内容给予受教育者适度的挑战，促进其发展。听信号是发展小班幼儿听觉能力的一个很好的途径。活动中"爬"的动作不再是简单的自由活动，幼儿需要根据鼓声的节奏变化速度和方向爬，使幼儿在原有水平上得到发展。

（3）活动的环节设计科学、合理，有效调节幼儿的活动量。小班体育活动中，动作训练的多次反复会导致幼儿失去兴趣，然而通过"游戏化"的情节设计可以有效地解决这个问题。活动中，教师构思了"亲子互动热身舞""听鼓声练习爬行""小乌龟去旅行""老师扮演大海鸟，来抓小乌龟""大背小游戏"等有趣的游戏情节，使体育活动更有吸引力，让幼儿在轻松、愉快的气氛中练习、巩固爬的技能，使手、脚的动作变得更加协调。

建议

此活动也可设计成混龄活动或者大带小的活动。

19. 天线宝宝（一定范围内四散爬）

【设计意图】

在一次游戏中，和孩子们交流后发现，四个活泼生动的天线宝宝形象深深地印在了孩子们的脑子里。因此，我们以幼儿喜欢的天线宝宝为主线设计了本活动，让他们体验爬行的乐趣，在愉快的游戏中，使幼儿的身体素质得到提高，情绪得到放松。

【活动目标】

（1）继续学习手膝着地爬，提高动作的协调性和灵敏性。

（2）探索学习爬的方法，能较好地控制方向。

（3）乐意和同伴一起参加活动，感受运动带来的快乐。

【活动准备】

（1）经验准备：幼儿熟悉天线宝宝，了解他们身上的颜色。

（2）物质准备：小波、迪斯、拉拉、丁丁图片各一张，娃娃家玩具，糖果玩具，《天线宝宝》音乐，场地布置用的大的五彩的泡沫垫拼搭如下图。

红	红	紫	绿	绿
红	红	紫	绿	绿
紫	紫	紫	紫	紫
黄	黄	紫	蓝	蓝
黄	黄	紫	蓝	蓝

【活动过程】

程序	进　程	时间和次数	场地安排
准备部分	（一）激发兴趣，活跃情绪 师：今天我们一起出来做游戏，找个空的地方，跟着小动物们来活动一下我们的身体吧。 1. 热身活动 听音乐做小动物模仿操，进行抬腿走、双脚并拢向前跳、双脚并拢向上跳、手膝着地爬、四散跑等动作。	约2分钟 （1次）	散点
	2. 专项准备：头部、伸展、摆臂、走、跑、跳、整理运动		播放音乐
基本部分	（二）自由练习，情境游戏，学习并巩固爬的正确动作 1. 基本动作练习——手膝着地爬行 （1）幼儿自由练习手膝着地爬的动作。 师：这里有这么漂亮的地垫，我们一起来爬爬玩玩吧。 游戏玩法：幼儿跟随教师在一定范围内四散爬，注意爬的方向，不要和旁边的小朋友碰撞。	约2分钟 （1次）	散点

续表

程序	进程	时间和次数	场地安排
基本部分	（2）示范讲解正确的爬的动作。 师：看看这位小朋友刚刚是怎么玩的（请一名幼儿示范）。这个动作叫什么？看看她是怎么爬的？ 教师讲解动作要领：双手和膝盖着地，五指张开，一二一二向前爬。	约2分钟 （1次）	
	（3）幼儿自由练习爬。 师：我们一起用刚才小朋友的方法来练习爬，注意不要和旁边的小朋友碰到！ 教师重点观察幼儿的动作是否正确并进行指导，提醒幼儿注意安全。	约2分钟 （1次）	散点
	2. 利用情境游戏，提高活动乐趣，巩固爬的动作 （1）介绍游戏情境。 师：这里是天线宝宝的家！小波的家在哪里？迪斯的家呢？丁丁呢？剩下的是谁的家？ 教师分别介绍四个天线宝宝的家，用自问自答或是幼儿答的方式认识天线宝宝的家。	约2分钟 （1次）	红红紫绿绿 红红紫绿绿 紫紫紫紫紫 黄黄紫蓝蓝 黄黄紫蓝蓝
	（2）师生共同去天线宝宝家做客。 教师带着幼儿到天线宝宝家做客，每到一处就和天线宝宝打招呼，问他喜欢玩什么、吃什么。	约3分钟 （2次）	同上彩色地垫
	（3）在掷骰子的游戏中练习听信号变换爬。 师：天线宝宝非常热情，希望我们去他的家做客。我们先去谁的家呢？这是一个骰子，我们用掷骰子的方法来决定去谁的家，谁在上面我们就去谁的家，好不好？ 引导幼儿听信号变换方向爬，进一步巩固幼儿听信号变换速度爬的动作。	约5分钟 （1次）	同上彩色地垫
	（4）给天线宝宝送礼物，进一步巩固爬的动作。 师：天线宝宝喜欢玩什么？喜欢吃什么？ 师：跨过独木桥，那里有天线宝宝喜欢的玩具；爬过小山坡，那里有天线宝宝喜欢吃的水果；爬过平衡木，那里有天线宝宝用的小碗、小盘子。我们去拿一样，送给天线宝宝。	约2分钟 （1次）	幼儿出发↓

续表

程序	进程	时间和次数	场地安排
放松部分	（三）稳定情绪，放松身心 师：你们今天累不累？我们来休息一会儿。 幼儿散点找空位，在地毯上躺一躺、滚一滚，重点放松一下手部和膝盖部位。	约2分钟 （1次）	

【活动延伸】

可以将拼搭的彩色地垫和骰子放在运动区，让幼儿区域活动的时候游戏，巩固爬的动作。

【专家评析】

爬行是儿童最早掌握的身体移动方式。8个多月的婴儿就会简单的爬行动作。学会走路之后，他们还是很喜欢爬行。成人要做的就是创设不同的游戏情境，让幼儿爬得欢乐、爬得尽兴，让他们在多样化的情境中巩固爬的动作，提高身体的协调性和灵敏性。

本活动中，情境的创设贯穿始终，比如"去天线宝宝家做客""掷骰子变换速度和方向""给天线宝宝送礼物"等，符合小班幼儿的年龄特点和需要。幼儿在游戏过程中，积极参与、完成各项练习任务，体验爬行的乐趣，达成学习目标。教师也投入其中，和幼儿共同爬行、共同解决问题，和幼儿融为一体，密不可分。

20. 勤劳的小乌龟（手膝着地爬）

【设计意图】

小班幼儿活泼好动、思维活跃，且注意力易分散，因此重复的动作练习会使他们感到疲劳，产生消极意识和厌烦情绪，因此情境性的创设在体育教学活动中尤为重要。小乌龟造型可爱，动作特点突出，萌萌的形象深得孩子们喜欢。本活动从小乌龟的动作及形象出发，结合幼儿手膝着地爬的动作，引导幼儿在情境中游戏，进一步提高手膝着地爬的协调性。

【活动目标】

（1）进一步学习手膝着地向前爬，发展动作的协调性。

（2）投入游戏情境，通过模仿、练习等感知协调爬的身体动作。

（3）体验与同伴共同玩小乌龟爬的快乐。

【活动准备】

（1）经验准备：幼儿对小乌龟的形象以及习性很熟悉，掌握了小乌龟爬的基本动作。

（2）物质准备：沙包若干，挂脖口袋人手1个，贴纸，筐4个，人手1副手套及护膝，音乐。

【活动过程】

程序	进　程	时间和次数	场地安排
准备部分	（一）交代游戏角色，激发活动兴趣 1.带领幼儿学小乌龟爬，到草地上玩一玩 师：小乌龟们，跟着妈妈一起出来玩啦！	约1分钟 （1次）	
	2.带领幼儿听音乐做热身，活动身体 师：小乌龟们，听着音乐，我们一起来做运动吧！ 组织幼儿散点站立，模仿小乌龟做以下动作：睡觉、伸伸手臂、踢踢腿、动动脖子、扭扭腰、转一转。	约2分钟 （1次）	散点
基本部分	（二）引导幼儿在游戏中练习手膝着地爬 1.游戏：小乌龟去散步 师：小乌龟们，让我们一起到草地上散步吧。 幼儿自由练习手膝着地爬，教师观察指导，辅导不协调的幼儿，提醒幼儿不能撞到别人。	约3分钟 （1次）	草地
	2.引导幼儿向指定方向爬 （1）请个别幼儿示范向指定方向爬，提醒幼儿注意观察手膝的协调动作。 师：小乌龟快快爬到游乐场来，到妈妈这里来给你贴贴画！ （2）集体练习听指令向指定方向爬，并给到达的幼儿贴贴画。 师：小乌龟们，快到花园里来玩一玩！	约5分钟 （1次）	

续表

程序	进　程	时间和次数	场地安排
基本部分	3. 玩游戏"小乌龟运粮食"，帮助幼儿进一步巩固动作 （1）创设情境，交代游戏。 师：秋天到了，小乌龟们要准备粮食（沙包）过冬了，对面的草地上有好多的粮食包，我们去把它们运回家好不好？ （2）幼儿游戏，教师观察指导。 师：小朋友们加油了，比赛看谁运的粮食最多，要把粮食放到筐里才算把粮食运回了家哦。 （3）集体展示自己的劳动成果，体验共同劳动的快乐。 师：我们小乌龟运了好多粮食，真能干！	约4分钟 （1次）	
放松部分	（三）结束活动，放松身体 1. 带领幼儿散点站，做放松活动 师：小乌龟们辛苦了一天，运了这么多的粮食，我们一起来跳一个舞蹈庆祝一下！ 2. 组织幼儿共同收拾材料，结束活动	约3分钟 （1次）	散点

【活动延伸】

在自选体育区域活动中，可以提供纸板、软垫等不同质地的材料供幼儿爬行，让幼儿感受在不同材质上爬行的乐趣；在运动区中，根据幼儿的已有经验以及能力的不断发展，鼓励他们尝试运用不同的身体部位带物爬行，提高动作的协调性，拓展幼儿对手膝着地爬行的认识与了解。

【专家评析】

《幼儿园教育指导纲要（试行）》（简称《纲要》）指出："培养幼儿对体育活动的兴趣是幼儿园体育的重要目标，要根据幼儿的特点组织生动、有趣、形式多样的体育活动，吸引幼儿主动参与。"本活动根据小班幼儿喜欢扮演小动物、喜欢玩游戏的特点，以小乌龟散步、和妈妈去游乐、去花园以及小乌龟运粮等有趣的情节贯穿始终，激发幼儿活动的兴趣，引导幼儿积极主动地参与，让幼儿在轻松愉快的气氛中身体机能得到锻炼和发展。此外，本活动还有以下两点值得我们学习：

（1）简单的物质奖励和情境相结合，进一步巩固幼儿的动作。对于小班幼儿来说，"愿意""乐意""喜爱"比"学会"更加重要，情境化的设置可以让幼儿身临其境，兴趣增加。而简单的物质奖励，是一种更加直观和有趣味的手段，能够维持幼儿对同一动作练习的积极性。活动中小小的贴画，是对幼儿的肯定，能够给予幼儿小小的满足。在这双重的吸引下，幼儿当然会非常乐意地爬一爬、动一动，这比单纯的由教师提出来要收到更好的效果。

（2）展示幼儿的成果，是对幼儿劳动的肯定，是教师尊重幼儿的体现。在集体游戏"小乌龟运粮"中，教师特别设计了一个"集体展示自己的劳动成果，体验共同劳动的快乐"的环节，这个环节看似与体育活动无关，却完全切合幼儿的心理特点，也充分体现了教师科学的儿童观，值得称赞。

建议

随着季节的变换，可以调整活动的情境创设，比如可以设置成小蚂蚁运粮食、勤劳的小熊等等；在草地情境的创设上，还可以铺上绿色的垫子，同时设计不同长短和造型的草地小路，满足不同发展水平幼儿的需要；在运粮食的环节中，可以增加绕障碍跑、跨栅栏等动作，缓解幼儿手部及膝盖的压力。

21. 小乌龟运粮食（听信号变速、变向爬）

【设计意图】

爬，是一种手脚协调、交替、有节奏的运动，这种运动不仅有利于幼儿身体两侧肌肉的健康发展，还有利于促进幼儿大脑两个半球的发展。小班幼儿很喜欢在地面上爬，根据这一特点，本活动设计了各种形式的爬行方法，发展幼儿的力量、灵敏性等身体素质以及空间知觉和体位知觉，让幼儿在愉快的游戏中体验爬行的乐趣。

【活动目标】

（1）能根据信号的变化，手膝着地变速和变换方向爬行。

（2）感知双手膝盖着地向前爬的方法，尝试调整爬行的频率。

（3）体验小乌龟运粮食游戏的趣味性，注意保持身体平衡。

【活动准备】

（1）经验准备：幼儿有一定的手膝爬行经验。

（2）物质准备：小布袋若干，小乌龟妈妈胸饰，小鼓1面，手套人手1副，小兔、小羊、小鸡家的场景设置，音乐，录音机。

【活动过程】

程序	进　程	时间和次数	场地安排
准备部分	（一）激发兴趣，模仿小乌龟的动作，活动身体 师：今天老师和你们一起做个游戏。我做乌龟妈妈，你们做小乌龟。现在跟着妈妈一起来活动一下身体吧！ 幼儿任意在场地中间找个空点子站好，为爬行做重点部位的专项热身，包括头部、颈部、手腕脚腕、膝关节、下蹲、跳跃、整理运动等，尤其是膝盖和腿部动作。	约3分钟 （1次）	播放音乐
基本部分	（二）学习手膝着地爬，体验游戏的趣味性 1.幼儿四散自由爬行 师：宝贝们，这儿有块很大的草地，我们一起去爬一爬吧！ （1）幼儿自由在场地中间爬一爬。 （2）师生集中站成半圆（地上有圆圈线），共同讨论：你们刚才是怎么爬行的呢？ （3）个别幼儿进行示范。 （4）教师示范并讲解动作要领：双手膝盖着地，一二一二向前爬，一下一下地移动小手和膝盖。	约4分钟 （1次）	幼 师
	2.幼儿再次尝试手膝着地变速和变换方向爬，调整爬的频率 （1）听小鼓声变速爬。 师：瞧，这是什么啊？（小鼓）听听小鼓发出了什么声音？小乌龟怎么爬呢？（听到鼓声快就快速爬，反之就慢速爬） ①幼儿听信号变速爬行，教师手里拿着小鼓，敲得快，小乌龟爬得快；敲得慢，小乌龟爬得慢；教师敲时要注意动静交替，掌握运动量。 ②师生集中站成半圆（地上有圆圈线），共同讨论：小乌龟们，你们刚才是怎么快爬和慢爬的？ ③个别幼儿进行示范。 教师小结：慢慢爬的时候一下一下移动小手和膝盖，快快爬的时候小手和膝盖要很快地动起来。	约3分钟 （1次）	幼 师

续表

程序	进程	时间和次数	场地安排
基本部分	（2）设置不同动物的家，尝试变换方向爬行。 师：瞧，这儿是小兔子的家，那是小羊的家，前面是小鸡的家，它们邀请我们去做客呢，你们想去吗？ 游戏玩法：教师带领幼儿变换方向向小兔、小羊、小鸡家爬行，分别去做客。 （3）调整运动量，休息放松。 师：小乌龟们爬累了吧，让我们到前面的小山坡那儿休息一下吧！（播放舒缓的音乐）	约3分钟 （1次）	幼儿 小羊家 □　　□ 　　小兔家 □ 小鸡家
	3. 玩游戏"小乌龟运粮食"，调节爬行的运动量 师：看前面有个大粮仓，宝贝们，妈妈带你们一起去运粮食吧！在路上我们可能会遇到小蛇，怎么办呢？（躲好，把四肢缩在壳里，装死）如果妈妈发现了小蛇就会敲小鼓，提醒宝贝们，你们记得一定要躲好哦！ 师：粮食可以放在哪里呢？（乌龟壳上）可以怎么放呢？（小乌龟可以自己放，也可以互相帮助） 游戏玩法：循环游戏，幼儿分别爬到对面的粮仓去运粮食（沙包），鼓励小乌龟互相帮助在背上装粮食并送回家，再次循环去运粮。	约5分钟 （3~4次）	幼儿 按箭头方向去 粮仓运粮食 ⬇ 粮仓
放松部分	（三）稳定情绪，放松身心 师：你们运了那么多粮食回家，真厉害！爬累了吧，也出了很多汗，妈妈给你们洗个澡，冲一冲、抖一抖、摇一摇，小宝贝们真快活。 幼儿散点找空站，随着轻松的音乐放松，调整呼吸、拉伸身体各部位，重点进行手部、腿部、膝盖的放松与拉伸。	约2分钟 （1次）	

【活动延伸】

在日常体育游戏时，可以进行"爬行大赛"，先爬到终点的幼儿敲小鼓宣布获胜；还可以尝试在斜坡上爬行，增加挑战性。

【专家评析】

学习小乌龟手膝着地爬的方式比较传统，如何才能让幼儿学得有新意，既能让幼儿喜欢又能帮助他们轻松地掌握爬的基本动作呢？本节活动中有以下两个亮点：

（1）听鼓声变速爬。幼儿已经有一定的手膝着地爬的经验，在此基础上，可以进一步学习正确的基本动作。游戏中投放的小鼓,增加了游戏的难度,让幼儿在快快爬、慢慢爬中进一步发展手膝着地爬的协调性和灵活性,增强爬的趣味性。

(2)游戏设计巧妙。在游戏环节中,教师设置了小蛇这个角色,一是可以增加游戏的情境性,二是可以让幼儿在爬行时调节膝关节的强度,适当休息。在乌龟壳上放置"粮食",要求幼儿更好地控制自己的身体,提高爬行时的稳定性。

建议

活动中,教师还可以让幼儿听信号倒退爬、转圈爬等,进一步增强幼儿的四肢肌肉力量,培养他们动作的灵活性和协调性。

22. 宝宝倒着爬(倒着爬)

【设计意图】

小班幼儿喜欢玩各种各样爬的游戏,倒着爬是在幼儿熟练掌握正面爬行动作的基础上拓展出来的,可以提高幼儿的注意力和身体感觉统合能力。本活动运用小手和膝盖的标志帮助幼儿了解爬行的方式,用箭头帮助幼儿熟悉爬行的路径,利用情境游戏让幼儿获得运动的愉快感,激发幼儿运动的兴趣。

【活动目标】

(1)学习手膝着地倒退爬,锻炼身体的协调性与灵敏性。

(2)借助游戏情境、图标提示,逐渐加快倒退爬的速度,感知在不同路径上爬行。

(3)尝试克服在爬行中出现的紧张情绪,喜欢玩颜色匹配游戏。

【活动准备】

(1)经验准备:幼儿练习过手膝着地爬,动作较连贯。

(2)物质准备:小动物的家4个(红色的小狗家,绿色的小猪家,黄色的小猫家,白色的小羊家),红、黄、白、绿玩具若干,筐8个;地垫拼成的小路4条,小路起点上有小手和膝盖的标记;大轮胎、小轮胎各3个;梯子1架,平衡小木桥2座。

【活动过程】

程序	进 程	时间和次数	场地安排
准备部分	（一）激发兴趣，活跃情绪 1. 队列队形：一个跟着一个走大圆—跑步走—小朋友走—高人走—矮人走—小朋友走	约1分钟 （1次）	○
准备部分	2. 爬到小动物家向小动物问好 师：看！有许多小动物来找我们玩，我们一起爬一爬，爬到它们家里向小动物问好吧！	约2分钟 （1次）	小猫家 小狗家 小猪家 小羊家
基本部分	（二）在游戏中自主练习动作，掌握动作要领 1. 认识垫子上的图标，根据图标探索爬的方法 师：看小动物家门前多了几条小路，小路上有标记，小朋友看看是什么？（"小手和膝盖的标记"）这次我们再爬要怎么爬呢？请小朋友来试一试。	约1分钟 （1次）	地垫拼成的小路起点处有小手印和膝盖印 小猫家 小狗家 小猪家 小羊家
基本部分	2. 学习并集体练习倒退爬的动作 师：待会儿我们一起来学一学倒着爬，小手放在小手印上，膝盖放在膝盖印上再开始爬哦！爬到小动物家向小动物问好哦！	约2分钟 （1次）	场地同上

续表

程序	进程	时间和次数	场地安排
基本部分	3. 总结练习的过程，并再次练习 师：宝宝们爬的时候有没有爬到垫子外面来呢？待会儿我们在爬的时候要小心不能爬到垫子外面来哦！	约2分钟 （1次）	场地同上
基本部分	4. 游戏：给小动物送糖果 介绍游戏玩法：小朋友要倒退着爬过小路，拿一个玩具走过各种小桥把糖果送给与糖果相同颜色的小动物家里。玩游戏2～3次。	约2分钟 （1～2次）	直线小桥 ▭——△ 小猫家 ⇨ 曲线小桥 ▭⌐△ 小狗家 ⇨ 木梯小桥 ▭=△ 小猪家 ⇨ 轮胎小桥 ▭◎◎△ 小羊家
基本部分	5. 调整三条小路变成曲线，幼儿进行游戏 师：看我们的小路变得不一样了，你们还能倒着爬过去吗？要小心，不能爬到小路外面哦！	约3分钟 （1～2次）	场地同上，把直线的地垫小路变成一条直线的、一条有一道折的、一条有两道折的、一条有三道折的小路
放松部分	（三）稳定情绪，放松身心 1. 检查玩具有没有放错 师：宝宝们今天很能干，给小动物们送了好吃的糖果，那我们送的对不对呢？我们一起来检查检查吧！ 2. 两个小朋友背靠背坐在垫子上放松	约2分钟 （1次）	散点

【活动延伸】

活动中，可以让小路变得更窄，增加活动的难度；也可以把正面爬和倒退爬放在一起，用不同的标志指引幼儿开展活动。此外，除了送糖果外，教师还可以创设"打灰太狼"的情境，让幼儿主动练习。

【专家评析】

本活动有以下三个特点：

（1）游戏吸引幼儿主动参与。本活动始终以宝宝和小动物的游戏角色进行互动，让幼儿融入游戏情境中，调动了幼儿的兴趣。开始部分，宝宝爬到小动物家，和小动物打招呼，让幼儿对小动物形象有了初步的认识，巩固了爬的基本动作，潜移默化地为倒着爬做好准备，同时培养了幼儿的礼貌意识。基本部分，给小动物送糖果游戏更是将活动推向高潮，幼儿在游戏中反复练习倒着爬的基本动作，教师逐步加大难度，吸引幼儿主动参与。

（2）图标帮助幼儿掌握基本动作。图标是本次活动的重要策略，它解决了幼儿的难点问题，即方位的问题。教师通过地垫上的标志帮助幼儿掌握倒着爬的动作和用箭头来帮助幼儿了解路径的情况。幼儿在图标的提示下，通过集体练习和个别练习相互结合的方式，很快地掌握了方向和基本动作。

（3）锻炼幼儿的方位知觉。在幼儿的现实生活中，正面向前爬的活动多，而倒着爬的动作练习相对较少。这样的活动让幼儿感到新奇有趣，同时促进了幼儿对于空间方位的认识。开始部分，以跑步和走路结合，在模仿中变化动作的速度、方位，锻炼幼儿的反应能力和灵敏性。基本部分，在游戏中变化小路的形状，让幼儿根据自己动作发展的水平来选择适合自己的小路，同时也是对幼儿方位知觉的锻炼。

23. 勇敢的小熊（在低矮物体上走）

【设计意图】

小班幼儿走路不是很稳，在家里也常常由大人抱着。因此锻炼幼儿平稳走的能力，了解平稳走的方法，同时贯穿到日常活动中很重要。小班幼儿刚刚进入集体生活，安全地走、跑以及和老师同伴在一起游戏时的安全意识培养也尤为重要。为了让幼儿学习平衡走，本活动以"游戏情境、儿歌帮助、探索尝试、集体讨论，再练习"为主要策略，以幼儿最感兴趣的游戏情境贯穿始终，让幼儿在玩的过程中愿意挑战，习得方法。

【活动目标】

（1）学习在低矮的物体上平稳地走，发展平衡能力。

（2）在游戏情境中借助儿歌的帮助和集体讨论，感知平衡走的动作，知道过小桥的方法。

（3）在教师的鼓励下，愿意参与平衡游戏。

【活动准备】

（1）经验准备：幼儿玩过走平衡木的游戏。

（2）物质准备：有大圆的空旷的场地，浪桥，平衡木，踩河石，海洋球，音乐，排头点子标记。

【活动过程】

程序	进　程	时间和次数	场地安排
准备部分	（一）热身活动，激发兴趣 师：小熊们，我们一起来做操锻炼身体喽。 1.热身活动 幼儿与教师以小熊和熊妈妈的角色以一路纵队进场，听音乐做热身操：小熊走，小熊点头（头部），小熊举重（上肢），小熊浇水（腹背），小熊玩跷跷板（下蹲），小熊摘果子（跳跃），小熊再见（整理）。	约2分钟 （1次）	
	2.专项准备：头部、扩胸、摆臂、手腕脚踝、脚 幼儿和教师一起围成大圆，在大圆上做准备活动，为走平衡进行重点部位的专项热身。	约2分钟 （1次）	播放音乐
基本部分	（二）在游戏中，发展能力，体验乐趣 1.引出"小熊过桥"的游戏情境，复习走平衡木的方法 师：小熊们，我们一起到河对面玩吧！可是怎么过河呢？你有什么好办法？ 游戏玩法：幼儿站成四路纵队，边走边念儿歌边过小桥："小木桥，摇摇摇，小熊熊来过桥。手打开，慢慢走，小熊小熊过桥啦。" 教师及时观察并提醒幼儿慢慢走，不要碰撞等。	约2分钟 （1~2次）	幼 〇〇〇〇

续表

程 序	进 程	时间和次数	场地安排
基本部分	2. 引出"小熊找蜂蜜"的游戏情境，学习平衡走的方法 （1）初步尝试玩"小熊找蜂蜜"的游戏。 师：今天熊妈妈要带宝宝们到树林中去找好吃的蜂蜜，瞧，前面会有一条河。我们要一起走过小桥找蜂蜜哦。要慢慢地走过去，拿到蜂蜜后从箭头方向回来，把蜂蜜送回家。 ①游戏玩法：教师放儿歌后，幼儿分四路纵队走小桥，走过小桥后，再走过踩河石，找到蜂蜜送回家。第二遍游戏时，教师将藏的地方进行替换。 ②师生共同讨论：刚刚你们成功找到蜂蜜了吗？是怎样找到的？这个小桥和我们以前走过的小桥有什么不同？走完小桥又走了什么？你是用什么好方法通过的？	约4分钟 （1~2次）	蜂蜜 〇 踩河石 〇〇〇〇 〇〇〇〇 〇〇〇〇 〇〇〇〇 桥
	（2）在讨论的基础上，幼儿再次游戏。 师：我们马上又要出发寻找蜂蜜喽，仔细找找，这次蜂蜜会藏在哪里呢？ ①幼儿游戏。	约4分钟 （1~2次）	同上
	②师生集中讨论：当上不了小桥时，怎么办？当你觉得小桥不太稳时，还可以怎么办？	约1分钟 （1次）	幼 〇 师
	（3）集体游戏，调整身心。 师：小熊找了许多蜂蜜，我们分一些把它们送给熊外婆家吧。 游戏玩法：幼儿分成两队，分别爬过垫子，将蜂蜜送到对面的篓子里。	约3分钟 （2次）	垫子 〇〇〇〇 篓子 〇 垫子 〇〇〇〇

续表

程序	进 程	时间和次数	场地安排
放松部分	（三）稳定情绪，放松身心 师：今天我们找到了许多蜂蜜，都辛苦了。我们一起放松放松、按摩按摩吧！ 幼儿围圆站，随音乐放松，调整呼吸、调节情绪，重点进行腿部和手部的放松。	约2分钟 （1次）	

【活动延伸】

鼓励家长带幼儿走一走路边的小台阶，幼儿也是十分喜欢的。

【专家评析】

幼儿在练习走平衡木时，需要通过一段连续的有高度的小桥，它要求幼儿持续地控制身体平衡。而走河石的活动，需要幼儿在平衡身体的同时踩准一个个有高度的物体。这两种保持身体平衡的游戏难度不一样，对幼儿的挑战也不一样。

幼儿在前期已经积累了关于走平衡木的经验，所以在这个活动中更多的是通过分享、反思及讨论，说说自己走平衡木的方法。这样的分享过程，帮助幼儿对无意识游戏中积累的关于走平衡木的方法，进行了有意识的反思。通过反思，无意识的方法变成了有意识的方法，为后面幼儿尝试通过踩河石进行了前期经验的积累。学习方法的掌握和运用需要一个过程，前期学习到的知识、经验、技能应该为后续的学习做好准备，这样前后的学习过程就是一个相互支持、连贯的过程。

建议

教师可根据幼儿的实际情况来选择高度和宽度适宜的平衡木、踩河石，让幼儿在"最近发展区"内体验挑战的成就感。当幼儿的平衡能力增强后，可以让他们负重来过小桥，会更有成就感。

24. 小熊过桥（在平衡木上走）

【设计意图】

平衡感是人类行动的基础，因此帮助幼儿掌握一定的平衡技能尤为重要。本活动引导幼儿扮演"小熊"学习过独木桥的本领,"小熊"需要过"独木桥"买东西打扮新家,而且每次过"独木桥"买的东西都不一样,丰富的游戏情境激发了幼儿活动的兴趣。教师还通过歌唱的方式,给幼儿营造了一种宽松的氛围,既把动作要领唱给了幼儿,也有助于幼儿克服紧张的心理,主动、自信地参与活动。

【活动目标】

(1)学习持物走过不同宽度和高度的平衡木,保持身体的平衡。

(2)在走平衡木的时候学习眼睛看着前面,一步一步慢慢走。

(3)体会和同伴一起装饰新家的快乐。

【活动准备】

(1)经验准备:幼儿能够在垫子上按照垫子的路线行走;在行走的过程中,能够通过步伐的大小、行走的速度,保持身体平衡;有过节装扮环境的经验。

(2)物质准备:空旷的场地,不同宽窄、高矮的平衡木各4块,大筐子1个(上面画有商店的标记),在"新家"处悬挂带有夹子的绳子。

【活动过程】

程序	进　程	时间和次数	场地安排
准备部分	(一)激发兴趣,活跃情绪 师:我的熊宝宝最喜欢和妈妈玩游戏了。我们玩一个"小熊小熊真爱玩"的游戏吧。仔细听,妈妈会叫你们怎么回来呢?路上要小心,不要撞到哦! 1.热身活动 教师和幼儿一起跑成大圈,站在圈上玩"小熊小熊真爱玩"的游戏,幼儿根据教师的指令做相应动作,练习走、跑、跳的技能,锻炼腿部的力量。 儿歌内容:小熊小熊真爱玩,摸摸这摸摸那,摸摸……就跑(跳、走……)回来。	约2分钟 (1次)	
	2.专项准备 幼儿站在圈上,做手腕脚腕运动、膝关节运动、压腿运动等,进行重点部位的专项热身活动。	约2分钟 (1次)	

续表

程序	进 程	时间和次数	场地安排
基本部分	（二）自主学练，发展能力，体验快乐 1.创设"小熊过桥"的情境，鼓励幼儿大胆尝试 师：熊宝宝，我们的新房子盖好了，等会儿去商店买些东西，把家里打扮得漂漂亮亮的，好吗？但是去商店的路上有一座独木桥，你们能自己走过去吗？这一次我们先在家练习一下。放心，妈妈就在旁边保护你们！ （1）游戏玩法：幼儿分两组，一个一个走过平衡木（比较矮的平衡木），然后站到队伍的后面，循环练习。	约4分钟 （1次）	（独木桥场地图）
	（2）师幼集中站成半圆，共同讨论：怎么走才不会从小桥上掉下来呢？ （3）教师总结：过小桥的时候，眼睛看着前面，一步步，慢慢走，一定能把小桥过！	约2分钟 （1次）	（半圆场地图）
	2.创设"装饰房子"的游戏情境，幼儿练习走平衡木，锻炼身体的平衡性 （1）熊宝宝过桥买彩带，装饰新房子。 师：这次，妈妈终于放心让你们去买些东西了！每个宝贝买一根彩带，然后带回来挂在我们的新房子上，记住了吗？ 游戏玩法：幼儿分成两组，一个跟着一个走过"小桥"（矮的平衡木），到对面的"商店"（筐子）拿一根彩带，然后拿回来，挂在新家的绳子上。	约4分钟 （1次）	（商店、独木桥、挂彩带场地图）
	（2）熊宝宝过桥买礼物，装饰新房子。 师：在你们的帮助下，我们的新房子变得可漂亮了！可是马上就要过年了，我们还要再去买一些礼物回来。不过这次路上的小桥又高又窄，你们有信心走过去吗？把买回来的礼物放在家里的筐子里哦！ ①游戏玩法：幼儿分成两组，一个跟一个走过"小桥"（比较高、窄的平衡木），去商店里买一个礼物。然后，拿回来放在新家的筐子里。 幼儿在过桥的时候，教师用儿歌提醒幼儿："好孩子，别害怕，眼睛朝着前面瞧，一步步，慢慢走，一定能把小桥过。"	约4分钟 （1次）	（商店场地图）

续表

程序	进程	时间和次数	场地安排
基本部分	②师幼集中站成半圆，共同讨论：走在小桥上的时候害怕吗？这么高的小桥，你是怎么走过的啊？	约1分钟（1次）	
放松部分	（三）放松身心，感受快乐 师：我的宝贝今天真勇敢，都能够自己过桥了，真棒！让我们一起听着音乐，手拿彩带跳一跳"小熊过桥"的舞蹈吧！ 游戏玩法：幼儿散点站在圈里，教师边说边给每个幼儿发一根彩带。然后，边听"小熊过桥"的音乐边跳舞，随音乐放松、调整呼吸，并进行腿部的拉伸。	约2分钟（1次）	

【活动延伸】

在晨间锻炼和户外体育游戏中，可以引导幼儿继续玩"小熊过桥"的游戏，发展幼儿在平衡木上行走的能力。

【专家评析】

《小熊过桥》是一首幼儿很熟悉且很喜欢的儿歌，儿歌中小熊敢于走上摇摇晃晃的独木桥，对于幼儿来说，是一件值得赞赏、表扬的事情。借助儿歌内容，教师在活动中创设了"小熊过桥"的情境，鼓励幼儿练习如何调控自己的身体，让自己能在平衡木上走得稳、走得从容，激发幼儿内心深处想要完成任务的自豪感和成就感。之后，教师还创设了"到商店买东西装饰房子"的情境，让幼儿从单纯的练习转移到有情境的练习，调动了幼儿参与的积极性。幼儿在多次的练习中努力调整着自己的身体和眼睛的配合，调节自己走路的速度，努力保持一定的平衡性。

建议

在游戏的线路上还可以进行调整，比如在平衡木的前面摆放一排小树标记，幼儿绕S形走过"小树林"，再过"小桥"；在材料的提供上，关于打扮新家的装饰品，可以引导幼儿收集或亲手制作，再投放到游戏中。另外，平衡木除了在高度和宽度上有变化外，还可以是直线的、曲线的。教师还可以在平衡木上摆放积木、圈等，增加游戏的难度。

25. 小猴运粮（踩高跷）

【设计意图】

　　随着年龄的增长，小班幼儿动作的协调性开始增强，他们在学会踩高跷的技能后，已经不满足于四处无目的地乱踩了，而是想出一些有趣的办法。于是，结合幼儿的想法，设计了踩高跷侧身走的体育活动，让幼儿继续接受挑战。为了让他们感兴趣，小猴的角色贯穿在整个活动中。幼儿化身为小猴，去给小动物们送粮食，一边玩一边掌握动作要领，同时还表达了对同伴的浓浓关切之情。

【活动目标】

　　（1）学习踩着高跷侧身走，保持身体平衡。

　　（2）通过自主练习和情境游戏逐步掌握侧身走的动作要领，提高动作的协调性。

　　（3）愿意遵守规则，感受活动带来的快乐。

【活动准备】

　　（1）经验准备：幼儿能自如地踩着高跷走。

　　（2）物质准备：空旷的场地，小猴臂章人手1枚，自制线3条，用垫子铺成的长长的直线路、S形路、Z形路，录音机，音乐。

【活动过程】

程序	进　　程	时间和次数	场地安排
准备部分	（一）跟着音乐活动身体各部分 师：今天小朋友当小猴，老师当猴妈妈，让我们先锻炼身体，一会儿去运粮食吧！ 1. 热身活动：跟着口令进行起步走、圆圈跑、绕障碍跑等练习 幼儿与教师以小猴和猴妈妈的角色一路纵队进场，在教师的口令声中，一起进行走跑交替练习。	约2分钟 （1次）	
	2. 专项准备：头部、颈部、上肢、腰部、下肢、跳跃、整理运动 幼儿站成三路纵队，教师和幼儿成做操队形，做韵律操，活动身体的各部分，为侧身走进行重点部位的专项热身。	约2分钟 （1次）	播放音乐

续表

程序	进程	时间和次数	场地安排
基本部分	（二）探索练习，学习侧身走的动作 1.幼儿尝试自由踩高跷横着走 师：小猴们，我们一会儿要去给小动物们送粮食。路上会遇到沼泽地，要踩着高跷横着走过去。你们愿意试一试吗？请你们找个空地方踩着高跷横着走一走。 游戏玩法：幼儿在指定的场地（两条线内）踩高跷自由练习侧身走，教师观察幼儿出现的动作，并及时提醒幼儿注意不碰撞。	约1分钟 （1次）	
	2.学习侧身走的动作 （1）讨论：你是怎样踩着高跷横着走路的？ 师：刚刚有很多小猴踩着高跷横着走路，谁愿意来展示一下你是怎么走的？ ①个别幼儿示范侧身走的动作。 师：请大家仔细看一看，他是怎样走的？他走的时候有没有从高跷上掉下来？ ②小结并示范讲解：身体侧身站好，双手拉紧高跷的绳子，一只脚迈出后，另一只脚跟上，动作交替进行。	约3分钟 （1次）	幼○○○○○○○ 师☆□ 幼○○○○○○○
	（2）幼儿再次游戏，练习踩着高跷侧身走。 师：下面，就请小猴们用侧身走的方法踩着高跷走一走。 游戏玩法：幼儿散点选择空旷的地方，脚踩高跷进行侧身走练习。	约2分钟 （1次）	
	（3）出示直线路、S形路和Z形路，提出新的挑战，鼓励幼儿尝试。 师：这里有一条长长的直线路，你们能用侧身走的方法脚踩高跷走过这条细细长长的直线吗？ 教师观察并鼓励幼儿三条路线都去尝试，提醒幼儿要沿着路线踩高跷侧身走，保持身体平稳，不要着急。	约3分钟 （1次）	
	3.分组玩游戏：小猴运粮 师：下面，小猴们就要踩着高跷用侧身走的方法走过沼泽地，然后去给小动物们送粮食。掉进沼泽地里会很麻烦，所以大家在走的时候一定要小心，不要掉下来。 游戏玩法：小猴分成三组，听到开始的口令后，从起点出发，踩高跷侧身走过沼泽地（直线路、S形路和Z形路），将高跷放进大筐里，然后分别从各自组的小筐中拿起一袋粮食（装有篮球的篮球袋），钻过山洞、绕过树林，把粮食送到对面小动物的家。	约5分钟 （2次）	起点 □ 沼泽地 ⌒ 山洞 ▯ ▯ 树林 ▯

续表

程序	进程	时间和次数	场地安排
放松部分	（三）放松身心，调整呼吸 师：今天小猴们的表现真是太棒了，把粮食都送到了小动物的家里。你们累吗？让我们一起来放松一下吧。 幼儿散点找空站，听音乐做放松动作，重点放松手臂，进行腿部和脚踝的拉伸。	约2分钟 （1次）	播放音乐

【活动延伸】

在晨间锻炼中，设计不同的路线，让幼儿巩固练习踩高跷侧身走，提高身体的协调性；对于对侧身走动作掌握不好的幼儿，可以先引导他们用脚在线上进行侧身走练习，然后再用高跷练习侧身走。

【专家评析】

《指南》提出："要充分尊重和保护幼儿的好奇心和学习兴趣。"踩高跷走在晨间活动中是幼儿非常喜欢的一个项目，教师为了满足幼儿的发展需要，开展踩高跷侧走活动。活动的主要特点有：

（1）顺应幼儿的发展需要。本活动让幼儿在踩着高跷正向走的基础上尝试侧身走，既考虑到幼儿的现有水平，又给幼儿提供了挑战自己的机会，顺应了幼儿的发展需要，促进了幼儿动作技能的发展。

（2）情境创设有层次性。在"小猴运粮"的游戏情境中，教师创设了三条不同的路线，分别是直线路、S形路和Z形路，体现了不同的难度层次，并且鼓励幼儿每条路线都去尝试，巩固和熟悉踩高跷侧走的动作经验。

（3）师幼互动频率高。活动中处处体现着师幼互动，活动开始"猴妈妈"和"猴宝宝"的热身操很有趣；学习踩高跷侧走时，教师的及时示范给了孩子们很大的鼓励。尤其在游戏的最后环节，"猴妈妈"拥抱了完成任务的"猴宝宝"，孩子们很高兴。频率较高的师幼互动，也提高了幼儿的参与性。

建议

在分组玩游戏的环节中，还可以采用循环游戏的形式，让幼儿对不同的路线都能尝试走一走，鼓励他们勇于挑战难度高的路线。

26. 我穿爸爸的大皮鞋（穿大鞋走）

【设计意图】

小班幼儿已有一定的平衡能力，在已适应的运动环境中和较稳定的心理状态下，他们能平衡地走。此外，他们对世界充满了好奇，总想尝试探索一些新的事物，喜欢穿着爸爸的大皮鞋走一走，可总是跌跌撞撞，不能保持身体的平衡。而要较好地完成各种大肌肉动作，学习更多、更复杂的动作技能，幼儿还需要具备更好的协调、平衡能力。结合主题活动"我的一家"，本活动采用尝试、探索的教学方法，逐步设置一定高度、宽度的障碍，让幼儿穿大鞋走，充分发展其协调、平衡能力、自我保护意识及自理能力。

【活动目标】

（1）学习穿爸爸的大皮鞋协调行走，保持身体平衡。

（2）在游戏情境中探索穿大皮鞋协调行走的方法，尝试走不同高度、宽度的障碍物。

（3）体验穿大皮鞋行走的趣味性。

【活动准备】

（1）经验准备：幼儿在家里穿爸爸的大皮鞋走过。

（2）物质准备：空旷的场地，爸爸的大皮鞋每人1双（幼儿需要穿小白鞋，能直接套在爸爸的大皮鞋子里），4个高8厘米、宽6厘米和4个高8厘米、宽12厘米的塑料长条障碍物，红绿灯，泡沫垫10块，音乐，录音机。

【活动过程】

程序	进　程	时间和次数	场地安排
准备部分	（一）激发兴趣，模仿爸爸的动作，活动身体 师：小朋友平时最喜欢玩娃娃家游戏了，那今天我们一起来当回爸爸吧。爸爸起床了要做哪些事情呢？ 1. 热身活动 教师与幼儿一起以爸爸的角色一路纵队进场，做模仿动作，包括起床后伸懒腰、穿衣服、穿裤子、刷牙、洗脸、刮胡子的动作。	约1分钟 （1次）	
	2. 专项准备：听音乐做模仿操，包括头部、颈部、手腕脚腕、膝关节、下蹲、跳跃、整理运动 幼儿任意在场地中间找个空点子站好，形成四路纵队，师幼成做操队形，为穿大皮鞋子行走做重点部位的专项热身。	约2分钟 （1次）	播放音乐
基本部分	（二）学习穿大皮鞋行走，发展平衡能力，体验趣味性 1. 引出"爸爸穿大皮鞋去上班"的情境，学习穿大皮鞋行走的方法 （1）初步尝试，自由地走一走。 师：爸爸把这些事情做完后，马上要去干什么呢？（"穿上皮鞋去上班"）穿上了大皮鞋在走的时候，可一定要小心，别让它离开小脚。 ①幼儿穿上爸爸的大皮鞋，自由地在场地中间走一走。 ②师生集中站成半圆（地上有圆圈线），共同讨论：穿上爸爸的大皮鞋真有趣，可是会怎么样？（"大皮鞋容易掉"）怎样走，大皮鞋才不会掉呢？（"小脚顶着大皮鞋的头，用力用脚尖勾住走，一步一步走稳"） ③个别幼儿进行示范。	约5分钟 （1次）	幼　　师
	（2）在讨论的基础上，幼儿再次尝试穿爸爸的大皮鞋走，调整走的频率。 师：用你们刚才说的方法试一试，爸爸在上班的途中会遇到红绿灯，红灯时就要停，绿灯时要快快走哦。（提高幼儿穿大皮鞋行走的稳定性，通过停、快走，缓解幼儿脚部的疲劳）	约3分钟 （1次）	

续表

程序	进　程	时间和次数	场地安排
基本部分	（3）设置一定高度、宽度的障碍，分散游戏。 师：过了红绿灯的路口，爸爸还遇到了水沟，我们怎样过水沟呢？（"跨过去"） 游戏玩法：幼儿自由分成四队，教师在前方分别摆上两列高8厘米、宽6厘米的塑料长条障碍物和两列高8厘米、宽12厘米的塑料长条障碍物，幼儿尝试过水沟。 师：刚才爸爸们真棒！不仅过了红绿灯，还把小脚抬得高高的，注意了勾脚，过了小水沟，爸爸总算来到了单位。	约4分钟 （1次）	幼儿 ○○○○ ○○○○ □□□□ □□□□ 长条障碍物
	2.引出"爸爸去钓鱼"的游戏情境，调节上下肢动作 师：今天是休息日，爸爸要去钓鱼啦，在钓鱼的路上会遇到小桥、水沟，每次只能钓一条鱼，看看爸爸今天能钓到几条鱼？ 游戏玩法：循环游戏，幼儿分别走过小桥（铺垫子的直行线路）、水沟（高8厘米、宽6厘米的塑料长条障碍物）、小桥，到达鱼塘后钓到了大鱼。教师应注意提醒幼儿行走的动作，不拖地，走稳。	约3分钟 （3～4次）	小桥　⇐ 　　　　☺ 长　　　鱼塘 条　　　小桥 障 碍 物
放松部分	（三）稳定情绪，放松身心 师：爸爸们不怕困难，不怕失败，走过了小桥、小沟，还钓到了很多大鱼，真棒！现在让我们的小脚丫好好休息，出来透透气喽！ 幼儿脱去大鞋子，散点找空站，随着轻松的音乐放松，调整呼吸，拉伸身体各部位，重点进行腿部、脚踝的拉伸。 师：小脚小脚弯弯腰，脚尖脚尖碰碰，脚跟脚跟碰碰，脚底脚底亲亲。来找好朋友喽，你好你好！咱俩亲一个吧！（脚对脚）	约2分钟 （1次）	

【活动延伸】

在日常体育游戏时，可以让幼儿进行"穿大皮鞋快速走"的比赛，还可以鼓励他们尝试在多种障碍物上行走，如斜坡、轮胎等，增加挑战性，感受用身体保持平衡的方法。

【专家评析】

人体要运动，首先需要在保持身体平衡的状态下进行，否则就会摔倒。可以说，平衡能力是完成各种身体动作的前提，也是实现自我保护最基本的能力。为进一步发展幼儿的平衡能力，教师设计了本活动。幼儿在穿着大鞋子扮演成人走一走去上班、去钓鱼的情境中，锻炼了平衡能力，而且正因为活动的有趣、滑稽，幼儿学习时特别轻松、愉快。

活动中，教师通过几个环节的设计，一步步增加难度，不断提高层次，激发幼儿进行挑战。从尝试自由走到快慢走，再到变化宽度、高度越过障碍走，幼儿进一步感受穿大鞋协调走的方法，走得更稳、更快了。

建议

活动中，教师还可以通过听信号快走、慢走、小步走、大步走的方式，增加游戏的趣味性。在钓鱼游戏环节中还可以让幼儿绕花丛进行 S 形走等增加难度，充分练习，提高幼儿的平衡能力。

27. 快乐的飞行员（在平衡木上走）

【设计意图】

小班上学期的幼儿好奇、好动，喜欢沿直线、曲线或是在距离地面一定高度的物体上行走。在户外体育锻炼活动中，幼儿在走小桥时，由于胆怯和身体平衡能力的限制，容易出现不敢走、摇摆的现象。而平衡活动有利于幼儿良好情绪、意志品质的培养，同时对幼儿前庭器官和全身肌肉的发展等也有帮助，更有助于幼儿身体协调发展。而且现在平衡活动成为我们日常生活中较常见的运动，如滑板、溜冰、平衡板等。于是，本活动结合幼儿崇拜解放军叔叔的心理，以飞行员的游戏情节贯穿始终，通过集体练习，既帮助幼儿克服了紧张害怕的心理，又让其体验到游戏所带来的快乐，同时提高了幼儿身体的平衡能力和协调性，帮助他们体验到和同伴一起开飞机走过小桥的成功感。

【活动目标】

（1）学习平衡走的基本动作，发展平衡能力。

（2）通过集体练习、游戏情境，能开飞机走过不同高度的小桥，保持身体的平衡。

（3）体验和同伴一起开飞机走过小桥的成功感。

【活动准备】

（1）经验准备：幼儿玩过一些平衡的游戏，但大多都是在地面上平衡走。

（2）物质准备：独木桥4座，纸板若干，画有标志的篓子4个，贴有标志的物品若干；录音机，音乐磁带。

【活动过程】

程序	进　程	时间和次数	场地安排
准备部分	（一）激发兴趣，活跃情绪 师：小飞行员们，我们一起开着飞机出去玩一玩吧！ 1.热身活动：带领幼儿开飞机走直线进场 幼儿与教师以飞行员的角色一路纵队进场：准备起飞（小空军要两只手侧平举），向上飞（小空军要两手侧平举，踮起脚尖飞），向下飞（小空军要两手侧平举弯腰飞），降落（小空军慢慢蹲下，并在原地不动）。	约2分钟 （1次）	一路纵队
	2.专项准备 幼儿站成四路纵队，师幼成做操队形，做头部、扩胸、伸展、下蹲、体转、腹背、跳跃、放松运动等。	约2分钟 （1次）	
基本部分	（二）在游戏中练习动作，发展平衡能力，体验活动的乐趣 1.引出"在地面练习飞行"的游戏情节，幼儿练习平衡走的动作 师：飞行员们，今天我们要练习沿直线飞行，你们能做到吗？ （1）游戏玩法：幼儿分成四组，在教师的指导下沿直线往前飞。	约2分钟 （1次）	
	（2）师幼集中站成半圆，共同讨论：你们刚才是怎样又快又稳地开过来的？（请个别幼儿介绍、示范） （3）小结技巧：集中注意，眼睛向前看，双臂展开，保持平衡。	约2分钟 （1次）	
	2.在讨论的基础上，幼儿再次游戏 师：我们一起用这种方法再飞一次吧！ 幼儿自由练习，教师根据幼儿的情况给予不同的指导和帮助。	约2分钟 （1次）	

续表

程序	进程	时间和次数	场地安排
基本部分	3. 引出"在小桥上练习起飞"的游戏情节 师：刚才我们都能在直线跑道上起飞了。现在要提高难度了，你们能在小桥上起飞吗？ 游戏玩法：幼儿分成四组，开着飞机通过小桥。	约3分钟 （1次）	幼
	4. 游戏：空中运输队 师：小飞行员们训练得都很棒。现在要请你们帮我把这批物资运到前面的仓库去，你们能做到吗？ 游戏玩法：幼儿分四组开飞机，先经过直线跑道，然后路过小桥，最后将物品放在相应颜色的篓子中，直到物品运送完。	约5分钟 （2次）	
放松部分	（三）稳定情绪，放松身心 师：小飞行员们，你们今天顺利地完成了任务，真是太棒了！现在我们一起来放松一下。 幼儿散点找空站好，师幼一起随音乐放松做律动，调整呼吸、放松肌肉、调节情绪，重点进行手臂的放松。	约3分钟 （1次）	散点

【活动延伸】

在体育锻炼时开展这一游戏，同时根据不同幼儿的情况设置游戏的难度；家中，家长利用自然环境让幼儿练习平衡走。

【专家评析】

首先，整个活动游戏性强，一直以飞行员的游戏情境吸引幼儿积极参与，以游戏促进幼儿学习。飞行员的角色来源于幼儿的生活，深受幼儿的喜爱。活动开始，教师运用了节奏欢快、富有童趣的音乐，创设了一种轻松活泼、生动有趣的氛围，幼儿在音乐声中模仿飞机起飞、降落、向上飞、向下飞，锻炼了身体的各个关节，为后面的游戏做好身心准备。本活动的重点是两臂侧平举直线走过不同高度的小桥，教师创设了飞行员送物资的游戏情境，引导幼儿在游戏中巩固练习基本动作，不仅增加了活动的游戏性，更强化了动作要领，使幼儿体会游戏的快乐。其次，活动遵循由易到难的教学原则，环节层层递进。开始部分，教师带领幼儿练习开飞机的各种动作，幼儿自然地掌握了两臂侧平举的动作。基本部分，教师让幼儿先在平地上走，探索飞机怎样才能沿直线开得更好，掌握了两臂侧平举在平地上沿直线走的动作要领。在此基础上，逐步增加难度，从地面走平衡到有一定高度的走平衡，幼儿有了前期经验的铺垫，很快掌握了动作要领，体会到成功的快乐。

建议

在材料的投放上，还可增加难度，比如小桥可用平铺、架高、斜坡等方式，还可以在跑道上设置直角拐弯或者在地面设置曲线的跑道，使不同能力的幼儿都能得到发展。其次，游戏的最后可增加跑的内容，如幼儿送完物品后再跑回终点，以增加运动量。

28. 我和爸爸一起玩（亲子活动）

【设计意图】

现在的家庭一般都是爸爸主外忙工作，照顾孩子的责任多数落在妈妈身上。3—6岁幼儿不仅仅需要生活上的照料，也需要身体素质、动作、心理等多方面的发展，而爸爸幽默、果断、干练、浑厚有力、智慧超群等优势在其中发挥着重要作用。如今人们已经意识到了这点，特别是《爸爸去哪儿》节目的播出，爸爸在孩子教育中的作用显得越来越重要。因此，本活动选择了以可以撕拉、粘合的布袋为媒介，让幼儿和爸爸一起进行体育活动，爸爸可以一个人带着孩子进行锻炼，也可以多人合作带着孩子锻炼。布袋的玩法较多，在这个过程中发展幼儿走、跑、跳、平衡等动作，提高幼儿的运动能力。

【活动目标】

（1）在爸爸的帮助下，积极探索布袋的多种玩法。

（2）利用树林、池塘、波浪等情境，观察寻找空位练习走、跑，在奔跑中不与他人碰撞。

（3）体验和爸爸一起游戏的快乐。

【活动准备】

（1）经验准备：活动前，爸爸已学会热身操，能够与自己的孩子互动；幼儿玩过模仿游戏"小鱼游游游"，在走、跑的过程中，有初步的躲避意识。

（2）物质准备：空旷的场地，可撕拉和粘合布袋每个家庭1个，七彩过河石。

【活动过程】

程序	进 程	时间和次数	场地安排
准备部分	（一）激发兴趣，活跃情绪 1. 亲子操 师：今天爸爸和我们一起来做游戏，请小朋友和爸爸一起找个空位置来运动一下吧！ 热身活动：爸爸和幼儿散点站听音乐做健身操，音乐间隙爸爸换个朋友继续跳操，结束后爸爸找到自己的孩子。	约2分钟 （1次）	播放音乐 ○○○ ○○○ ○○○ ○○○ ▲
	2. 亲子游戏（小鸟飞、小猴爬树、钻山洞、鳄鱼来了） 师：爸爸在我们心中是一棵大树，大树是什么样子的？请爸爸来做参天大树，我们是小鸟在树林里穿行。 师：我们学小猴子一起爬到树上，小猴子试一试能不能挂在树上？ 师：树林里不仅有大树，还有很多山洞，请爸爸们到这来搭山洞，我们一起来钻。 师：树林的小池塘里还有鳄鱼，我们要悄悄地从鳄鱼身上跨过去，小心别被它发现哦！ 游戏玩法：爸爸做大树，幼儿在音乐的伴奏下穿过小树林绕障碍跑，手脚协调往大树上爬，在爸爸做的山洞下钻及跨过爸爸身体等。在这一过程中，爸爸与每一个孩子进行积极的身体接触、眼神的肯定、语言的鼓励等。	约3分钟 （1次）	播放音乐 ○○ ○○○ ○○ 爸爸组成树林 ○○○○ 爸爸搭成山洞
基本部分	（二）亲子共同自主探索布袋的不同玩法 1. 亲子探索布袋的玩法，幼儿体验和爸爸游戏的快乐 师：今天，小朋友要和爸爸用布袋来锻炼身体，找个空位置试一试吧！ 找个空位置，爸爸和幼儿共同探索布袋的多种锻炼身体的玩法。比如，可以将布袋当摇篮，左右摇晃或向前奔跑，发展幼儿的平衡能力；可以将布袋套在肩膀上当披肩，发展快跑能力；还可以将布袋放在地上当障碍物，让幼儿跳过，练习双脚向前跳等。	约5分钟 （1次）	

续表

程序	进　程	时间和次数	场地安排
基本部分	2. 亲子介绍自己的玩法 师：谁来告诉大家你和爸爸是怎么锻炼身体的？ 师生集中站成半圆，以家庭为单位进行示范并讲述，分享自己锻炼身体的方法，教师重点提炼锻炼跑的玩法。	约3分钟 （2～3组）	⌒ 幼 ▲师
	3. 亲子进一步探索布袋的玩法，尝试多人合作 师：可以试一试刚刚没有玩过的方法，想想还有什么好玩的方法，可以几个人合作。 可以几组家庭共同合作，将布袋粘合在一起，当波浪上下抖动，幼儿在波浪下穿行，或者在布袋上行走；还可以将布袋转成圆圈当池塘，玩抓小鱼游戏等。	约5分钟 （1次）	
	4. 亲子介绍再次合作探索的玩法 师：这回你们又有哪些新的玩法，和大家说一说，分享一下。 师生集中站成半圆，以家庭为单位进行示范并讲述，分享自己锻炼身体的方法，教师重点提炼锻炼跑的玩法。	约3分钟 （2～3组）	⌒ 幼 ▲师
	5. 将布袋铺成五彩鹅卵石，爸爸带幼儿绕障碍跑 （1）布袋四散放在过河石上当鹅卵石，爸爸带着幼儿一起绕着鹅卵石。 师：我们把布袋铺在地上当五彩的鹅卵石，小朋友和爸爸一起绕着鹅卵石趟过小河。 （2）爸爸坐在地上当鳄鱼，幼儿注意不要让鳄鱼碰着。 师：爸爸当鳄鱼坐在鹅卵石上，小朋友绕着鳄鱼跑。	约3分钟 （1次）	散点
放松部分	（三）相互按摩，放松身心，提升亲子之间的感情 1. 爸爸和幼儿散点找空站，相互擦汗 师：运动后，小朋友和爸爸都出汗了，请小朋友拿条毛巾，和爸爸相互擦擦汗吧。 2. 随音乐相互按摩放松，幼儿给爸爸捶捶肩，重点捏捏臂膀和腿部，注意腿脚和臂膀的拉伸。互换角色，爸爸为幼儿轻轻拍打腿部和手臂，放松身心 师：今天爸爸们来和我们一起玩也很辛苦，请你们给自己的爸爸按摩一下吧！爸爸也帮小朋友按摩一下！ 师：今天，我们所有爸爸都很辛苦，也很感谢爸爸们带我们一起游戏。我们也给其他小朋友的爸爸按摩一下。	约3分钟 （1次）	散点

【活动延伸】
　　家长可以在家里带领幼儿玩同样的游戏。

【专家评析】
　　父亲与孩子间快乐游戏，弥补了当前幼儿园教材中此类活动内容的欠缺，更顺应了当今社会对父亲参与教育的呼唤。活动中，多个丰富有趣的亲子小游戏的巧妙衔接，父亲与孩子间肢体的频繁接触，让孩子们感受到来自父亲的力量，倾听到来自父亲的鼓励和赞许；幼儿熟悉的动物和以父亲们肢体所替代的游戏空间、材料的合理匹配，强化了小班幼儿对小动物形象的认知，增添了游戏的趣味性和灵活性，也保障了游戏的安全性和目的性。孩子们用自己的双腿或攀爬，或钻行，或跨越，或奔跑于父亲们共同设置的游戏场景中，轻松自在，快乐满足，有效地锻炼了腿部的力量。游戏中的孩子是自信的、勇敢的，游戏中的父亲是童真的、温暖的。此外，教师预设游戏与父子间自主探索创新游戏的交替，一对父子合作与多对父子合作的融合，"人"与"物"多种玩法的自主挖掘，这些都激发了父子们学习的内驱力，从而构建出班级和谐的活动氛围。游戏的时间虽然是短暂的，但父子间亲密游戏的一个个定格画面，将持久弥漫着甜蜜的浓情厚爱；父亲参与幼儿活动的尝试体验，将逐渐发挥出深远的教育价值。

29. 冬天里的温暖（亲子活动）

【设计意图】
　　随着冬季的脚步越走越近，寒意越来越明显。在幼儿园冬季晨间锻炼实践研究课题组的带领下，我们开展了家长亲子晨间锻炼的活动。在前两个阶段中，家长们初步学习了班级的晨间锻炼游戏，体验了"拯救喜羊羊""狼羊大战"和"抓狼行动"三个游戏并对其内容、规则和玩法有了初步的认识与了解。在这一次的亲子体验式晨间锻炼中，我们希望家长能在参加锻炼后明显地感受到身体逐渐变暖的过程，更加清楚地知道晨间游戏都具有一定的运动量，从而支持幼儿参与冬季晨间锻炼，消除对晨间锻炼中的寒冷等客观因素的担忧。同时提高幼儿参与冬季晨间锻炼的积极性，在亲子体验式晨间锻炼中感受与家长互动的乐趣,能够克服寒冷等气候因素对自身活动造成的影响。

【活动目标】

(1)能让家长与幼儿感受到身体在锻炼中逐渐变暖和的过程。

(2)让家长体会到冬季晨间锻炼对幼儿动作协调性的发展以及良好意志品质的培养作用。

(3)在共同游戏过程中增进亲子间的感情与配合度,体验亲子游戏的快乐。

【活动准备】

(1)经验准备:家长与幼儿玩过三个游戏,基本熟悉游戏规则和玩法。

(2)物质准备:创设随身物品摆放区和走廊休息区,魔力球,滑板车,沙包,动作提示牌,狼堡(贴有狼头的幼儿椅子),滑梯。

【活动过程】

程序	进　程	时间和次数	场地安排
准备部分	(一)教师和幼儿、家长一起做晨间锻炼准备 1. 幼儿和家长分别随教师围绕场地跑步热身 师:我们一起来活动身体,跟着我跑起来吧!注意哦,要用鼻子吸气,嘴巴呼气。(幼儿组) 师:我们来活动一下热个身,一起跑起来!(家长组)	约2分钟 (1次)	家长区域 ○ 幼儿区域
	2. 幼儿随一名教师模仿动物做动作,伸展四肢,家长随一名教师做准备操 师:小动物也来运动喽,我们来学一学!小鸟小鸟飞一飞,飞到前面转个圈;乌龟乌龟爬一爬,爬到前面歇一歇;小兔小兔跳一跳,跳到前面采蘑菇。(幼儿组) 师:下面我们一起来做个准备操!伸展运动、体转运动、腹背运动、跳跃运动、整理运动。(家长组)	约2分钟 (1次)	
	3. 幼儿与家长玩"风儿与树叶"的游戏 师:一阵秋风吹来,小树叶会怎么样?哇,飘起来喽!转起来喽!宝宝是小树叶,爸爸妈妈就是大树叶喽!秋风吹过来,把小树叶吹到大树叶那儿去啦! 教师念儿歌,家长与幼儿围成圆圈一起玩"风儿与树叶"的游戏。	约2分钟 (2次)	○ 圆圈

续表

程序	进　程	时间和次数	场地安排
基本部分	（二）幼儿和家长自选游戏，共同体验晨间锻炼活动 1.教师介绍活动，帮助幼儿和家长回忆游戏内容以及规则 师：宝宝和爸爸妈妈们要一起玩晨间锻炼游戏啦！今天玩游戏之前，我先要提醒玩"抓狼行动"的宝宝，抓到狼之后你可以把狼放在小车上推着回去，也可以坐在小车上用脚划着回去。抓得多的宝宝可以得到"阳光宝贝"的奖励哦！今天在"拯救喜羊羊"的地方有一个魔法师，她要是发现宝宝或者爸爸妈妈没有按照规则玩游戏，这个魔法可是不能解除的哦！爸爸妈妈要提醒宝宝在寻找魔力球的时候，要注意球的颜色是要间隔着的，一个金色一个紫色，明白了吗？	约1分钟 （1次）	家长与幼儿
	2.幼儿与家长进行亲子体验式晨间锻炼，教师巡回指导 （1）亲子游戏：抓狼行动。 师：爸爸妈妈们要注意，一定要让宝宝坐稳了以后再拖小车。回去的时候要注意将绳子收好，别影响宝贝的运动。 （2）亲子游戏：拯救喜羊羊。 师：爸爸妈妈可以看着提示牌上的动作进行交替运动，当宝宝把魔力球给你的时候一定要提醒宝宝注意魔力球的颜色。 （3）亲子游戏：狼羊大战。 师：第一（二）轮游戏时间到了，请宝宝和爸爸妈妈把现在玩的游戏材料收拾好后，换到下一轮游戏中。 每组家庭循环体验三个游戏一次，每个游戏时间为10分钟，教师在过程中以吹哨提醒。	约30分钟 （1次）	抓狼行动区域 滑梯区域（拯救喜羊羊） 狼羊大战区域
放松部分	（三）教师带领幼儿及家长随音乐做放松活动 师：今天的游戏时间到啦！请宝宝和爸爸妈妈帮忙把材料收拾到操场边上，然后一起到圆形草地上，我们要放松一下身体喽。 教师引导幼儿和家长将场地中的材料放在操场旁边后站成大圆，面向圆心，随音乐做放松活动。	约4分钟 （1次）	幼儿与家长

【活动延伸】

在后期的活动中可以让家长进行自由体验，将这种形式进行延续和推广，也可以根据各个场地的局限对一些游戏路线进行微调。

【专家评析】

　　本活动通过亲子共同参与锻炼的方式，为成人和幼儿同时提供了一个互动、合作的契机。从开始的热身到结束的放松，家长一直是一个参与者，而不是旁观者。不难看出，亲子游戏的创设除了考虑幼儿的趣味性和锻炼密度以外，设计者也为家长设定了任务和角色，在保证幼儿运动量的同时，也保证了成人有一定的运动强度。这样可以使得家长充分地体验冬季晨间锻炼时，幼儿在一定的运动量保证下是温暖的，并不寒冷；可以更好地取得家长对幼儿参与幼儿园冬季晨间锻炼的支持与理解。

中 班

30. 白雪公主和小矮人（蹲走）

【设计意图】

经典的童话故事情节生动、富有感染力，对于幼儿来说具有天然的吸引力。在讲述童话故事《白雪公主和小矮人》的时候，孩子们对于故事的情节非常感兴趣。因此，从孩子们的兴趣出发，教学活动顺其自然地诞生了。本活动以幼儿熟知的《白雪公主和小矮人》的故事为依托，结合故事中小矮人的身体特点，选取"蹲走"为动作发展对象，让幼儿在生动的情境中自然快乐地发展腿部力量；同时，运用白雪公主的形象，促使幼儿在活动中坚持完成任务，提升自身的耐力，达到全面锻炼身体的目的。

【活动目标】

（1）学习蹲着走一段距离，发展腿部力量。

（2）在游戏情境中模仿小矮人走路并坚持一定距离，努力保持身体平衡。

（3）体验坚持完成任务后的成功感。

【活动准备】

（1）经验准备：幼儿听过《白雪公主和小矮人》的故事，熟悉故事的大概情节；幼儿进行过高人走、矮人走的练习，具备一定的腿部力量。

（2）物质准备：沙包人手1个，篓子4个，白雪公主图片4张，音乐。

【活动过程】

程序	进　程	时间和次数	场地安排
准备部分	（一）带领幼儿一路纵队跑步入场，进行热身活动 1. 玩游戏"小动物走"，吸引幼儿的活动兴趣 师：小朋友们，让我们去森林里看一看吧，森林里面都有谁啊？ 师：森林里有小兔，变成小兔跳一跳；森林里有乌龟，变成乌龟爬一爬；森林里有小马，变成小马跑一跑。	约2分钟 （1次）	
	2. 准备操 幼儿站成四路纵队，师幼成做操队形，进行上肢、下蹲、扩胸、腹背、跳跃、整理运动，重点进行腿部的动作与准备。	约3分钟 （1次）	师▽ ｜｜｜｜ 幼

续表

程序	进　程	时间和次数	场地安排
基本部分	（二）探索"小矮人"的走路方法，练习蹲着走 1.引入"白雪公主"的情境，练习"蹲着走" 师：小朋友们，森林里面除了有很多小动物，还住着白雪公主呢！你们喜欢白雪公主吗？白雪公主的好朋友是谁啊？ （1）幼儿自由尝试模仿"小矮人"走路。 师：小矮人是怎么走路的呢？请你们学一学小矮人是怎么走路的！ （2）请个别幼儿示范蹲着走。 师：很多小朋友走得很好，谁来把自己的方法展示给大家看。 （3）引导幼儿讨论动作要领并小结：双腿全蹲，步子要小，移动时不要站起来，保持身体平衡。 （4）教师念儿歌，带领幼儿练习"蹲着走"的动作。 师：双腿蹲，步子小，稳稳、慢慢往前移。	约5分钟 （1次）	幼 ▬▬▬ ▲ 师
	2.玩游戏"勤劳的小矮人"，引导幼儿巩固"蹲着走"的动作 （1）讲解游戏规则。 师：你们都是勤劳的小矮人，天气慢慢变冷了，我们要为冬天的到来准备一些粮食了！看到篓子里的粮食了吗？我们要穿过森林，把粮食运回家里。 （2）组织幼儿分组游戏，提醒幼儿坚持完成任务，不能中途站起来。 师：请每组的小朋友排队站到标志线后面。 （3）幼儿自由练习，教师观察指导。	约3分钟 （1次）	篓子 □□□□ ｜｜｜｜　森林 ☺☺☺☺
	3.玩游戏"白雪公主和小矮人" （1）创设游戏情境，吸引幼儿的活动兴趣。 师：小矮人们真棒，储存了很多粮食。你们的好朋友白雪公主，还没有粮食过冬呢，我们也去给她送一点粮食吧！ （2）介绍游戏场地与游戏玩法。 师：白雪公主住在滑梯下面的小森林里，她家的门口摆放了几个装粮食的盒子，每组小朋友从笑脸起点出发，将粮食送白雪公主以后，站起来从滑梯旁边跑回来，先完成送粮食任务的小组获胜。 （3）请一名幼儿示范游戏玩法。 师：请一个小朋友来玩给大家看一看！ （4）根据幼儿游戏的情况，玩游戏1~2次。	约6分钟 （1次）	

续表

程序	进　程	时间和次数	场地安排
放松部分	（三）放松活动 1. 引导幼儿将沙包摆成一排，练习绕障碍跑放松腿部肌肉 师：今天你们都是能干的小矮人，为自己鼓鼓掌！累了一天了，尤其是我们的腿，让我们来放松一下吧！ 2. 集体坐在地上，用沙包敲一敲腿 师：全体坐下，用沙包把我们的腿敲一敲，太累了！	约3分钟 （1次）	

【活动延伸】

在晨间锻炼活动中创设"白雪公主和小矮人"的游戏情境，满足幼儿进一步练习的需要；在角色扮演区提供小矮人的道具，让幼儿进一步体验故事内容。

【专家评析】

在设计活动时，教师常常会选择用情境创设的方式来贯穿活动始终。那么，一个好的情境首先应当是儿童喜爱的内容，其次应该形象地满足活动的需要。本活动运用幼儿喜爱且熟悉的童话故事作为主线，在这个故事中小矮人善良、诚实、勇敢的形象给孩子们留下了深刻的印象。同时，小矮人的形象很容易引发幼儿用蹲着走的方式来模仿的兴趣。用情境来间接影响幼儿的动作行为，这是设计者的智慧。此外，本活动还有以下值得我们借鉴的地方：

（1）抓住活动的主要动作部位，进行专项的身体准备活动和放松，能够帮助幼儿很好地适应运动，不让肌肉疲惫。本活动的主要动作是"蹲走"，这样会比较多地使用腿部肌肉。因此，在活动的开始部分，教师有意识地引导幼儿进行腿部的专项练习；活动结束后，也进行了腿部的专项放松，使幼儿的身体在运动后得到舒展。这样使得活动更加科学，更加符合幼儿身体的需要。

（2）利用短小精练的儿歌，可以帮助幼儿更好地掌握动作要领。如何能够帮助幼儿更好地记忆"蹲走"的动作呢？教师运用了儿歌的方式"双腿蹲，步子小，稳稳、慢慢往前移"，这样相对复杂的动作要领就变得简单且容易记忆了。这种方式在很多体育活动中都可以使用，尤其重点是动作练习的活动中，将复杂的内容运用简单儿歌的形式表述，更加符合幼儿的记忆特点，容易掌握。

（3）用小组游戏的方式进行练习，用竞赛的方式进行动作巩固，既有趣味又不枯燥。在动作学习时，最忌讳的就是动作的一遍遍枯燥练习，这样会使得幼儿兴趣降低,同时身体疲累。本次活动中,教师运用了探索动作—小组练习—竞赛游戏的方式来帮助幼儿了解并熟悉"蹲走"这个动作,层层深入。这样幼儿能够保持浓厚的兴趣,对动作的学习有着积极的影响。

建议

在幼儿蹲走能力进一步提高的基础上,可以适当地提出对幼儿蹲走的高度要求,通过拉线进行控制;可根据幼儿的发展水平差异,鼓励幼儿两人手拉手蹲走,或者针对能力发展较弱的幼儿提供半蹲走的机会,满足不同幼儿的发展需要。

31.小松鼠捡松果(后退走)

【设计意图】

有的幼儿自由活动时,喜欢和同伴后退走着玩,结果撞到了其他小伙伴,引起了对方的强烈不满。以此为契机,设计了这个活动,先让幼儿了解后退走的正确动作,再向他们介绍后退走的时候需要注意什么。活动中游戏情境的创设,让幼儿扮演小松鼠的角色,在轻松有趣的氛围中掌握后退走的动作要领,通过娃娃脸让幼儿感受自然走和后退走的不同。

【活动目标】

(1)学习后退走,能根据图标在宽0.3米、长度不少于4米的窄道内在自然走和后退走间自然切换,行走时能保持身体平衡。

(2)在自主练习和游戏中掌握后退走的动作要领,知道自然走和后退走的不同,提高身体的协调性。

(3)体验后退走的乐趣,并勇于挑战自我。

【活动准备】

(1)经验准备:幼儿玩过一些走的游戏。

(2)物质准备:空旷的场地,小松鼠头饰人手1个,起始线,松果图片(和幼儿人数相等),小方垫铺成的小路3条(每条路长4米),山洞、树林情境,红色标记贴和蓝色标记贴(分别为幼儿人数的一半),红色大标记贴和蓝色大标记贴各1个,娃娃脸(正面☺和背面●各3个),小筐3个,录音机,音乐。

【活动过程】

程序	进程	时间和次数	场地安排
准备部分	（一）活动身体各部分，激发兴趣 师：今天小朋友们当小松鼠，老师当松鼠妈妈。冬天快来了，你们想和妈妈一起去捡松果放在家里过冬用吗？那就先让我们活动一下身体吧！ 1. **热身活动**：跟着口令进行起步走、圆圈跑、之形跑练习 幼儿与教师以小松鼠和松鼠妈妈的角色一路纵队进场，在教师的口令声中，进行走跑交替游戏。	约2分钟 （1次）	
	2. **专项准备**：头颈、肩部、扩胸、摆臂、腹背、跳跃、整理运动 幼儿站成三路纵队，教师和幼儿成做操队形，做韵律操，为后退走进行重点部位的专项热身。	约3分钟 （1次）	播放音乐
基本部分	（二）自主探索，学习后退走的动作 1. 自由走路 （1）幼儿自由走到指定地点。 师：在场地的两边有两个大圆圈，请贴着红色标记的小松鼠走到贴有红色标记的圆圈里，请贴着蓝色标记的小松鼠走到贴有蓝色标记的圆圈里。下面请你们自由选择一个走路的方法走过去。 游戏玩法：幼儿根据自己身上的标记颜色找到相同颜色标记的大圆圈，并走到圆圈里站好。教师观察幼儿的动作，提醒幼儿不碰撞，注意安全。 （2）幼儿再自由走回原来纵队站位。 师：下面请小松鼠们走回自己的点子（点子是教师事先画好或贴好的幼儿站位标记）。 游戏玩法：幼儿自由走回原来纵队站位，教师提醒幼儿控制速度，注意安全。	约3分钟 （1次）	
	2. 学习后退走的动作 （1）和幼儿共同讨论后退走的动作要领。 师：刚刚在大家走路的时候，我发现一个小朋友有与众不同的走法，我们一起来看看他是怎么走的。 ①请一名幼儿示范后退走的动作。 师：请大家看一看，他是怎么走的？后退走时，他的身体是什么样的，步子迈得大吗？ ②小结并示范讲解：后退走的时候，上身要正直，后脑勺向前，走路的步子要小，要尽量控制好走的速度和方向。	约3分钟 （1次）	幼 ◯ 师

续表

程序	进　程	时间和次数	场地安排
基本部分	（2）出示窄路，增加难度，幼儿再次练习。 师：这里有一条窄窄的小路，我们一会儿在去捡松果的路上也会遇到这样的窄路。请小松鼠们用后退走的动作来走这条窄路，记住千万别走到窄路外面去。走完后记得从小筐中拿一个松果。 游戏玩法：幼儿成三路纵队，用后退走的方法走小路。	约3分钟 （1次）	
	（3）出示娃娃脸（正面☺和背面●），引导幼儿按照不同的脸切换自然走和后退走。 ①认识娃娃脸（正面☺和背面●），知道正面☺是自然走，背面●是后退走。 师：我今天带来了两个娃娃脸。正面的笑脸是告诉大家自然走，背面的只看到头发的脸是告诉大家后退走。谁愿意来试一试看脸走路呀？ 游戏玩法：请3～4名幼儿来试一试。教师先出示正面脸，再出示背面脸。	约3分钟 （1次）	
	②玩游戏"看谁反应快"。 教师出示贴有娃娃脸的长长窄垫（起点处贴正面☺，2米处贴背面●），幼儿练习根据不同的脸进行自然走和后退走。 师：下面请小松鼠们玩个游戏，走在长长的窄垫上，看见正面☺要自然走，看见背面●要用后退走的方法，请你们一起来玩"看谁反应快"。	约2分钟 （2次）	
	3.分组玩游戏"小松鼠捡松果" （1）介绍游戏玩法。 师：小松鼠们，学会了看娃娃脸自然走和倒退走，让我们一起去捡松果吧。往森林里走的时候，窄路被施了魔法，只有按照不同的娃娃脸切换自然走和后退走，才不会被女巫发现。后退走时千万不要踩到窄路外面的小草哦。走完窄路，就可以转过身体前行了。 游戏玩法：幼儿分成三队，听到开始的口令后，第一个幼儿从起点出发，根据娃娃脸采取自然走或者后退走走小路，然后转身绕过树林，钻过山洞，拿起一个松果，沿直线返回，和同伴击掌后下一个幼儿出发。 （2）小结游戏中出现的情况，幼儿再次游戏。 师：后退走时，一定要控制好速度，别着急走到窄路外面去了。下面，请小松鼠们再去捡一次松果。	约6分钟 （2次）	起点 □ 垫子 ▯ ▯ 树林 ▯ ⌒ 山洞

程序	进 程	时间和次数	场地安排
放松部分	（三）放松身体，调整呼吸 师：今天小松鼠们真棒，捡到了许多松果，这样过冬天就不用担心食物了。你们也累了吧，让我们一起放松一下吧。 幼儿散点找空站，随音乐放松，调节情绪，轻轻拍一拍、捶一捶，重点进行下肢的放松。	约3分钟 （1次）	播放音乐

【活动延伸】

在晨间锻炼中，继续投放娃娃脸和垫子（可宽、可窄），让幼儿在一定范围内巩固复习后退走，提醒幼儿后退走时一定要控制好速度；也可投放一些脚印，让幼儿体验踩脚印后退走。

【专家评析】

"走"虽然是日常生活中孩子的基本动作，但后退走和自然走有很大的不同。虽然孩子们在游戏中也会尝试后退走，但是容易碰撞或动作不协调，所以学习后退走的动作还是非常有必要的。活动中教师运用多种教学策略和形式，促进了幼儿身体动作的进一步发展。具体表现如下：

（1）生生互动，气氛和谐。本次活动增强了幼儿间的对话互动、行为互动，气氛和谐融洽。比如，孩子们在自主探索走到圆圈中的方法时，互相观察、互相学习、互相分享。在情境游戏时，他们也会互相提醒："当心，别踩到窄路外面！""看标记，要改变走法啦！"

（2）新颖的游戏情境促进幼儿的动作发展。小松鼠捡松果的游戏情境出现后，孩子们的兴趣很大，于是教师在后退走窄道的基础上，加入了绕小树林、钻山洞的情境，一方面是巩固幼儿后退走的技能，另一方面是协调身体不同部位的锻炼，因为后退走需要对身体有一定的控制力，而绕障碍跑能够舒缓身体的控制性。连贯的游戏情境促进了幼儿的动作发展。

（3）灵活运用标记变换游戏形式。比如，自主探索活动环节教师运用红、蓝标记请幼儿走到红、蓝圆圈中，增加了活动的趣味性，同时解决了人多容易发生碰撞的安全问题。在"小松鼠捡松果"的游戏环节，教师运用了娃娃正脸标记和背面标记，引导幼儿根据标记调节正向走或后退走。灵活变化游戏的形式、变换走的方式，也考验了幼儿对游戏规则的理解，标记的运用则给活动带来了生趣。

建议

在"认识娃娃脸切换自然走和后退走"的环节中，可根据幼儿的情况，调整自然走和后退走的距离；也可增加侧面的娃娃脸，让幼儿感受自然走、后退走和侧身走时身体的不同变化，体验不同的走法。

32. 壁虎和尾巴（快跑）

【设计意图】

中班幼儿的跑步能力发展迅速，无论是跑的技能、速度和耐力还是心理素质都有明显的进步。但对于一些粗浅知识的了解，比如步子迈大才能跑得快、屈臂前后摆才省力、快跑后不能马上停止等，幼儿还需在多次的快跑实践中自我体验、积淀与内化。所以设计了本节活动，旨在活动情境中引导幼儿能迈开步跑，落地较轻，会屈臂前后摆，能较好地控制跑的方向和调节跑速，增强跑的速度、力量及耐力。

【活动目标】

（1）继续学习向指定方向20米快跑，发展速度和耐力。

（2）通过完成各种运送任务体验快跑动作，感知步子迈大、用力蹬地才能跑得快，上身前倾、屈臂前后摆动才省力。

（3）在跑步活动中知道人多时找空地方跑，体验模仿、助人的乐趣，有提高跑速的愿望。

【活动准备】

（1）经验准备：幼儿了解"壁虎长出尾巴需要什么"。

（2）物质准备：音乐，尾巴（系有皮筋的软泡沫纸条）每人1条，椅子，壁虎压模图（幼儿、教师自制），能量雪花片（红色阳光能、蓝色水能塑料图片人手各1张），警戒线1根。

【活动过程】

程序	进程	时间和次数	场地安排
准备部分	（一）壁虎岛会友 1. 送壁虎到壁虎岛 师：小朋友们，我们就把壁虎的家（椅子）散放在这块空地上！放好的小朋友赶紧到红色的警戒线上集合。 2. 绕跑壁虎岛：走、小跑步、弓箭步 师：小朋友们瞧，这儿是壁虎岛！你们想去壁虎岛上转转吗？走，我们出发！ 3. 椅子热身操：头部、上肢、体侧、体转、摆臂、跳跃、整理运动 教师在自编壁虎热身操时可为操节加上情境，激发热身活动的趣味性及情境性。	约3分钟 （1次）	人手一把椅子散点放 播放音乐
基本部分	（二）帮助壁虎长尾巴 1. 播放鹰叫音效，创设情境，明确动作与任务 师：你们听，什么声音？壁虎岛常常会有老鹰在上空盘旋，你们刚刚和壁虎在一起时有没有发现一个问题？壁虎们的尾巴断掉了，你们知道是怎么回事吗？它们如果再遇到老鹰就没有尾巴帮它们逃生了，我们去给它们送些能量和食物，帮助它们快点长出尾巴！一定要在老鹰来之前把能量送给壁虎，那用什么方法去送最快呢？ 2. 集体尝试快跑动作并说出快跑方法（初步尝试） 师：我们先从这儿快速跑到壁虎岛前面的红色警戒线处，看看老鹰在不在岛上空盘旋，快跑的时候感觉一下我们的膀子和腿是怎样帮助自己跑快的。注意哦！为了不惊动敌人，我们不仅跑得要快而且还要怎么样？准备——出发！ 师：说说你的膀子和腿是怎样帮助自己快跑的。	约2分钟 （1次）	 红色警戒线

程序	进　程	时间和次数	场地安排
基本部分	3. 取能量送给壁虎（分男女生尝试快跑动作，观察小结快跑方法） （1）男孩子帮女孩子回家取能量片（摆臂、迈大步）。 师：既然老鹰不在，我们就准备回家拿能量送给壁虎。先请男孩子快速跑回家帮女孩子拿一张能量片，女孩子们帮男孩子听着岛上有没有老鹰的动静，看看男孩子是不是跑得又快又安静，有没有用到我们刚刚说到的方法。 师：谁跑得最快？那就请跑得最快的××再快速地跑回去帮我也拿一张能量片。我们一起看看他为什么能跑得这么快，是不是用到了我们刚刚说到的方法。 （2）集中并小结动作要领。 师：××小朋友为什么能跑得这么快？ （3）女孩子给壁虎送能量（预备姿势、眼看前方目标）。 师：女孩子拿到了能量片，她们要去给壁虎送能量了。男孩子帮女孩子侦察老鹰的动静，看看女孩子是不是跑得又快又安静，预备的时候姿势怎样，眼看哪里？ （4）女孩子帮男孩子回家取能量片（身体稍前倾）。 师：这次请女孩子快速跑回家帮男孩子拿一张能量片，男孩子侦察老鹰的动静，并看看女孩子是不是跑得比刚才更快、更安静。在跑的时候，她们的上半身是怎么样的？ （5）男孩子给壁虎送能量（后腿用力蹬地）。 师：男孩子拿到了能量片，他们要去给壁虎送能量了。女孩子帮男孩子侦察老鹰的动静，看看男孩子是不是跑得比上次更快、更安静。什么地方在用力地推着身体往前跑？ （6）集体给壁虎送假尾巴（人多跑时找空地方）。 师：为了防止老鹰突然袭击，我们再去给壁虎送条假尾巴蒙骗老鹰好不好！每人快速跑到家里拿条尾巴，在家门口等着，我们一起出发，我去帮你们侦察一下老鹰在不在！现在我们一起跑的人变多了，想想怎样才能跑得又快又安全。	约9分钟 （1次）	壁虎家 ↑ 红色警戒线 能量片

续表

程序	进程	时间和次数	场地安排
基本部分	4. 老鹰来了，保护壁虎 （1）创设情境，明确任务。 师：壁虎们的尾巴长出来啦！它们就不需要假尾巴了，你们想变成一只小壁虎吗？瞧！我快要变成壁虎喽！（教师边说边示范坐在椅子上将系有尾巴的皮筋从脚套到腰上） （2）模仿壁虎的动态进行身体放松，并玩游戏"保护壁虎"。 游戏玩法：壁虎妈妈（老师）带领幼儿离开壁虎家（椅子）出门游玩，一听到鹰叫时便快速跑回壁虎家保护壁虎，并用手指天空说："老鹰快走开，老鹰快走开……"（视幼儿游戏情境重复游戏）	约3分钟 （1次）	壁虎家 散点
放松部分	（三）"壁虎"庆祝舞 1. 跟音乐放松（拉伸、拍打等） 2. 收拾场地（送壁虎去冬眠）	约3分钟 （1次）	散点

【活动延伸】

在晨间锻炼中，可以开展"壁虎运彩条"的游戏，即为幼儿提供不同质地、轻重、宽窄、大小的纸张，促使幼儿不断地去尝试练习，从而不断地提升快跑技能，发展幼儿的速度、力量及耐力。

【专家评析】

跑步是人体移动位置最快的一种运动方式，也是锻炼幼儿身体，增强幼儿的腿部肌肉力量，发展速度、灵敏性以及耐力等身体素质和空间知觉的重要方式。本活动通过"壁虎散步、老鹰觅食、营救壁虎"等一系列游戏情境，引导幼儿在完成不同任务中学习与感知自己的快跑动作，体验到步子迈大、用力蹬地才能跑得快，上身前倾、屈臂前后摆动才省力的动作要领；激发幼儿提高跑速的愿望。

活动中，教师通过幼儿间的讨论与个体示范模仿，逐层分解快跑动作的要点。由于快跑活动会消耗幼儿的体能，因此教师应注意对快跑活动的时间和强度进行适度的控制。比如播放鹰叫音效来控制快跑的次数、密度，分男女生给壁虎送能量等。

此外，教师应注意提醒并引导幼儿在跑动中不要相互碰撞，知道人多时找空地方跑，关注了运动中的安全教育和幼儿自我保护能力的渗透培养，以确保幼儿在活动中安全快乐地游戏，参与奔跑活动的积极性、身心素质得到全面提升。

建议

教师可以改变活动角色与情境，让幼儿自己扮演掉尾巴的壁虎去捉虫吃，这样能促使幼儿更深入更快地进入情境，从而更好地练习基本动作；在活动过程中，由于幼儿从头至尾都是身体放开的，可以为幼儿适当加入一些紧缩、蜷曲身体的情境动作，以及深呼吸、拉伸、拍打的动作，以调节幼儿的运动负荷。

33. 小钉子充磁（快跑）

【设计意图】

4—6岁幼儿跑步能力发展迅速，但手脚不够协调、速度较慢。《指南》在健康领域中明确指出：幼儿要具有一定的力量和耐力，对于中班幼儿的要求是能快跑20米左右。针对这一目标，迁移幼儿已有的科学经验，以充磁的游戏情境，引导幼儿学习向指定方向快速跑的动作要领，注意摆臂的动作与跑的动作一致，并提前做好跑的预备动作，增强爆发力，逐步增加跑的速度，进一步发展身体的协调能力。

【活动目标】

（1）学习向指定方向快跑20米，发展速度和耐力。

（2）在游戏情境中探索快跑的动作，感知迈步与摆臂的动作协调一致才能跑得快。

（3）遵守"充磁"的游戏规则，不怕困难，坚持完成任务。

【活动准备】

（1）经验准备：幼儿能向指定方向跑，跑的动作基本正确。

（2）物质准备：红、黄、蓝、绿羊角球各3个，红、黄、蓝、绿手腕花各15个，充磁棒1根，音乐，录音机。

【活动过程】

程序	进　程	时间和次数	场地安排
准备部分	（一）激发兴趣，游戏热身，活动身体 1. 热身活动 师：小朋友平时最喜欢玩"小孩小孩真爱玩"的游戏了，你们仔细听清楚哦，摸摸什么东西就回来。（"男孩男孩真爱玩，摸摸蓝球就回来，女孩女孩真爱玩，摸摸红球就回来。"） 玩游戏"小孩小孩真爱玩"，引起幼儿兴趣。	约1分钟 （1次）	红　　绿 　幼 黄　　蓝
	2. 专项准备：听音乐做热身操 幼儿任意在场地中间找个空点子站好，形成四路纵队，师幼成做操队形，为快速跑做重点部位的专项热身，包括头部、颈部、手腕脚腕、膝关节、下蹲、跳跃、整理运动。	约2分钟 （1次）	播放音乐
基本部分	（二）学习向指定方向快速跑，发展身体协调能力 1. 玩"吸铁石游戏"，学习向指定方向快速跑 师：老师当磁铁，你们来当小钉子，当磁铁出现时小钉子就要跑过去吸上去哦！（提醒幼儿在跑步过程中要闭紧嘴巴） 游戏玩法：老师说"小钉子你们出去玩吧"，幼儿自由走跑；教师吹口哨，磁铁出现，幼儿迅速吸到老师身边。	约4分钟 （2次）	幼 师
	2. 进行"充磁游戏"，再次练习向指定方向快速跑 （1）第一次充磁。 师：刚才我们消耗了很多磁性，现在要去充磁，怎么充呢？四人为一组，在哨声停后，快速跑过终点的小钉子就可以套上一个相应颜色的手腕花表示充磁成功。 ①幼儿游戏，教师注意快速跑设置的距离不能太近，20米左右。 ②师幼集中站成半圆（地上有圆圈线），共同讨论：刚才小钉子们都充磁成功了吗？怎样才能跑得快些呢？ ③个别幼儿进行示范（注意摆臂的动作与跑的动作一致并协调，听到哨声要立即出发），学习跑的预备动作。	约6分钟 （1次）	幼 充磁棒 〇师 黄红蓝绿手腕花
	（2）第二次充磁。 ①再次进行"充磁"游戏。 师：这次小钉子能充磁成功吗？有信心吗？ ②教师带领幼儿调整呼吸，放松腿部肌肉。 师：小钉子们真棒！我们休息一下吧！	约5分钟 （2次）	

续表

程序	进　程	时间和次数	场地安排
基本部分	3. 玩"小钉子与羊角球"的游戏 师：羊角球是有颜色的大磁铁，听到哨声后，小钉子要快速吸到与自己手腕花颜色相同的磁铁上去哦！ 变化羊角球颜色的位置，再次游戏一次。	约4分钟 （2次）	黄 ○ 蓝 ○ 绿 ○ 红 ○
放松部分	（三）稳定情绪，放松身心 师：小钉子们真棒，充了满满的磁，让我们好好放松一下吧！ 幼儿散点找空站，随着轻松的音乐放松，调整呼吸，拉伸身体各部位，重点进行腿部、脚踝的拉伸。	约3分钟 （1次）	

【活动延伸】

在日常体育游戏时，可以开展追逐跑的游戏，以增强游戏的互动性和趣味性。

【专家评析】

本活动整个贯穿"吸铁石游戏"，让幼儿练习向指定方向快速跑，通过"充磁"提高幼儿快速跑的能力，掌握快速跑的方法，进一步发展身体的协调能力。其活动特点主要体现在以下两个方面：

（1）两次充磁提高快速跑的能力。第一次充磁，探索快速跑的方法，学习跑的预备动作，提高反应能力。第二次充磁则更好地提高幼儿快速跑的兴趣，将交流、探索得到的经验再次进行实践，提高跑的速度。对于身体机能正常的幼儿来说，缺少成功的体验是阻碍他们进一步开展练习的因素之一。因此，教师要时刻关注幼儿运动中的行为表现，分析其中的问题，通过语言鼓励、陪同练习、降低难度等多种方法，提高充磁的成功率，增强幼儿的自信心。对于第一次充磁没有成功的幼儿，通过讨论、再次练习、教师控制放下充磁棒的时间等策略，让幼儿在第二次充磁时都能成功，提高他们参与的积极性。

（2）磁铁和小钉子角色的转变，首尾呼应。活动开始时教师当磁铁，幼儿当小钉子进行向指定方向跑的准备练习。活动结束时以羊角球当磁铁，幼儿当小钉子，能快速吸到相同颜色的磁铁上，逐步降低活动频率和强度。这两个游戏类似，在角色上做了小小的改变，首尾呼应，为快速跑做好热身和放松活动。

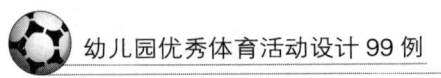

建议

活动中,可以通过让幼儿来当磁铁的方式,增加幼儿的兴趣,调节并控制体育活动的运动量。

34. 渔童跳海浪(立定跳远)

【设计意图】

中班幼儿的跳跃能力发展很快,可以跳得更远。活动中,当幼儿需要用双脚立定跳的方法跃过有一定高度或宽度的障碍时,出现摆臂动作与蹬腿动作配合不够协调、双脚落地时不能主动屈腿缓冲和保持平衡的现象。而助摆和落地缓冲对幼儿来说,既是帮助他们跳得更远又是保护他们膝盖及脑部等身体部位的重要方法,所以,为了让幼儿在立定跳时学习摆臂助跳、落地缓冲,本活动采用了"情境口令暗示""观察模仿""尝试"等主要策略,用不同的难度层次和情境任务吸引幼儿参与游戏与练习,在不断的练习过程中逐步掌握动作要领。

【活动目标】

(1)双脚立定跳过32~65厘米的障碍,提高下肢力度知觉,改善起跳和落地动作。

(2)在创设的跳海浪情境中,通过所设置的不同难度要求的海浪,逐步提高立定跳远的运动技能。

(3)体验情境游戏的乐趣和成功助人后的喜悦。

【活动准备】

(1)经验准备:幼儿在晨间锻炼、体育游戏中出现过立定跳的动作。

(2)物质准备:塑料泡沫垫(多于幼儿人数),海绵垫8块,地标线3条,象征性小鱼若干,录音机,音乐;故事《渔夫和海浪》,垫操,欢乐舞《找朋友》。

【活动过程】

程序	进　程	时间和次数	场地安排
准备部分	（一）唤醒身心，激起动机，集中注意 师：我们听过《渔夫和海浪》的故事，渔夫现在受伤在家，没办法捕鱼去卖，没钱生活，很可怜！今天，我们就是小渔童，一起去帮渔夫捕鱼，好吗？ 1. 热身活动：游戏"躲海浪" 幼儿以渔童角色一路纵队进场，在欢快音乐的伴奏下在泡沫垫外走跑圆，听到海浪声时，以最快的速度跑到空"船"（泡沫垫）上"划船"，其间加入"划船"动作，即双臂前后摆动，配以膝盖弹动、跳起。	约2分钟 （2次）	泡沫垫人手一块按准备操队形摆放 □□□□□ □□□□□ □□□□□ □□□□□
	2. 专项准备 幼儿站成四路纵队，师幼成做操队形，为立定跳进行重点部位的专项热身，包括头部、扩胸、摆臂配以膝盖弹动、手腕脚踝、腹背、压腿、高抬腿、跳跃、整理运动等。	约3分钟 （1次）	播放音乐
基本部分	（二）循序渐进，探索感知，增知促技 1. 划船跳过小海浪（泡沫垫） （1）初步尝试预摆双脚立定跳过一块泡沫垫。 师：想要帮渔夫捕鱼得学会划着小船跳过海浪的本领，你们能划着小船从小海浪的一边跳到另一边吗？小渔童们等会儿就去找一个小海浪试一试，看看你是怎样划着小船跳过小海浪的，快去吧！ 环节要求：幼儿拿一块泡沫垫找一空地自主练习，教师观察并进行个别引导，提示幼儿在过海浪前双臂预摆划船。	约2分钟 （1次）	散点
	（2）师幼手持泡沫垫集中站成半圆，请个别幼儿示范，并小结动作。 师：谁来演示一下你是怎样划船跳过小海浪的。 （3）幼儿原地听口令集体练习。 师：先把我们的小船准备好（双手后摆），划—船—划—船—跳—海—浪—跳—海—浪—。小渔童跟着导航员一起原地划船往前跳试一试。 环节要求：教师在喊口令集体练习时，要关注到口令动作的节奏性。	约3分钟 （1次）	幼 ○ 师

续表

程序	进　程	时间和次数	场地安排
基本部分	2. 两人一组，尝试跳过不同宽度的海浪 师：瞧！我们的海浪慢慢变宽了（教师边说边把两块泡沫垫半重叠、接长，演示如何将海浪变宽）。两人一起轮流试一试不同宽度的海浪，看能不能划船双脚立定跳过去。如果觉得两块垫子不够，可以再去取一块垫子。两人一组找个空地方去挑战一下吧！ 环节要求：幼儿两人一组自由组合，根据自己的立定跳结果，不断调节垫子的不同结合宽度。教师巡回指导，关注幼儿预摆（划船）和轻轻落地（别把小鱼吓跑）的动作。	约3分钟 （1次）	幼儿两人一组散点
	3. 游戏"过海浪捕小鱼" （1）划船跳过宽海浪（有一定水平宽度的平行线）。 师：小渔童们瞧！前面有一条大海浪，你们能划着船跳过那条大海浪吗？用我们刚刚学会的弯膝盖落地站稳的本领，划着小船跳过大海浪！ 环节要求：教师应引导幼儿熟悉出发队形，明确回来时也要划船跳海浪。	约2分钟 （1次）	大海浪 起始线
	（2）过海浪捕小鱼。 师：小渔童们终于学会了划船过海浪的本领，下面我们就要帮渔夫爷爷捕鱼了。瞧！我们要爬过小山坡、划船跳过大海浪捉一条小鱼，然后原路返回，划船跳过大海浪，从空的地方跑到鱼筐这儿将鱼轻轻地放进去，然后到队尾排队继续捕鱼，直到将大海里的鱼捉完为止！ 游戏玩法：幼儿分四路纵队站在起始线后，每队对齐海绵垫，听到哨声后，排头幼儿出发跑至海绵垫后手膝着地爬过山坡，到了小河处，划船跳过小河，取一条鱼再划船跳过小河，爬回山坡，回到队伍后拍下一幼儿的手后，跑至队尾将小鱼放入小筐中，站至队尾，下一幼儿被拍手后便可出发。	约4分钟 （1次）	小鱼（散放） 大海浪 山坡 海绵垫 幼儿
放松部分	（三）恢复身心，庆祝成功，感受喜悦 1. 幼儿散点站，随轻音乐拉伸放松，调整呼吸、调节情绪，重点进行腿部的拉伸和拍打放松 师：小渔童们都辛苦了，我们先来放松放松吧！ 2. 欢乐舞：找朋友 师：今天我们帮助渔夫捕了这么多鱼，小朋友们开不开心？我相信渔夫爷爷看到小朋友们帮助他也会很开心的！谢谢我们的小朋友！我们以后要是看到了有困难需要帮助的人，也应主动去帮助他！	约3分钟 （1次）	散点

【活动延伸】

在晨间锻炼中，可以为幼儿设置不同组合形式的泡沫垫（不同宽度），垫上贴上地雷等危险情境，将其组合成一个"陷阱区"，让幼儿练习立定跳；也可以为幼儿准备不同软硬度的地垫，让幼儿尝试在其上立定跳远感知不同，通过不断地练习，增加其腿部力度知觉。

【专家评析】

中班初期的幼儿对于游戏中的动作、角色、情节、儿歌都充满兴趣，活动的规则意识开始建立，活动的目的性、独立性、灵活性以及持久性开始逐渐发展，基本活动能力和身体素质有较快的发展需求。本活动正是有效利用中班幼儿的学习特点，激发幼儿活动的兴趣，变被动接受为主动需求。从游戏开始，教师就有机地将立定跳远的要领之一——摆臂动作与蹬腿动作的配合，转化为渔童划船歌，用幼儿易于理解掌握的儿歌节律帮助幼儿在边练习边念诵的动作强化中感受摆臂与蹬腿的调节；而在游戏"渔童跳海浪"中，则将立定跳远的助摆和落地缓冲要点转化为游戏情境规则——"划船后轻轻落地，别吓跑小鱼"，让幼儿对动作学习有了进一步的体验。活动故事情境的合理运用，对幼儿动作的学习以及完成游戏任务起到了良好的暗示和指引作用。

故事情节或角色与体育动作学习之间建立起一定的相通关系，让两者交融，是为了更好地促进幼儿的学习主体发展。"渔童们"在儿歌念诵中，愉快地进行"捕小鱼"游戏，尝试跳过不同宽度的海浪，最终完成捕鱼任务。在连贯的情节中幼儿获得了极大的心理满足感，在整个欢快的氛围中增强了体质，促进了主体的可持续发展。

建议

在分组游戏"过海浪捕小鱼"时，教师可以给每队幼儿准备一个背篓，将背篓放至队尾，听到出发哨声后，队尾幼儿将背篓从后往前传至排头幼儿，排头幼儿背着篓去捕鱼，返回后，将背篓中的鱼倒入队尾的筐里后站至队尾再将篓从后往前传，以此减少幼儿的消极等待，让幼儿都积极地加入游戏；在活动中可加入草地（海绵垫）这一场地情境，让幼儿从河一边跳至草地上，充分感受屈膝缓冲的必要性。

35. 看谁跳得远（立定跳远）

【设计意图】

　　跳跃动作虽然在幼儿 2 岁时就已经出现，但是立定跳远这个动作技能却需要很长一段时间的学习与锻炼才能逐步发展达到成熟。中班大部分幼儿能跳过一块大垫子的宽度，但是许多幼儿在起跳的时候没有上肢的摆动，个别幼儿出现了一定幅度的摆臂，但并不常见，也不明显。有的幼儿起跳的时候屈膝不明显，会导致双脚蹬地的力度控制不好，落地时的身体平衡性也会受到一定的影响等。考虑到中班上学期幼儿的身体发育情况，以及幼儿出现的问题，本次活动重点是让幼儿能够学习屈膝摆臂的动作来练习立定跳远，且能跳过不少于 50 厘米的距离，难点是能让幼儿感知到屈膝摆臂对跳远的帮助。

【活动目标】

　　（1）初步学习原地屈膝摆臂跳过不少于 50 厘米的距离，发展下肢力量和上下肢的协调性。

　　（2）通过口诀辅助、教师示范，感知屈膝摆臂的动作对立定跳远距离的影响。

　　（3）在"拍打灰太狼"的情境中体验运动游戏的快乐。

【活动准备】

　　（1）经验准备：幼儿在自选体育游戏中玩过"跳得远"的游戏；熟悉《喜羊羊与灰太狼》的故事情节，对打灰太狼特别感兴趣。

　　（2）物质准备："平底锅"拍打物 4 个，灰太狼和红太狼模板各 2 块，长 50 厘米的泡沫垫"跳跳板"20 块，纸板"陷阱"2 块，平衡板 2 块，体操垫 4 块，绕行障碍 10 个，起跑线 2 条，背景音乐，录音机。

【活动过程】

程序	进　程	时间和次数	场地安排
准备部分	（一）进入角色，进行热身活动 1.热身活动 师：羊羊们，听好村长的口令变换队形！别忘了我们的口令"一二一"。羊羊们，注意了，先跑个大圆（一二一），切断分队走，拍一拍皮球（一二一），并队走，投一投篮球（一二一），分队走，学一学游泳（一二一），变两个小圆吃青草，变成十字划大船，队列结束排排站。 教师扮演"羊村村长"，幼儿扮演"羊羊们"，在音乐声中"羊羊们"跟随"村长"走队列，同时模仿拍球、投篮、游泳、划船等运动动作。	约3分钟 （1次）	
	2.专项准备：摆臂、屈膝 幼儿通过两两结队玩"海盗船"和"跷跷板"的游戏，进行专项的热身活动。	约2分钟 （1次）	○
基本部分	（二）玩"看谁跳得远"，学习立定跳远的动作 1.幼儿自由练习，探索立定跳远的动作 （1）幼儿四散探索立定跳远的动作。 师：羊羊们，今天我们要学习跳远的本领。现在村长手上有一块"跳跳板"（出示长50厘米的泡沫垫），看看谁能跳过去。	约1分钟 （1次）	幼儿拿垫子四散练习
	（2）师幼集中交流，共同小结动作要领。 ①请个别幼儿展示，其他幼儿仔细观察动作。 师：这只小羊在跳的时候，做了什么动作？他的手是怎么动的？腿呢？ ②教师完整示范立定跳远的动作，并将动作要领编成口诀带领幼儿边念边徒手练习。 师：手臂摆一摆，膝盖弯一弯，双脚用力向前跳，同时落地不摇晃。	约2分钟 （1次）	幼 ○ 师
	（3）幼儿在讨论的基础上再次四散练习"跳过跳跳板"。 师：我们用刚刚的好方法再来试一试！	约1分钟 （1次）	

续表

程序	进 程	时间和次数	场地安排
基本部分	2. 跳过小河，练习立定跳远的动作 师：灰太狼这个坏家伙，在我们羊村的村口挖了一条小河，把一大片嫩草地划成了他的地盘，羊羊们想要吃到嫩草就必须跳过这条小河，你们想不想去尝试一下？注意了，别在河对岸待得太久，小心灰太狼的埋伏。 幼儿练习跳过宽度为50厘米的小河，教师巡回指导，提醒幼儿在口诀的提示下加上摆臂和屈膝的动作。	约2分钟 （1次）	—————— 50厘米 ——————
	3. 跳过更宽的小河，巩固立定跳远的动作 （1）幼儿练习跳过宽度在50～60厘米的小河，巩固摆臂和屈膝的动作。 师：喜羊羊送回情报说，讨厌的灰太狼又把小河挖宽了一点，现在你们还能够跳过去吗？我相信，只要你们用上刚才的那句口诀一定可以很轻松地跳过去，去试一试吧！	约2分钟 （1次）	—————— 60厘米 ——————
	（2）师幼集中讨论并总结：手臂的摆动能帮助我们跳得更远。 师：口诀有用吗？为什么我们用刚才的口诀也能跳过更宽的小河呢？	约1分钟 （1次）	⌒ 幼 〇师
	4. 玩游戏"拍打灰太狼" （1）教师介绍场地路线与规则。 师：羊羊们集合啦！我发现灰太狼和红太狼在偷窥我们训练，谁愿意跟我一起去打它们？在前往狼堡的途中要经过独木桥、小树丛和青草地，有跳跳板的地方就要用刚才的本领跳过去。如果遇到灰太狼设下的陷阱，记住用上我们的口诀也能一下就跳过去哦！等到了狼堡就拿起平底锅拍打灰太狼，打一下之后就从你出发的小路旁边绕回来，再选一条别的路试试你的本领。注意啦，我们只能在有羊羊标记的地方出发才不会被灰太狼发现！ 教师示范一条路线的玩法并请一名幼儿体验另一条路线的玩法。	约2分钟 （1次）	☺ ☺ ☺ ↓ ↓ ↓ 桥 树 草地 ▢ △ ▢ △ ▢ △ ▢ △ ▢ ▢ ▢ 打狼区
	（2）幼儿游戏，教师在旁提示幼儿跳的时候注意摆臂和屈膝。	约3分钟 （3次）	

续表

程序	进　程	时间和次数	场地安排
放松部分	（三）稳定情绪，放松身心 1. 幼儿跟随教师放松身体，随音乐拉伸腿部，拍打手臂和腿部肌肉，放松踝关节 师：讨厌的灰太狼要好好休养一段时间了，不会再来打扰我们羊村的生活。羊羊们的本领也是越来越厉害喽！今天的训练很辛苦，让我们放松一下吧！ 2. 师幼共同收拾场地器材	约4分钟 （1次）	四路纵队 ｜｜｜｜ 〇师

【活动延伸】

在技能性的练习项目中，要注意用幼儿喜欢的情境或者熟悉的事物来激发他们练习的兴趣。因此，在平时的练习中可以增设不同的情境练习场地帮助幼儿巩固对动作要领的掌握。

【专家评析】

幼儿喜爱游戏，尤其是体育游戏能同时给幼儿的身心带来愉悦。而游戏中欢乐、活泼的气氛，是幼儿主动性、创造精神和思考能力养成的重要环境条件。本活动中教师充分挖掘幼儿熟悉的故事的魅力，利用幼儿熟悉的"喜羊羊"环境，在情绪上激发幼儿把对角色的喜爱转移到对活动的热情，让幼儿很快进入活动重点——主动练习基本动作。此外，本活动还有以下两点值得借鉴：

（1）能抓住教学重难点，准备活动有针对性。教师能认真思考幼儿在动作练习时的难点，在专项运动准备时能有侧重点，帮助幼儿在意识上初步建立了动作认知，为后面的动作练习奠定了基础。

（2）教师与幼儿之间的合作氛围是温馨、融洽的。教师首先在情感上与幼儿建立了良好的师生关系（村长和小羊）；活动过程中，教师对幼儿的帮助和示范引领作用都体现得很好，学习的气氛很浓厚，能不断地调动幼儿动作练习的主动性。

建议

可以根据中、大班幼儿喜欢挑战、好胜的心理，在活动后期增加一定的宽度，尝试让幼儿挑战，提高他们的跳跃能力。

36. 开心跳跳糖（连续纵跳）

【设计意图】

　　有一天，班里有小朋友带来了几包跳跳糖和大家一起分享，大家都感受到了跳跳糖在嘴巴里蹦跳的神奇和有趣。连续几天孩子们都在谈论有关跳跳糖的话题，于是生成了本节活动，让孩子们扮演跳跳糖，用身体动作来表达对跳跳糖的感受和理解。同时因为双脚连续向上跳的活动量较大，本活动创设了游戏情境"跳跳糖去旅行"，还加入了图形标记、颜色标记，巧妙地分组游戏，给予幼儿缓冲调整的时间，同时也提高了游戏的趣味性和孩子的积极性。

【活动目标】

　　（1）进一步学习双脚连续向上跳，尝试跳得更高，发展弹跳力和下肢力量、耐力。

　　（2）在游戏情境中用肢体动作表现吃跳跳糖的感受，并能匹配标记做动作。

　　（3）体验跳跃活动的乐趣，主动遵守游戏规则。

【活动准备】

　　（1）经验准备：幼儿玩过纵跳触物的游戏和高跳下的游戏，对跳跃活动有一定的经验。

　　（2）物质准备：红黄蓝颜色标记，图形标记，泡沫垫，钻爬网，彩虹伞，空旷的场地，录音机，伴奏音乐。

【活动过程】

程序	进　　程	时间和次数	场地安排
准备部分	（一）听音乐做热身操，活动身体 师：小朋友们吃过跳跳糖吗？今天我们来当一颗跳跳糖，让我们一起跳一跳、玩一玩吧！ 1. 热身活动 幼儿听音乐自由跳一跳、跑一跑，跟着音乐的节奏做各种活泼可爱的造型，进行热身。	约2分钟 （1次）	散点 ○　○ ○　○ ○　○
	2. 专项准备 幼儿做头部、扩胸、摆臂、手腕、脚踝、脚掌、跳跃运动等，重点活动膝盖、脚部。	约2分钟 （1次）	
基本部分	（二）练习双脚连续向上跳，尝试跳得更高 1. 幼儿自由探索各种跳的方法，引导同伴间相互模仿 师：刚才我们跟随音乐学跳跳糖的动作时，有各种各样的动作，谁愿意做给大家看看，我们一起跟着他学一学！ 经验回顾，请幼儿用身体动作表达吃跳跳糖的感受，引出双脚连续向上跳的动作。	约2分钟 （1次）	
	2. 大家都来当跳跳糖，教师示范双脚连续向上跳的动作，探索跳得高的要点 师：我们一起学跳跳糖双脚连续向上跳，试试看怎样能够跳得更高？ 引导幼儿从预备、起跳、落地几方面探索，特别强调起跳时要两臂上摆、腿用力蹬地，使身体向上跳起，连续跳时前脚掌着地。	约3分钟 （1次）	幼 ⌒ ○ 师
	3. 按颜色标记、图形标记分类进行双脚连续向上跳的练习，探索跳得更高 师：接下来要请不同颜色的跳跳糖听信号跳！我说"红色跳跳糖"，就请贴红色标记的小朋友双脚连续向上跳一个八拍；如果我说"蓝色跳跳糖"，就请贴蓝色标记的小朋友跳一个八拍；还有黄色跳跳糖也是一样的！ 第一次分红、黄、蓝颜色标记练习双脚连续向上跳，第二次分圆形、方形、三角形图形标记练习，帮助幼儿缓冲、调整气息，做适当的休息。其间，教师要鼓励幼儿尝试腾空跳得更高一些。	约3分钟 （1次）	散点 ○　○ ○　○ ○　○

续表

程序	进程	时间和次数	场地安排
基本部分	4. 玩情境游戏"跳跳糖去旅行"，整合上下肢动作 师：现在跳跳糖要开始旅行啦！先到彩虹伞下的"大嘴巴"里双脚连续向上跳，跳得高些可以碰到彩虹伞；接着来到麻绳网的"喉咙"手膝着地顺着爬；最后到泡沫垫的"肚子"，坐着转一圈，旅行就结束了，然后重新开始！ 教师引导幼儿观察跳跳糖的"旅行过程"，即嘴巴—喉咙—肚子，并结合材料介绍游戏玩法。	约2分钟 （1次）	彩虹伞 麻绳网 泡沫垫
	5. 按形状标记分组游戏2～3次，提醒幼儿遵守游戏规则 师：圆形、方形、三角形跳跳糖们准备好旅行了吗？开始旅行啦！ 游戏玩法：每一次游戏请贴有一种形状标记的小朋友和教师一起抖动彩虹伞，轮流让每个孩子都参与。教师应针对游戏中出现的状况及时小结调整。	约4分钟 （3次）	
	6. 按颜色标记再次分组游戏2～3次，提醒双脚连续向上跳及跳得更高的要点 师：红色、黄色、蓝色跳跳糖们准备旅行喽！ 游戏玩法：每一次游戏请贴有一种颜色标记的小朋友和教师一起抖动彩虹伞，轮流让每个孩子都参与。同时针对游戏中出现的状况及时小结调整。	约4分钟 （3次）	
放松部分	（三）稳定情绪，放松身体 师：今天我们当了跳跳糖，玩了有趣的游戏，真开心！现在我们和彩虹伞一起做放松活动。 听音乐，师幼手抓彩虹伞抖动、举高，活动上肢；手抓彩虹伞逆时针走动转动，放松下肢；坐在彩虹上搔腿、揉膝盖、转动脚腕等，放松身心。	约3分钟 （1次）	彩虹伞

【活动延伸】

活动中教师可以根据孩子的具体情况，逐步增加游戏情境，比如第一次游戏只增加彩虹伞当"大嘴巴",第二次游戏增加麻绳网当"喉咙",第三次游戏再增加泡沫垫当"肚子",逐步增加活动的量和难度,让幼儿可以大胆尝试。此外,为了巩固幼儿双脚连续向上跳的动作,还可以创设孩子们感兴趣的其他情境游戏。

【专家评析】

本活动的内容来源于幼儿感兴趣的话题,从食物的特性引申到身体动作的模仿,幼儿兴趣高昂,参与的积极性很高。整个活动特点突出,主要体现为:

(1)有趣的情境贯穿整个活动。教师让孩子们扮演跳跳糖,用身体动作来表达对跳跳糖的感受和理解。再将吃跳跳糖的过程创设为情境游戏"跳跳糖的旅行","跳跳糖"要进入"大嘴巴",在彩虹伞下跳;顺着"喉咙",手膝着地爬;最后到"肚子",加入坐转的动作。孩子们非常有角色意识,遵守游戏规则,每颗跳跳糖都有一次愉快的旅行经历。

(2)巧妙运用颜色和形状标记缓解幼儿的活动量。因为双脚连续向上跳的活动量较大,教师巧妙地加入了圆形、方形、三角形图形标记,以及红、黄、蓝颜色标记,将幼儿进行分组游戏,给予幼儿缓冲调整的时间,同时也提高了游戏的趣味性,孩子们也学会了灵活快速地分辨自己是哪一种跳跳糖,是该跳了还是该休息了,或是该和老师一起抖动彩虹伞了,提高了幼儿参与的积极性。

37. 多变的塑料棒(直线两侧行进跳)

【设计意图】

进入中班后,幼儿的基本动作更为灵活,他们不仅能够自如地跑、跳、爬等,对一些体育器械也很感兴趣,如球、圈、垫子等。《纲要》指出:"用幼儿感兴趣的方式发展基本动作,提高动作的协调性、灵活性。"这就要求活动要来源于幼儿的已有生活经验,这样才能"以幼儿为本",真正体现幼儿在活动中的主体性。结合园本课程"快乐、健康"特色,我们在体育活动中开展了一系列自主玩器械的活动。"多变的塑料棒"活动是其中的一个尝试。

【活动目标】

（1）学习双脚在塑料棒两侧行进跳，发展双脚跳过障碍物的能力。

（2）在同伴、老师的启发下积极尝试探索，掌握双脚并拢两侧行进跳的方法。

（3）体验和同伴一起玩塑料棒游戏的乐趣，初步建立和同伴合作游戏的意识。

【活动准备】

（1）经验准备：幼儿玩过塑料棒，在晨间活动中有打棒球的经验。

（2）物质准备：空旷的场地，塑料棒人手1根，纸球40个，热身操音乐，背景音乐。

【活动过程】

程序	进程	时间和次数	场地安排
准备部分	（一）听音乐，做热身活动 1. 一路纵队进场，听音乐进行走、跑、跳练习 幼儿在教师的带领下，进行踏步走、大步走、正向跑、高抬腿跑、双脚并拢向前跳、双脚并拢向不同方向跳、调整呼吸自然走的练习。	约2分钟 （1次）	◯
	2. 随音乐跟着老师一起用塑料棒做热身操 幼儿做热身操，包括头部、上肢、压腿、腹背、跳跃、整理运动等。	约3分钟 （1次）	播放音乐
基本部分	（二）探索塑料棒的玩法，练习双脚并拢行进跳 1. 自由玩塑料棒，探索不同的玩法 师：今天我们来和塑料棒一起锻炼身体，请小朋友们找个空地方锻炼起来吧！ （1）幼儿自由探索，教师巡回观察指导。 （2）集合讨论不同玩法，重点讲解双脚并拢跳过塑料棒的动作。	约3分钟 （1次）	散点
	2. 合作探索如何摆放塑料棒，练习用不同方法跳过塑料棒 师：我们每人只有一根塑料棒，如果想摆出更多花样，可以怎么做呢？（幼儿分组用塑料棒搭路）	约5分钟 （1次）	

程序	进　程	时间和次数	场地安排
基本部分	3. 练习双脚并拢左右行进跳过塑料棒的动作 （1）讲解游戏规则，幼儿初步尝试。 师：你们想的办法真多，搭的路线也很好玩，今天我们一起沿着你们搭的小路去郊游，但是路边的森林里有只大灰狼，我们要双脚并拢左右轻轻跳过去才不会被大灰狼发现哦。 （2）共同讨论：怎样双脚并拢又轻又稳地左右跳过塑料棒。 ①教师讲解动作要领： ●预备动作：双脚并拢，身体向前倾。 ●起跳动作：两手自由摆动，眼睛看着塑料棒，双脚用力蹬地。 ●跳跃过程：左右左右跳过塑料棒。 ●落地动作：两脚落地站稳，双腿稍弯曲，为下次起跳做准备。 ②幼儿练习，教师个别指导。 （3）幼儿再次游戏。 增加游戏情境，大灰狼角色出现。当大灰狼出现时，幼儿蹲下抱住头，这样让幼儿适度休息双脚。	约5分钟 （3次）	
	4. 玩游戏"打棒球"，调节上下肢动作 玩法：幼儿分成两队面对面站好，中间一条分界线，两队分别在场地中间放相等数量的球，游戏开始，两队幼儿用塑料棒把球打到对方场地，在规定时间内哪队场地的球少哪队获胜。	约4分钟 （2次）	○　○幼 ―――分界线 ○　○幼
放松部分	（三）稳定情绪，放松身心 师：今天我们在旅行中学会了双脚并拢左右跳的本领，还学会了怎样躲避大灰狼！在打棒球的游戏中我们都获得了快乐！下面我们跟着音乐来放松我们的身体。 幼儿散点找空站，随音乐放松，调整呼吸、拉伸身体，重点进行腿部和脚部的放松。	约3分钟 （1次）	

【活动延伸】

在晨间活动中可以通过旅行的游戏情境，让幼儿进行练习，可适量添加不同高度、宽度的障碍物增加难度。

【专家评析】

首先，本活动选材生活化，塑料棒是生活中随处可见、取之方便的材料之一。使用这些材料作为游戏的器械，一方面可以激发幼儿锻炼的积极性；另一方面材料的变化使用增加了游戏的趣味性，使游戏可以持续玩、灵活玩，让幼儿在愉悦身心的同时锻炼身体。

其次，在整个教学活动中，课堂的气氛十分活跃，幼儿的学习兴趣非常浓厚，参与度也非常高，很好地体现了让幼儿在"玩中学"的理念。幼儿的学习过程也非常清晰，包括从用不同的方法跳过塑料棒到双脚并拢跳过塑料棒再到双脚并拢左右行进跳过塑料棒。

再次，教师的示范动作标准、规范，讲解清晰、到位。不过考虑到活动中有小部分幼儿落地不稳，不能连续左右跳，教师应帮助幼儿分析理解这个动作的难点，更好地完成两脚连续向侧跳的动作。比如，双脚并拢两侧跳时，用力的方向应该是向侧面的，在跳起后，应靠侧摆髋部和腿部使两脚向两侧连续移动。

38. 沙包一物多玩（夹包跳）

【设计意图】

玩沙包是一种经久不衰的民间传统游戏，幼儿对沙包有着浓厚的兴趣，它是幼儿游戏时的好伙伴。本活动充分发挥了幼儿的创造力，尝试了沙包的多种玩法，满足中班幼儿跳跃的兴趣，帮助他们体验在跳跃活动中学习动作、发展体能、模仿、创新等多种乐趣，用已获得的知识初步识别自己起跳和落地的动作，关心自己夹沙包跳的距离。在此基础上共同探索夹包跳的方法，尝试夹包跳过不同宽度的小河，在送粮食游戏中，体验体育活动的趣味性。

【活动目标】

（1）初步尝试夹包跳，增强下肢力量。

（2）运用沙包进行身体各部位的运动，两两合作探索夹包跳的方法。

（3）体验运粮食游戏的趣味性，有一定的创造力。

【活动准备】

（1）经验准备：幼儿玩过沙包。

（2）物质准备：沙包人手1个，音乐，录音机。

【活动过程】

程序	进　程	时间和次数	场地安排
准备部分	（一）激发兴趣，活动身体 1.热身活动 幼儿手持沙包自由进入场地，将沙包放置在场地两边听哨声进行队列练习：四路纵队—两路纵队—两个大圆—四个小圆—四路纵队。	约2分钟 （1次）	
	2.专项准备：听音乐做沙包操 幼儿任意在场地中间找个空点子站好，形成四路纵队，师幼成做操队形，为夹包跳做重点部位的专项热身，包括上肢、下肢、体侧、体转、腹背、跳跃、整理运动。	约2分钟 （1次）	播放音乐
基本部分	（二）探索沙包的多种玩法，体验趣味性 1.沙包可以怎么玩 （1）幼儿自由在场地中间探索玩沙包的方法。 师：你们每个人手里有一个小沙包，它可以怎么玩呢？看谁想出的办法多，玩的花样多。 （2）师幼集中站成半圆（地上有圆圈线），共同讨论：刚才是怎么玩沙包的？ （3）个别幼儿展示自己的玩法，教师进行动作讲解，带领幼儿模仿一些好的锻炼方法，如头顶沙包走、背上放沙包走、抛接沙包等。	约5分钟 （1次）	幼 师
	2.练习夹包跳 （1）幼儿两两合作练习。 师：刚才还有一种有趣的玩法，叫夹包跳。试一试把沙包夹在脚的哪里？怎样才能把沙包甩出去？哪里需要用力？ ①幼儿两人一组合作练习夹包跳。 ②师生集中站成半圆（地上有圆圈线），共同讨论、交流夹包跳的经验，教师示范夹包跳的基本动作。	约4分钟 （1次）	

续表

程序	进　程	时间和次数	场地安排
基本部分	（2）设定宽度，夹包跳过。 师：看，这里有两条小河，一条河宽些，一条河窄些，你们能夹着沙包跳过去吗？可以尝试一下。 游戏玩法：幼儿自由分成两队，站在起止线后，夹沙包跳过线。 师：你们刚才真棒，都夹沙包夹跳过线了，让我们放松一下小腿吧！	约4分钟 （1次）	幼儿〇〇〇〇线 幼儿〇〇〇〇线
基本部分	3. 引出"运粮食"的游戏情境，进行游戏 师：刚刚我们学会了夹包跳的本领，现在我们要去送粮食了，路途上有小桥、花丛、水沟，你们能把粮食（沙包）安全送到粮仓吗？ （1）幼儿游戏。 游戏玩法：接力游戏，幼儿分别走过小桥（铺垫子的直行线路）—花丛（绕障碍走）—水沟（跨跳），最后夹沙包跳到粮仓。 （2）再次游戏一次，比一比哪队小朋友运的粮食多。	约6分钟 （2次）	小桥 花丛 水沟 粮仓
放松部分	（三）稳定情绪，放松身心 师：你们真棒，都把粮食运到了粮仓，让我们好好休息一下吧！ 幼儿散开找空站，随着轻松的音乐放松、调整呼吸，教师带领幼儿做肩胛、腰腹、膝盖、双腿等部位的放松活动，之后请幼儿将手中的沙包放在指定的地方。	约2分钟 （1次）	

【活动延伸】

在日常体育游戏时，还可以组织幼儿探索沙包的其他玩法（如砸沙包等），体验民间游戏的乐趣。

【专家评析】

夹包跳是比较常见的体育活动内容，教师能根据中班幼儿的年龄特点，设计了幼儿与同伴合作玩夹包跳的方式，解决了单人练习时的枯燥感，更好地促进了幼儿之间的交流和学习，这对于他们掌握夹包跳的基本动作有很大的帮助。

长时间重复的体育游戏内容往往会让幼儿对体育运动失去兴趣，为了调动他们的积极性，教师应适时地增加游戏的难度，让游戏充满挑战性和趣味性。比如，本活动中第二次比赛运粮食时，教师略微进行了一些小变化，看在相同的时间内，哪队运的粮食多（至少保证每个幼儿运一次），幼儿游戏的积极性被很好地调动起来了。游戏中还设置了绕障碍走、直线走等情境，减少了运动的强度，符合体育活动的密度曲线。

建议

在"运粮食"的游戏环节可以变化游戏规则，如粮食的多少固定，比一比在规定的时间内，哪队运粮食的速度快，增加游戏的挑战性和趣味性。

39. 我们都来跳一跳（高跳下）

【设计意图】

中班幼儿的腿部力量逐渐增强，他们敢于尝试各种跳跃动作。但由于下肢动作的协调性欠缺，他们在进行跳跃游戏时常出现屁股着地或摔倒的现象，部分幼儿还产生了胆怯心理。而让幼儿站在高处向下跳，通过由易到难的高度变化练习可以帮助他们克服胆怯心理，锻炼腿部大肌肉的动作，发展下肢动作的协调性，为今后学习跳绳、跳远等技能打下基础。学习正确的起跳和落地方法，能让幼儿在保持身体平稳、安全的状态下完成跳跃的动作，提高幼儿的自我保护能力。

【活动目标】

（1）学习在高15～35厘米的轮胎上往下跳，增强腿部力量和弹跳力。

（2）通过儿歌、自主探索和模仿练习，逐渐掌握起跳和落地时的动作要领。

（3）克服由于高度变化而产生的胆怯心理，有自我保护的意识，体验用轮胎进行体育锻炼的乐趣。

【活动准备】

（1）经验准备：幼儿有玩轮胎的经验。

（2）物质准备：轮胎17个，泡沫地垫6块，音乐《安娜波尔卡》《巡逻兵进行曲》。

【活动过程】

程序	进　程	时间和次数	场地安排
准备部分	（一）激发兴趣，活跃情绪 1.师幼围绕场地慢跑1～2圈后抢轮胎站好 师：我们玩一个抢轮胎的游戏，大家一起围着轮胎跑，听到老师的哨声赶紧找一个轮胎站进去，看谁能最快找到轮胎。	约1分钟 （1次）	轮胎 ◎　◎ ◎　◎ ◎　◎ ◎　◎ ◎　◎
	2.做小猫韵律操 师：小猫们，我们一起来做运动吧！ 教师带领幼儿一起做上肢、下蹲、扩胸、体侧、体转、压腿、跳跃、放松运动。	约2分钟 （1次）	幼儿站点子，成四路或是六路纵队（早操队形）
基本部分	（二）在游戏中自主练习动作，掌握动作要领 1.了解站在轮胎上从高处向下跳的动作 师：小猫们今天要学会一个很重要的本领——练习站在轮胎边上向下跳。学会了这个本领，你们爬树爬到很高的地方跳下来也不会摔伤哦！哪只小猫愿意来试一试。 （1）请个别幼儿来做示范，教师讲解动作要领：双脚平稳地站在轮胎边上，轻轻向下跳，前脚掌落地，落地要轻，膝盖弯曲。 （2）认识前脚掌。 师：你们知道自己小脚的前脚掌在哪里吗？（引导幼儿摸摸自己的小脚）	约2分钟 （1次）	幼儿原地向左向右转，面向老师（中间站好），教师在中间讲解 　　师☆ 　1 2 3 4 幼○○○○ 　○○○○ 　○○○○
	2.幼儿自由选择一个轮胎进行练习 师：小猫们选择一个自己喜欢的轮胎来学一学这个新动作，我们来比一比哪只小猫跳下来的时候最轻，一点声音都没有哦！ 幼儿自由练习，教师指导。	约2分钟 （1次）	轮胎 ◎　◎ ◎　◎ ◎　◎ ◎　◎ ◎　◎

续表

程序	进　程	时间和次数	场地安排
基本部分	3. 总结自己的动作，并集体原地练习 师：刚才你站在轮胎上跳下来的时候很轻吗？谁来试一试给我们看一看。 （1）个别幼儿展示自己练习的结果。 （2）教师一边示范动作，一边讲解动作要领。 师：首先我们要站在轮胎边上双脚站稳，做好准备，"小手摆一摆，小腿蹲一蹲，一二三，轻轻跳下来"。一定要前脚掌落地，落地要轻。 （3）师幼一起念儿歌原地练习。 师：小猫们，我们一起来念儿歌学一学吧！	约2分钟 （1次）	幼儿站两竖排，面对面站好 ☆师 □ □ 幼
	4. 幼儿再次自由练习，教师观察幼儿动作中出现的问题，找出需要重点讲解的部分 师：这次小猫再去练习新本领，但要一边说儿歌一边做哦！	约2分钟 （1次）	轮胎 ◎ ◎ ◎ ◎ ◎ ◎ ◎ ◎
	5. 尝试跳两个轮胎的高度，克服困难 师：请你们两人一组，把轮胎重叠在一起，试试从两个轮胎上往下跳。请两个小朋友做示范，提醒幼儿注意轮胎的大小和摆放的方法。	约2分钟 （2～3次）	场地同上，只是把两个轮胎摆在一起
	6. 轮胎区域游戏 师：待会儿小猫们要练习很多的本领。小猫们玩过一种游戏就给自己贴上这种游戏的贴花，每个本领都要练习到哦！ 教师出示动作图，请幼儿讲出游戏内容：①跳轮胎：三种不同高度的轮胎，供幼儿选择和练习。②滚轮胎：幼儿扶稳轮胎沿线滚。③运货船：幼儿背着轮胎向前走。④过山洞：一个幼儿扶住轮胎，另一个幼儿钻过轮胎。	约5分钟 （2次）	三种不同高度的轮胎 ◎ ◎ ◎ 沿着地上的圆线滚轮胎 ◯ 背着轮胎往前走 ◎ ◎ ◎ 钻轮胎 ◎ ◎ ◎

程序	进　程	时间和次数	场地安排
放松部分	（三）稳定情绪，放松身心 师：小猫们锻炼身体都很棒，我们来洗洗脸、梳梳毛、休息休息，放松放松。 随音乐做身体放松活动。	约2分钟 （1次）	散点

【活动延伸】

　　此活动适合阴雨天时在室内开展，可以摆放不同高度的物品让幼儿循环练习，不过教师要提醒幼儿注意落地的方式。活动中用的器械还可以是小椅子、小板凳，或者利用幼儿园的楼梯、花坛等来练习，本活动中的区域游戏还可单独作为一个游戏开展。

【专家评析】

　　幼儿喜爱小动物，对有关小动物的游戏情境非常感兴趣。而轮胎又是幼儿生活中常见的废旧材料，利用幼儿身边的材料开展活动，能更好地调动幼儿学习的兴趣。整个活动内容符合中班幼儿的年龄特点，环节清楚有层次，重难点突出。

　　首先，活动层层递进，主要体现为从上向下跳的高度有不同的变化。开始是一个轮胎的高度，幼儿很容易达到要求。之后，站在两个轮胎的高度向下跳。因为有了一个轮胎的基础，幼儿在动作上已经没有什么问题，需要的是克服心理上的恐惧感。教师在活动中给予幼儿大胆尝试的机会，让幼儿进行自我挑战，增添了活动的趣味性。

　　其次，区域游戏的介入，使活动再次掀起高潮。每一个区域都有锻炼的目的，调节了幼儿上下肢发展的均衡性。幼儿参与活动的积极性更高了，达到了本节活动锻炼的目标。

　　不过，教师应注意强调动作要领并帮助幼儿掌握它，放松活动应选择轻松舒缓的音乐，达到放松幼儿身心的目的。

40. 小青蛙跳荷叶（深蹲跳）

【设计意图】

中班下学期，幼儿各种动作的发展日趋完善，他们跳跃的远度、高度和连续跳的持久性有了明显的提高。我班幼儿在平时的活动中乐于模仿小兔跳、袋鼠跳，并且会单脚跳、两侧行进跳，但在跳时身体仍然不够协调和平稳。时值春末夏初，正是青蛙繁衍、蝌蚪成长的旺盛季节。结合季节特点和幼儿的已有经验，本活动创设了"小青蛙捉害虫"的情境，以扮演小青蛙的形式来激发幼儿学习深蹲跳的兴趣，引导幼儿学习深蹲跳的正确方法，用蹲、蹬、摆、跳的基本动作练习锻炼幼儿的下肢力量及全身的协调能力，巩固幼儿跳的技能，并在此过程中帮助幼儿体验捉到害虫的成就感。

【活动目标】

（1）学习深蹲跳的动作，发展协调性和下肢力量。

（2）能随着垫子方向的变化，连续变换跳跃的方向。

（3）能坚持不懈地做动作，并感受捉到害虫的成就感。

【活动准备】

（1）经验准备：幼儿有连续跳、单脚跳的经验，并玩过接力游戏。

（2）物质准备：垫子4组，圈若干，篓子3个，拱门3组；录音机，音乐磁带。

【活动过程】

程序	进　程	时间和次数	场地安排
准备部分	（一）激发兴趣，活跃情绪 师：小青蛙们，我们一起出去找妈妈吧！ 1. 热身活动 幼儿以小青蛙的角色以一路纵队进场，在欢快音乐的伴奏下先慢跑，然后左右脚单脚跳，最后双脚并拢跳。	约2分钟 （1次）	

续表

程序	进　程	时间和次数	场地安排
准备部分	2. 专项准备 师：青蛙宝宝们，马上你们就要和妈妈一起去捉害虫了，现在让我们来活动一下身体吧！ 幼儿分散站立，听音乐做操，包括头部、扩胸、伸展、下蹲、体转、腹背、跳跃、放松运动等。其间，带领幼儿多做一些蹲下、起立的活动，使腿部关节和韧带得到充分的活动。	约3分钟 （1次）	播放音乐 ○○○○ 幼 ○○○○ ○○○○ ● 师
基本部分	（二）在游戏中自主练习动作，发展跳跃能力，体验活动的乐趣 1. 引出"跳荷叶"的游戏情节，幼儿自由探索跳跃动作 师：小青蛙要到小河对岸的草地上玩耍，不过要跳过荷叶（垫子）才能到达对岸，怎么跳呢？不能跳到河里去，大家试一试。 2. 幼儿学习跟随垫子方向的变化，变化身体的方向进行跳跃 （1）师幼集中站成半圆，共同讨论：刚才是怎样跳过荷叶的？荷叶在我们的左边，怎么跳？在另外一边呢？ （2）请个别幼儿介绍、示范。 （3）幼儿练习跳垫子，教师指导幼儿。	约4分钟 （1次）	荷叶 幼 ———
	3. 学习基本动作——深蹲跳 师：妈妈想出了一个好办法，你们看看我是怎么跳的！ 教师示范动作并讲解动作要领：两脚开成深蹲，上体稍前倾，两臂在体后成预备姿势。两腿用力蹬伸，同时两臂迅速前摆，身体向前上方跳起，然后用全脚掌落地屈膝缓冲，两臂摆成预备姿势。	约3分钟 （1次）	幼 师
	4. 在讨论的基础上，幼儿再次游戏 师：我们一起用这种方法再跳一次荷叶，看谁跳得好！ 幼儿自由练习，教师根据幼儿的情况给予不同的指导和帮助。	约3分钟 （1次）	荷叶 幼
	5. 引出"小青蛙捉害虫"的游戏情节 师：小青蛙们都学会了本领，现在就去捉虫了！ 游戏玩法：幼儿分成三组爬过草地，钻过山洞，跳过荷叶，到达对岸后捉一只虫子，放在篓子里，然后从旁边跑回来，直到将害虫全部捉完为止。 幼儿游戏，教师提醒幼儿规范动作，遵守规则。	约7分钟 （2次）	篓子 荷叶 山洞 草地 幼

程序	进程	时间和次数	场地安排
放松部分	（三）稳定情绪，放松身心 师：小青蛙们，你们今天学会了新的跳的本领，还捉到了这么多的虫子，真能干！现在我们一起来放松一下。 幼儿散点找空站好，师幼一起随音乐放松做律动，调整呼吸、放松肌肉、调节情绪，重点进行腿部的放松。	约3分钟 （1次）	

【活动延伸】

在晨间锻炼活动中，可设置与深蹲跳相关的游戏，让幼儿继续巩固练习，发展跳跃能力；也可作为亲子游戏，让家长带幼儿练习深蹲跳、向上纵跳等动作，增加亲子之间的情感。

【专家评析】

"小青蛙跳荷叶"活动给人欢快活泼的感觉，整个活动设计巧妙，层层递进，以游戏贯穿其中。体育器械以幼儿园常见的泡沫地垫为主，取材方便，利于幼儿基本动作的学习。

活动中教师语态亲切，以青蛙妈妈的角色很自然地参与到活动中，是幼儿活动的合作者和支持者。活动采用探索、分享、合作学习的方法，即先让幼儿自主探索练习和分享经验，得出结论。然后自由练习，发现问题后师幼共同总结方法，有效地调动了幼儿自主学习的兴趣，让幼儿成为活动中真正的主体。

《指南》指出："关注幼儿学习与发展的整体性。儿童的发展是一个整体，要注重领域之间、目标之间的相互渗透和整合，促进幼儿身心全面协调发展，而不应片面追求某一方面或几方面的发展。"本活动从幼儿多元化发展的需要出发，渗透了各个领域的内容。比如，同伴之间的交流分享促进了幼儿合作能力的发展，锻炼身体的各个部位促进了幼儿基本动作的全面发展。

建议

活动中，根据幼儿的能力水平，可将深蹲跳改成立定跳远或者连续并足跳，也可根据幼儿的掌握情况，适当调整荷叶之间的距离，增加或者减小难度；还可丰富游戏的情节，比如请幼儿到各个地方帮助别人捉虫子，让幼儿在游戏的情境中多练习几次，避免枯燥的练习。

41. 跳跳虎摘水果（纵跳触物）

【设计意图】

中班上学期，幼儿身体比小班时更灵活，他们喜欢蹦跳，在户外时喜欢跳起拍打树叶、蝴蝶等。但由于控制能力较弱，他们经常会出现跳起却忘了拍打，或者拍打了却跳不高、摔跤等现象。因此，引导幼儿掌握正确的向上纵跳的方法，按准备—蹲—跳的节奏做动作，在此基础上注意眼睛要瞄准上面的果子，同时努力伸长小手去触碰果子，是很有必要的，既可以锻炼幼儿的腿部力量及弹跳能力，又可以锻炼他们的身体和手眼的协调能力。这些能力的提高，对于幼儿拍球、跳绳等也很有帮助。本活动以"跳跳虎摘果子"的情境贯穿始终，提供不同的水果暗示了跳跃的不同高度，激发幼儿跳得更高的愿望，同时让他们体验到帮助他人的快乐和挑战成功的成就感。

【活动目标】

（1）学习纵跳触物，能原地向上纵跳一定高度，发展动作的协调性。

（2）通过游戏情境，学会提肘摆动并能用手碰触头顶上方的物体。

（3）勇于尝试不同的高度，并体验摘到果子后的成就感。

【活动准备】

（1）经验准备：幼儿会连续并足跳，能原地纵跳10厘米，有接力游戏的经验；看过动画片《维尼小熊与跳跳虎》，知道跳跳虎的本领。

（2）物质准备：苹果若干个，桃子若干个；平衡木1块，独木桥1座，纸板若干，梅花桩若干，拱门4个，垫子4块；录音机，音乐磁带。

【活动过程】

程序	进　程	时间和次数	场地安排
准备部分	（一）激发兴趣，活跃情绪 师：小朋友，今天你们都是爱帮助人的跳跳虎。我们一起出发看看森林里有谁需要帮助吧? 1. 热身活动 幼儿在教师的带领下以跳跳虎的角色在欢快音乐的伴奏下一路纵队跑步进场，边跑边绕过障碍，跳过小洞，走过地面的小桥。	约2分钟 （1次）	障碍▲▲▲▲ 小●● 洞●　▬ 　　小桥
	2. 专项准备 幼儿站成四路纵队，师幼成做操队形，听音乐做操，从中渗入头部、扩胸、伸展、下蹲、体转、腹背、跳跃、放松运动等。	约3分钟 （1次）	播放音乐 ○○○○ 幼 ○○○○ ○○○○ ● 师
基本部分	（二）在游戏中自主练习动作，发展跳跃能力，体验活动的乐趣 1. 引出"帮小猪摘苹果"的游戏情节，幼儿自由探索向上纵跳的动作 师：跳跳虎们，小猪现在需要你们的帮助。它家的苹果熟了，可是它却够不着、摘不到！你们能帮助它吗？ （1）游戏玩法：幼儿自由尝试摘苹果的方法。	约4分钟 （1次）	苹果 ●●●●● 幼
	（2）师幼集中站成半圆，共同讨论：跳跳虎们刚才是怎么摘到苹果的？（请个别幼儿介绍、示范） （3）教师示范并讲解：准备（小手伸直上举）—蹲（就像坐在小椅子上一样）—跳（摆臂并把小手往上挥举，小脚使劲往下蹬向上跳起来，注意眼睛要瞄准上面的果子，往上跳的同时努力伸长小手去触碰果子）。	约3分钟 （1次）	幼 ⌒ ◯ 师
	2. 在讨论的基础上，幼儿再次游戏 师：我们一起试试用这种方法摘苹果吧！ 幼儿自由练习，教师根据幼儿的情况给予不同的指导和帮助，提示幼儿注意口令：准备—蹲—跳，并指导幼儿落地轻，前脚掌先落地，屈膝要到位。	约4分钟 （1次）	苹果 ●●●●● 幼

续表

程序	进程	时间和次数	场地安排
基本部分	3. 引出"帮小狗摘桃子"的游戏情节 师：在森林的那边，小狗家桃园里的桃子也成熟了，你们能去帮忙摘桃子吗？请你们分成4组，等会儿先钻山洞，再爬草地，最后走过小桥，跳起来摘桃子，记住每次只能摘一个桃子，最后我们来比比哪组摘得最多。摘桃的时候，你可以选你没有走过的小路去走一走！ 游戏玩法：幼儿听信号依次钻过山洞，爬过草地，走过小桥，跳起摘桃。游戏循环进行，直至摘光桃子。	约7分钟 （2次）	桃子 小桥 草地 山洞 幼儿
放松部分	（三）稳定情绪，放松身心 师：跳跳虎们，你们今天帮助了小猪和小狗，摘到这么多的桃子和苹果，开心吗？现在，我们一起来放松一下。 幼儿散点找空站好，师幼一起随音乐放松做律动《幸福拍手歌》，调整呼吸、放松肌肉、调节情绪，重点进行腿部和手臂的放松。	约3分钟 （1次）	散点

【活动延伸】

可将活动中的几种游戏拆分为独立的游戏，比如将"摘桃"的部分作为独立的、练习向上纵跳的游戏；将"过小桥"的部分放入循环游戏当中，让幼儿继续巩固练习；也可作为亲子游戏玩，鼓励家长在家带领幼儿练习向上纵跳摘桃的动作，增加亲子之间的情感。

【专家评析】

整个活动都是在教师设计的特定情境中进行的，充分调动了幼儿主动参与、探索的积极性，幼儿在全身心的投入中获得了有益的发展。

（1）游戏情境趣味性强。以幼儿十分喜欢的跳跳虎形象进行活动，符合幼儿的年龄特点，同时也提高了幼儿参加体育活动的兴趣。活动以跳跳虎帮忙摘果子为主线，自然地融入了目标和内容领域间的整合。幼儿对活动内容很感兴趣，运动的情绪高涨，对于通过自己努力而摘到桃子非常高兴。

（2）运动量较为充足。为了避免纵跳触物动作单一、运动量不足的情况，整个活动过程中不断增加运动量，加入了身体各个部分的动作练习，最后环节设计了"摘桃"的内容，让幼儿过小桥、草地，活动了整个身体。

建议

首先，在材料的投放上，还可增加层次。比如，一开始摘苹果时可以降低高度，等到幼儿熟练掌握后，再增加高度，但也要注意有高的、有矮的，以满足不同层次幼儿的需要；也可改变小桥的宽度和高度，或在小桥上增加一些障碍物。其次，活动最后可让幼儿分成几组到不同动物的家去帮忙，丰富游戏的情节。最后，根据季节的变化，适当调整"摘桃"游戏的内容，以便有更加适合的活动量。

42. 小兔种花籽（投准）

【设计意图】

"伞"是幼儿日常生活中最为熟悉的日用品，各种各样漂亮的小花伞常常吸引幼儿的视线，因此以"伞"为媒介的活动应该能够引发幼儿的好奇心，激发他们参与学习的内部动机。在中班晨间体育锻炼中，我们以小花伞为游戏器械，设计了自由投沙包进伞的活动。幼儿的兴趣浓厚，想方设法投准，但投掷动作五花八门，没有一个较为准确规范的动作。因此，设计了本活动，让幼儿在自己感兴趣的活动中发展身体的基本动作，了解投准的方法，体验投掷游戏的快乐。

【活动目标】

（1）近距离投准半径为40厘米的目标物，发展手眼协调能力。

（2）在充满情趣的种花籽游戏中尝试、感知，初步掌握投准的方法。

（3）选择不同的距离投准，体验成功的快乐。

【活动准备】

（1）经验准备：幼儿在晨间体育锻炼中对于投掷活动有一定的兴趣。

（2）物质准备：幼儿人手1把儿童伞，小兔头饰，沙包；泡沫垫、平衡板、标记线若干。

【活动过程】

程序	进　程	时间和次数	场地安排
准备部分	（一）激发兴趣，活跃情绪 1. 师幼一路纵队进场，听口令进行走跑练习 师：兔宝宝们，我们一起去花园玩一玩吧！	约2分钟 （1次）	○
	2. 听音乐做花伞操（准备运动、体侧运动、体转运动、腹背运动、跳跃运动、整理运动） 师：哎呀，快下雨了，我们赶紧找把小花伞挡挡雨吧！	约2分钟 （1次）	○○○○　幼 ○○○○ ○○○○ △师
基本部分	（二）玩游戏，练习投掷动作，掌握投准方法 1. 玩游戏"小兔撒花籽"——探索向一定距离的投掷区投掷沙包 师：花园里的花真漂亮，我们也来学种花籽吧！花园和我们之间隔着一条小河，兔宝宝试试能不能站在河岸上把花籽投到"花园"里！ （1）幼儿自由尝试投沙包，感受投掷动作。 （2）师生共同分享、交流经验。 师：谁来说说看你是用什么动作种花籽的。大一点的花籽和小一点的花籽用力一样吗？ 动作要领：用手握住花籽，对准"花园"，投出花籽（可下抛、可肩上投）。小花籽力量小，大花籽力量大。	约4分钟 （1次）	投掷线 花
	2. 玩游戏"小兔种花籽"——学习近距离投准目标物 （1）尝试向高矮、远近不一的伞内投掷沙包，感受投掷的力量。 师：兔宝宝本领学得真好，现在让我们去种花籽吧。花坛有高有低，有近有远，试一试需要用多大的力量，怎样投能把花籽投进花坛里？ （2）师生共同分享、交流经验。 师：近的花坛和远的花坛用力一样吗？（距离近，力量小；距离远，力量大） （3）再次体验，自由选择距离，继续探索根据自己的需要调整距离远近，控制手臂力量。 师：兔宝宝说得很好，现在花坛前面有了不同颜色的标记线，你们可以站线上投花籽，试试能不能投中。	约6分钟 （2次）	幼 ｜　｜ ｜　｜ △师

续表

程序	进程	时间和次数	场地安排
基本部分	3. 小组游戏"小兔采花忙"——巩固投准方法，体验成功的快乐 师：花籽种好了，我们一起在河上铺一座小桥，给小花浇浇水吧！ 幼儿分组将伞间隔摆放，并摆放平衡板，幼儿集中站成四路纵队。 师：桥铺好了，我们要出发了，小朋友走过小桥，跳过栅栏，站在泡沫垫上往花坛里浇水，浇中了可以摘一朵小花贴在身上返回，第二名兔宝宝再出发。	约6分钟 （3次）	幼　小桥　栅栏
放松部分	（三）稳定情绪，放松身心 1. 幼儿随音乐舞动，拍打肩膀和手臂，放松重点练习部位 师：小兔子得到了这么多的花开心吗？我们一起来跳个舞吧。 2. 活动结束，师生共同收拾器材离开场地	约3分钟 （1次）	

【活动延伸】

在晨间锻炼和平时户外活动中，可以增设投花伞的游戏，设置高矮、远近不同难度的目标，锻炼幼儿的手臂力量及控制能力。

【专家评析】

"小兔种花籽"活动以生动有趣的游戏情境贯穿其中，幼儿的投掷学习由易到难、层层递进；幼儿通过探索练习，逐步掌握投准的方法，真正体现了以幼儿为主体的教育理念。

（1）活动引导层次清晰。教师遵循幼儿发展规律，结合游戏情节的发展和练习的难易程度逐层递进。首先是给幼儿提供一定的投掷区，让幼儿尝试、探索，了解采取怎样的投掷方式易于自己投准。其次，缩小了目标物的范围，在感受投掷动作的基础上，鼓励幼儿自由尝试向高矮远近不一的伞内投掷沙包，感知投掷动作和力量的关系，并通过集中讨论，师生共同总结投准的要领；最后，利用小组情境游戏，在宽松的游戏氛围里，让幼儿进行全方位的练习。

（2）幼儿学习主动有效。在"小兔种花籽"练习投掷中，教师充分发挥合作者、支持者的作用，启发幼儿先练后讲、先试后导，不断尝试不同距离的投掷，更好地体验目标物的距离和用力大小的关系，同时让幼儿能在游戏中自检投掷结果，发现自己的运动能力，从而根据自身的需要选择距离，挑战成功。活动中幼儿的身心自然调节、合理适宜，运动经验得到全面的促进。

> **建议**
> 在活动中可鼓励幼儿左右手都试试投准，从而关注运动的全面性。

43. 飞镖（投远）

【设计意图】

　　生活中的许多废旧物品，都可以变为体育活动中有趣的材料。本节活动中的飞镖就是利用废旧布头和子母扣制作的，深受幼儿喜爱。活动中加入了民间体育游戏——"投飞镖"，鼓励幼儿用"飞镖"投掷击准一定的目标，锻炼幼儿挥臂的力量。在学习方法上，教师采取了"逐步学习"的方法，首先引导幼儿将飞镖飞起来、飞得远，这需要挥臂有一定的力量；其次引导幼儿将飞镖投准，这需要根据目标位置调整投掷角度、手眼协调。此外，教师还开展了"飞镖小能手"活动，激励幼儿积极参与体育活动，感受体育活动的快乐。

【活动目标】

　　（1）学习肩上屈肘挥臂的投掷动作，发展手臂的力量。

　　（2）根据目标物的位置，调整投掷角度尝试练习，增强目测判断和手眼协调能力。

　　（3）感受投掷活动的快乐，积极参与投掷活动。

【活动准备】

　　（1）经验准备：幼儿见过飞镖，知道飞镖是要投掷出去的；有向高空抛接物的经验。

　　（2）物质准备：自制飞镖（用布包裹的1个布球，在布球上粘贴撕拉扣），画有不同小手姿势的大布（在小手上粘贴撕拉扣的另一面），空旷的场地。

【活动过程】

程序	进　　程	时间和次数	场地安排
准备部分	（一）热身准备，激发兴趣 1. 热身活动 幼儿拿着自制的飞镖，在教师的带领下跑步进场，听着音乐进行绕圈跑、绕障碍跑、走跑交替、高抬腿走等。	约2分钟 （1次）	

续表

程 序	进 程	时间和次数	场地安排
准备部分	2.专项准备 幼儿站成错位队形，和教师一起做专项热身运动，包括手腕脚腕运动、肩部环绕、扩胸运动、伸展运动等，为"飞镖"活动做准备。 3.热身游戏：抛接"飞镖" 幼儿散点站在场地上，玩"抛接飞镖"的游戏，能够根据飞镖降落的方向，调整身体和手的位置，接住落下的飞镖，锻炼手眼的协调能力。	约2分钟 （1次）	
基本部分	（二）边玩边学，提高能力，体验乐趣 1.游戏：飞镖飞起来 （1）幼儿探索飞镖飞得远的方法。 师：小飞镖不仅能抛接着玩，还能飞哦，而且能够飞得很远哦！现在找一个空地方试一试，让你的飞镖飞起来。但是要当心，不能砸到别人哦！ ①幼儿四散站在场地上，练习投掷飞镖。	约3分钟 （1次）	
	②师幼集中站成半圆，共同讨论：你是怎样让飞镖飞得远的？做了什么动作？ ③教师总结动作要领：把飞镖放在肩上，屈肘，用力往前投掷并反复练习。	约2分钟 （1次）	⌒ 幼 ▲师
	（2）在探索、讨论的基础上，幼儿玩游戏"飞镖飞得远"。 师：你们说得都很好！现在小飞镖想和你们玩一个游戏，愿意吗？我们大家一起来比一比，看看谁的飞镖飞得最远，加油哦！ 游戏玩法：幼儿站在起始线上，自由练习将飞镖投到1.5米外的空地上。练习一段时间后，老师发出指令"小飞镖，准备——飞"，幼儿比一比谁投得最远。	约3分钟 （1次）	1.5米 ↑ 起始线
	2.游戏：飞镖飞得准 师：经过刚才的比赛，我发现你们的小胳膊很有力气，都能把飞镖投得远远的！要做一个飞镖小能手，不仅要把飞镖投得远，还要能投得准。我们一起来试一试！看看谁能够用飞镖投到墙上的宝物！ ①幼儿站在起始线处，自由练习将手中的飞镖投准墙上的图片。自由练习一段时间之后，教师发出指令："瞄准、投射！"集体玩2～3次。	约4分钟 （1次）	墙上面贴有图片 ○ ○ ○ ○ ○ 1.5米 ↑ 起始线

程序	进　程	时间和次数	场地安排
基本部分	②师幼集中站成半圆，共同讨论：你投到了什么宝贝？可是这个宝贝在你的斜上方，你是怎么投到的呀？如果宝贝在你的上面，怎么办呢？	约2分钟 （1次）	幼 ▲师
基本部分	3. 游戏：飞镖小能手 师：这次，如果你的飞镖能够投准并粘在布上的小手上，你就是飞镖小能手了！准备好了吗？ 游戏玩法：幼儿从游戏开始的地方，跑到夹着飞镖的绳子下面，向上纵跳拿到一只飞镖，然后拿着飞镖跑到距离布1.5米的前面停下来，瞄准布上的小手，用力将飞镖投掷出去，粘贴到小手上将获得"飞镖小能手"的称号。	约8分钟 （1次）	画了小手的布 1.5米 悬挂飞镖的绳 1.5米 起始线
放松部分	（三）放松身心 1. 放松游戏，发射飞镖 师：现在你们来做小飞镖，我说飞到哪里，你们就飞到哪里，保持一个动作不动。 游戏玩法：幼儿散点站在教师的面前，双手合掌向前伸，变成一只飞镖的造型。教师发布口令："飞镖准备，射中……就不动。"	约2分钟 （5次）	
放松部分	2. 放松身体的不同部位 幼儿散点找空地方站，随音乐做放松的动作，重点放松手臂、手腕。	约2分钟 （1次）	

【活动延伸】

在游戏的组织形式上，还可以进行两人竞赛：一人一只飞镖，看谁能够射中目标，以此激发幼儿的竞争意识。

【专家评析】

投掷飞镖，这是一个关于上肢动作的练习游戏。活动过程中，每个幼儿都愿意积极参与，究其原因，是因为他们在每个环节的游戏中都感受到了挑战和成功感。根据中班幼儿的年龄特点，教师关注游戏结果对幼儿参与活动积极性的促进作用，在投中结果的适宜变化中，让幼儿感受从投远到投准中的不断挑战所带来的愉悦情感。幼在接受挑战的过程中，不断调整动作，努力使得自己的动作和同伴协调、同步起来，并在此过程中，提高对自己身体的控制能力，尤其是控制自己上肢的身体和协调动作的能力。

> 建议

活动中，飞镖投掷的物体可以是多样的、变化的，可以是悬挂的锣，击中了会发出响声；也可以是垒高的积木，用力投掷则会击倒积木。

44. 撒花瓣（反手投掷）

【设计意图】

"反手投掷"这个动作，对幼儿来说是比较新的动作概念，不同于以往的投掷经验（肩上挥臂投掷、向上抛、近距离投准等）。大肌肉动作发展让幼儿体验到运动给自己带来的快乐，改变的屈臂动作让幼儿有了新的动作思考与体验。所以在春暖花开的季节，教师结合春天的气息创设了"撒花瓣"活动，带着幼儿去练习，让幼儿多方位体验身体动作，发展运动能力。

【活动目标】

（1）尝试练习胸前反手投掷动作，发展反手投掷能力以及手腕力量。

（2）模仿中体验向外甩腕掷薄片的动作，感知甩腕的速度，发展腕关节的灵活性。

（3）体验帮助他人的快乐，感受春暖大地的喜悦。

【活动准备】

（1）经验准备：在"春天的主题"背景下开展过寻找春天的活动；幼儿对投掷活动很熟悉，有肩上投掷、向上抛、投准经验。

（2）物质准备：圆形花片若干，绿色泡沫垫，海绵垫3块，轮胎4个，平衡木2块；音乐《春天》《花仙子》。

【活动过程】

程序	进 程	时间和次数	场地安排
准备部分	（一）热身活动，明确角色，激发兴趣 1. 幼儿听音乐走跑交替进场 师：春天来了，我们一起做快乐的小鸟飞到美丽的草地上做游戏吧。	约1分钟 （1次）	
	2. 幼儿听音乐做热身运动 师：我们跳一个春天的舞，活动活动我们的身体吧。 重点准备：手腕、肘部以及肩关节。	约3分钟 （1次）	播放音乐
基本部分	（二）在春天的情境中，扮演"花仙子"练习反手投掷动作 1. 幼儿尝试平甩薄片动作 师：春天来了，花仙子也来到草地上，把鲜花送给了草地。你们想不想做花仙子，送花给大地？ （1）幼儿尝试多种方法投花片。 师：请花仙子们站在泡沫垫上向四周的草地撒花瓣，每人撒四朵花瓣结束。	约3分钟 （1次）	
	（2）教师示范平甩薄片（反手投掷）动作：手持花片屈肘于胸前，手心向上，用力伸臂，向前方投出。 师：你们知道花仙子是怎样拿花瓣和撒花瓣的吗？（"用拇指、食指、中指握住花瓣"） （3）幼儿集体学习动作，掌握屈肘在胸前的动作。	约3分钟 （1次）	幼○○○○○○○ 师☆ 幼○○○○○○○
	2. 幼儿分散站在泡沫垫上，再次练习反手投掷花片的动作，教师指导"屈肘"动作	约3分钟 （1次）	
	3. 幼儿再次练习撒"花瓣" 师：这一次我们把花瓣撒到小动物家里去好吗？ （1）介绍游戏玩法：小朋友经过三条不一样的小路，向小动物家（小兔家、老虎家、大象家）投"花瓣"，每个小动物家都去一次。 （2）幼儿自由选择三条小路去三个小动物家撒花瓣，教师指导屈肘伸臂动作。	约6分钟 （2次）	树 山洞 树 陷阱　　独木桥 起点 树林 树

续表

程序	进　程	时间和次数	场地安排
放松部分	（三）结束活动，放松身心 师：花仙子真能干，把我们的小山坡打扮得真漂亮！小动物们说："谢谢你们！"我们跳个舞给小动物看看好吗？ 幼儿快乐地跳《春天在哪里》的舞蹈，结束活动。	约3分钟 （1次）	播放音乐

【活动延伸】

在下午的体育游戏中，可改变游戏器械练习动作，从而让幼儿体验不同材质的运动效果；在晨间锻炼区域设置投物进筐的游戏，让幼儿体验多种投掷方法，从而喜欢投掷活动。

【专家评析】

"撒花瓣"活动，通过"春天里，花仙子撒花瓣装扮大地"的优美故事情境，巧妙地将"花仙子撒花瓣"情节与幼儿反手投掷学习动作紧密结合，令幼儿乐在其中，发展了幼儿的反手投掷能力以及手腕力量。

此活动特点主要体现在以下两个方面：

（1）游戏情境化：中班初期的幼儿对于游戏中的动作、角色、情节都充满兴趣，在活动中的规则意识开始建立，活动的目的性、独立性、灵活性以及持续性逐渐发展，基本活动能力和身体素质有较快的发展需求。"撒花辫"活动正是利用中班幼儿的学习特点，调动、激发了幼儿活动的兴趣。活动开始，教师自然结合春天季节，进行"花仙子"律动热身运动，将手腕、肘部以及肩关节等部位有重点地做了运动准备；接着，以"给大地装扮鲜花"的游戏情境自然引发幼儿尝试多种投掷动作的自由练习，进而结合幼儿的学习经验，给予平甩薄片（反手投掷）的动作示范，鼓励幼儿进行屈肘胸前反手投掷的经验学习。最后，运用"去小动物家撒花瓣"的情境高潮，进一步激发幼儿练习胸前反手投，同时在快乐中提高幼儿手臂大肌肉运转带来的身体协调性、灵活性能力的增强。

（2）学习主体化：只有让活动情节或角色与体育动作学习之间建立有效的联系，让两者交融，才能更好地促进幼儿的学习主体发展。"撒花瓣"贯穿教学全过程，幼儿在教师的引导与鼓励下，自主尝试探索腿部稍屈与胸前屈肘转体配合投出花片，体验大肌肉屈肘摆臂投掷与身体转动的协作带来的手腕投掷花片远近不一的效果，极大地调动了幼儿的运动热情，促进了幼儿主体的可持续发展。

45. 快乐的小勇士（投准）

【设计意图】

《指南》提出："要充分尊重和保护幼儿的好奇心和学习兴趣""发展幼儿动作的协调性和灵活性"。由于天气转热，蚊子、苍蝇等害虫开始出现，幼儿很不喜欢，边喊着"拍它！打它！砸它"边模仿大人挥起手臂拍打。根据幼儿的这一行为，生成了本活动，让幼儿担任夏天里的"小勇士"，肩负着消灭害虫的光荣任务，运用肩上挥臂投掷的动作将蚊子、苍蝇等害虫消灭光。活动的内容层层递进，从徒手练习—拿纸球练习—尝试不同距离间的投准，鼓励幼儿不断尝试挑战，发展手眼协调能力。因为活动内容来源于幼儿身边关注的现象，幼儿的参与性高。

【活动目标】

（1）进一步学习肩上挥臂投掷，尝试不少于70厘米距离的投准。

（2）在自由探索练习和情境游戏中，逐步感受不同距离目标的投准与投掷力量的关系。

（3）体验投掷活动的乐趣以及完成任务的成功感。

【活动准备】

（1）经验准备：幼儿玩过胸前投掷、头上投掷的游戏，知道把手中的物体投向前方。

（2）物质准备：纸球若干，蚊子、苍蝇、蟑螂、老鼠四害的图片，可爱的勋章每人1枚，录音机，音乐伴奏带，空旷的场地。

【活动过程】

程序	进　程	时间和次数	场地安排
准备部分	（一）热身活动，激发兴趣 师：夏天到了，蚊子、苍蝇这些害虫出来了，今天小朋友们当小勇士把害虫消灭光！现在让我们一起热身，把身体的能量充满！ 1. 热身活动 教师带领幼儿听音乐进行挥臂大步走、绕圈跑、抬腿走等多种方式的走、跑交替练习。	约2分钟 （1次）	
	2. 专项准备 幼儿站成四路纵队，师幼成做操队形整齐站立，做头部、胸部、体转、腹背、手腕脚踝、跳跃运动等，重点活动手臂。	约2分钟 （1次）	师 ○ 幼 ○○○○ 　　○○○○
基本部分	（二）学习肩上挥臂投掷的动作，在游戏中尝试不同距离的投准 1. 自由玩纸球，探索多种玩法 师：我们可以和纸球玩哪些游戏？现在每个人拿一个纸球玩一玩。 教师鼓励幼儿探索不同的玩法，观察幼儿的玩法，关注他们是否出现肩上挥臂投掷的动作。	约2分钟 （1次）	
	2. 展示多种玩法，提炼肩上挥臂投掷的动作，互相学习 师：谁愿意和大家分享你是怎么和纸球玩游戏的？做给大家看一看！ 如果幼儿未出现肩上挥臂投掷的动作，教师展示这个动作，大家一起关注动作的特点。	约2分钟 （1次）	幼 ⌒ 　○ 　师
	3. 教师示范，探讨肩上挥臂投掷的动作要点，幼儿徒手练习 师：大家仔细看，肩上挥臂投掷的时候，手、脚的动作是什么样的？大家一起试试！ 教师示范，总结动作要点：两腿分开站立，与肩同宽，屈肘手握纸球在肩上，向前向上抛出。	约2分钟 （1次）	
	4. 幼儿尝试拿纸球练习肩上挥臂投掷的动作 师：现在请小朋友拿纸球找一处空地，练一练肩上挥臂投掷的动作。 可建议幼儿分组进行，每组找一块空地练习，教师关注个别幼儿，辅导动作。	约2分钟 （3次）	散点

续表

程序	进程	时间和次数	场地安排
基本部分	5. 引入情境游戏"小勇士消灭害虫"，创设四种不同的投掷距离 师：现在我们小勇士的本领练得强了，蚊子、苍蝇、蟑螂、老鼠这些坏家伙出来了，我先来看看害虫分别躲在哪里，我们从哪里投准它们。 介绍游戏的玩法：四面墙上分别贴着蚊子、苍蝇、蟑螂、老鼠的图片，起始线离图片的距离分别为70厘米、90厘米、110厘米、130厘米远，幼儿运用肩上挥臂投掷的动作向这四个害虫投准。	约1分钟 （1次）	场地： 图片 起始线
	6. 幼儿大胆尝试不同距离的投准游戏 师：小勇士站在起始线后瞄准目标投准，看谁投得准，每种害虫都需要你去消灭，看谁打的害虫多！ 鼓励幼儿四种距离的投准都去尝试，注意提醒幼儿遵守规则，辅导个别幼儿的肩上挥臂投掷动作。	约3分钟 （4次）	
	7. 小结游戏中出现的情况，强调动作要点 师：小勇士们打害虫真勇敢，可是刚才有的小勇士忘记看起始线了，要遵守规则哦！还有的小勇士着急打害虫，纸球还没举到肩上就投出去了，要调整好动作，当真正的小勇士！ 幼儿集中讨论游戏中出现的状况，大家相互提醒和调整。	约1分钟 （1次）	幼 ○ 师
	8. 幼儿再次玩情境游戏，体验投准的成功感、愉悦感 师：小勇士们，再次接受任务，这次看谁投得又准又好。 教师巡回指导，如果发现有的距离太近或太远，可根据幼儿的动作发展情况做适当的调整。	约4分钟 （4次）	场地： 图片 起始线
	9. 统计了解幼儿投准害虫的情况，予以鼓励，颁发勇士勋章 师：小勇士们，你们消灭了几种害虫？今天你们的表现积极又勇敢，现在给每个人颁发一枚勇士勋章！ 幼儿在教师面前四散站立，佩戴勇士勋章，感受游戏后的喜悦。	约1分钟 （1次）	幼 ○ ○ ○ ○ 师 ○
放松部分	（三）听音乐放松身心 1. 听音乐跳"小勇士舞"，庆祝任务成功完成，同时增加下肢的跑跳动作，调整上下肢的活动 师：小勇士一起来跳个庆祝任务完成的舞吧！让腿和脚也动起来！	约2分钟 （1次）	散点
	2. 听舒缓的音乐放松身体的各个部位，重点放松上肢 师：现在我们跟着好听的音乐放松身体，放松我们的心情。	约1分钟 （1次）	

【活动延伸】

如果时间允许，可以增加第三次情境游戏，加大游戏难度，让幼儿分组投准，一半孩子扮演害虫在一定范围内活动，另一半孩子尝试投准，然后交换进行，让孩子感受投掷目标的移动。此外，教师还可以组织幼儿进行肩上挥臂投远活动，或者将沙包投过小河等，通过多种形式促进幼儿肩上挥臂投掷动作的发展。

【专家评析】

本次活动，是教师根据本班孩子的实际情况和中班幼儿的年龄特点设计的。肩上投掷时两脚自然站立、与肩同宽的要求，更加符合中班幼儿的发展情况，如果是前后站立、转体投掷的话，对中班幼儿来说难度太大，可以考虑放在延伸活动中尝试。此外，本活动还有以下三个突出特点：

（1）寓教于游戏之中。整个游戏中，幼儿扮演"小勇士"，角色意识浓，干劲大，运用肩上挥臂投掷的动作消灭了害虫。尤其是最后完成任务后，教师为他们颁发了"勇士勋章"，更加激发了幼儿的活动热情。

（2）体现幼儿的主动参与。幼儿在自由玩球的过程中，探索出肩上挥臂投掷的动作。然后大家一起讨论动作要点并迁移同伴的经验进行练习。在游戏过程中，幼儿互相比较谁消灭的害虫多，谁的动作标准，一直处于主动学习的状态中。

（3）活动内容层层递进。徒手练习—拿球练习—尝试不同距离间的投准，活动不断地对幼儿提出挑战，幼儿也不断地尝试和小结投准的动作要点。教学内容的选择，运用了维果茨基的"最近发展区"理论，既符合幼儿的现有水平，又具有一定的挑战性，使幼儿的身心得到更好的发展。

建议

教师可以根据本班孩子的动作发展特点，适当拉大或缩小墙面图片与起始线之间的距离，以使教学更加具有实效性、挑战性。

46. 母鸡萝丝去散步（钻）

【设计意图】

圈是体育活动中常见的一种器械，而且玩法多种多样。对于中班幼儿来说，他们已经积累了比较丰富的玩圈经验。本活动引导幼儿自由探索圈的玩法，从中引出"钻圈"游戏，让幼儿成为游戏的主人。在游戏情境的设置上，活动借助了幼儿熟悉的绘本《母鸡萝丝去散步》。在材料的提供上，每一次游戏都会增加新的材料（拱门、钻筒、垫子等），既增加新鲜感又有一定的调整，符合幼儿的学习特点。在游戏的玩法上，走到最后的幼儿可以抽取一张图片（母鸡或狐狸），给幼儿一定的期待，而未知的结果又会给幼儿带来新的刺激。教师通过这一系列教学策略，培养幼儿参加体育活动的兴趣，进而热爱体育锻炼。

【活动目标】

（1）学习钻过不同高度、不同大小的圈，发展身体的柔韧性、灵活性。

（2）通过"母鸡萝丝去散步"游戏和"杂技场"的情境，探索钻圈的多种方法。

（3）体验钻圈游戏的乐趣。

【活动准备】

（1）经验准备：幼儿看过《母鸡萝丝去散步》的绘本，了解故事的基本内容；有玩圈的经验。

（2）物质准备：空旷的场地；拱门，圈，钻筒，垫子，篓子，绳子；母鸡和狐狸的图片若干；音乐磁带，录音机。

【活动过程】

程序	进　程	时间和次数	场地安排
准备部分	（一）激发兴趣、活跃情绪 师：鸡宝宝们，和妈妈出去散步吧！不过路上要小心，不要被狡猾的狐狸发现了！ 1. 热身活动 主班教师带着幼儿听音乐模仿母鸡走路上场，配班教师扮演狐狸跟在队伍的后面。 动作说明：母鸡先走，然后保持一个动作不动；狐狸上来，做找母鸡的动作（重复母鸡和狐狸的动作）。	约2分钟 （1次）	

续表

程序	进　程	时间和次数	场地安排
准备部分	2. 专项准备 幼儿站成六路纵队，师幼成做操队形，进行头部运动、手腕脚腕运动、肩部环绕、腰部运动、膝关节运动、压腿等，为钻圈活动做好身体准备。	约2分钟 （1次）	●●●●●●幼 ●●●●●● ●●●●●● ◀师 ●●●●●● ●●●●●●
基本部分	（二）层层累加、不断挑战、发展能力、体验快乐 1. 教师出示圈，引导幼儿探索圈的不同玩法 师：今天妈妈给你们每人准备了一个礼物——圈。想一想，可以怎么玩呢？找一个空地方试一试，看看你能想到多少种玩法。 游戏玩法：幼儿在一定范围内，找一个空地方探索圈的不同玩法。在玩的过程中，教师注意观察、反馈幼儿的动作。比如，可以说："×××小朋友会把圈套在脚上行走，真棒！×××小朋友能够把圈从头上套下来……"	约3分钟 （1次）	
	2. 引出"母鸡萝丝去杂技场"的游戏情境，引导幼儿探索不同的钻圈方法 （1）引导幼儿观察"杂技场"的材料摆放，激发幼儿尝试的愿望。 师：宝贝们都长大了，妈妈决定带你们到杂技场去看一看、练一练。等你们练得一身好本领的时候，妈妈就放心让你们自己去散步了！杂技场到了，看看杂技场里有什么。 玩法：幼儿站成六路纵队，面对"杂技场"。场地上拉着六根绳子，每根绳子挂着铃铛，还扣着4个圈，圈距离地面20～30厘米不等。	约1分钟 （1次）	●●●●●●幼 ●●●●●● ●●●●●● ◀师 ●●●●●● ●●●●●●
	（2）幼儿探索钻过挂在绳子上的圈的不同方法。 师：宝贝们，钻圈的时候要当心，尽量不要碰到圈，要不然绳子上的铃铛发出声音，就会被狡猾的狐狸听见哦！ ①幼儿游戏：幼儿六路纵队并为三路纵队，每队从第一名幼儿开始，依次钻过挂在绳子上的圈，然后从旁边走回来排到队伍的后面，循环游戏。	约5分钟 （1次）	○○○○ ●●●●幼 ○○○○ ●●●●幼 ○○○○ ●●●●幼 ▲师

续表

程序	进　程	时间和次数	场地安排
基本部分	②师幼儿集中站成六路纵队，共同讨论：你是怎么钻过去的？谁愿意来展示一下自己钻圈的动作。	约1分钟（1次）	
	（3）在讨论的基础上，幼儿再次游戏。（在路上增加一个拱门） 师：有的小朋友是先将头钻过圈，再钻身体的；有的小朋友是先将脚迈过圈的；有的小朋友是侧着身体钻的……你们都通过尝试找到了办法！这次路上多了一个拱门，要特别小心！你们也可以试一试别人的方法，看看哪种方法更适合、更方便！ 游戏玩法：幼儿六路纵队并为三路纵队，从游戏开始的地方，先钻过拱门，再钻过挂在绳子上的圈，然后从旁边回到自己队伍的后面，循环游戏。	约5分钟（1次）	
	3.引出"母鸡萝丝去散步"的情境，幼儿游戏 （1）教师引导幼儿观察场地，了解游戏的玩法。（请三名幼儿示范） 师：你们长大了，可以自己去散步了，路上要特别小心！当听到"狐狸来了"就不能动，听到"狐狸走了"才能继续游戏哦！谁愿意来试一试？ 游戏玩法：幼儿从游戏开始的地方，钻过拱门、钻过挂在绳子上的圈、爬过垫子、钻过钻筒，到游戏结束的篓子里抽一张图片（狐狸或母鸡的图片）。如果抽到"狐狸"图片就说："狐狸来了！"看看场地上的幼儿是不是都保持不动，然后再说："狐狸走了！"如果抽到母鸡的图片，就放回篓子里，回到队伍的后面继续游戏。	约2分钟（1次）	
	（2）幼儿分组游戏，感受游戏的快乐。 师：鸡宝宝们，你们可以独自出去散步了，路上小心狡猾的狐狸哦！ 游戏玩法：幼儿六路纵队调整为三路纵队，游戏玩法同上。	约8分钟（1次）	场地位置同上

续表

程序	进　程	时间和次数	场地安排
放松部分	（三）稳定情绪，放松身心 师：今天我们玩了一个"母鸡萝丝去散步"的游戏，开心吗？你们想出了很多不同的钻圈方法，真棒！以后再玩这个游戏的时候，大家一起动脑筋想出更多的方法。现在我们一起来放松一下，堆个雪人吧！ 游戏玩法：幼儿散点站在圈里，根据教师自编的"堆雪人"情境进行放松活动。 教师语言：堆雪人、堆雪人，先堆雪人的小脚（手握拳头敲脚）；再堆雪人的小腿、大腿、屁股、膀子、脑袋（手握拳头敲小腿、大腿、屁股、膀子、脑袋）；雪人堆好了（摆一个造型不动）。太阳出来了，照到雪人的脑袋上（动动脑袋），脑袋融化了（头耷拉下来，然后依次融化其他的部位）。最后，雪人融化了（幼儿躺在地上）。	约3分钟 （1次）	

【活动延伸】

在幼儿比较熟练掌握钻圈动作后，教师可以对游戏的线路进行调整，比如在圈的下面摆放平衡木或者大型积木，让幼儿在平衡木上或者踩着大型积木钻圈，让游戏更具有挑战性。

【专家评析】

钻圈的方法有多少种？活动中，教师引导幼儿积累了钻圈游戏的多种经验，帮助幼儿了解到不仅仅可以钻立在地上的圈，还能钻悬挂在空中的圈。

从幼儿的自由探索开始，活动中教师关注的是幼儿原有经验的提取和提升。首先以更加立体的方式再现了幼儿的尝试过程，将幼儿的单一经验丰富成多元的经验；然后在游戏情境的设置中，让幼儿不断变化游戏玩法，比如幼儿有时可以连续玩游戏，有时又需要根据游戏情境保持姿势不动。但是无论怎样的变化和挑战，幼儿都始终沉浸其中。究其原因，教师更加关注从游戏情境出发层层累加游戏难度，使得幼儿在不断地调整自己、勇敢挑战的过程中，发现参与运动的快乐。他们从中积累的不仅仅是运动的技能，更多的是积累面对不同任务时那种勇敢的心态和乐观的情绪。

建议

在材料的提供上还可以更加生活化，如废旧的纸箱、用PVC管子制作的不同形状的圈等，使得游戏更加有趣、生动。

47. 猫与老鼠（正钻）

【设计意图】

　　进入中班，幼儿喜欢游戏性强、有互动性的游戏。猫和老鼠是孩子们熟悉，也是深受他们喜爱的形象。教师通过猫和老鼠的角色冲突，设计了此游戏，激发幼儿参与游戏的兴趣。幼儿通过游戏角色的定位，主动调整自己的动作来完成游戏，从而学会了如何钻跑。教师通过"观察""讨论""游戏"等教学策略，帮助幼儿在不知不觉中掌握了动作要领，培养了他们的思考能力。

【活动目标】

　　（1）学习在一定高度的障碍下钻跑，发展灵活协调的钻的能力。

　　（2）通过玩"老鼠笼"游戏，掌握钻跑的方法，避免与同伴碰撞。

　　（3）愿意遵守游戏规则，乐意参与游戏。

【活动准备】

　　（1）经验准备：幼儿知道儿歌《老鼠笼》（儿歌内容：老鼠老鼠坏东西，偷吃粮食偷吃米。我们搭个老鼠笼，咔嚓一声抓住它）。

　　（2）物质准备：空旷的场地，音乐，粮食，篓子。

【活动过程】

程序	进　程	时间和次数	场地安排
准备部分	（一）激发兴趣，活跃情绪 师：小猫们，我们一起来做个热身操吧！ 1. 热身活动 幼儿与教师以小猫和猫妈妈的角色一路纵队进场，在欢快音乐的伴奏下做热身操：小猫小猫点点头，小猫小猫伸伸臂，小猫小猫弯弯腰，小猫小猫跳一跳，小猫小猫真正棒。	约2分钟 （1次）	○
	2. 专项准备 幼儿站成一个大圆，做热身活动，为钻跑进行重点部位的专项热身，包括头部、扩胸、摆臂、手腕脚踝、脚掌腹背、压腿、跳跃、整理运动等。	约2分钟 （1次）	播放音乐

程序	进程	时间和次数	场地安排
基本部分	（二）引出"老鼠笼"游戏情境，学习钻跑的方法 1. 初步尝试钻跑 （1）大部分幼儿当老鼠笼，小部分幼儿当老鼠，玩"老鼠笼"游戏。 师：小猫们，我们家的粮食和米都被老鼠偷走了，怎么办呀？我们一起搭个老鼠笼来抓老鼠吧。 游戏玩法：师幼站在圈上，手拉手，围成一个笼子念儿歌。圈内有许多的粮食，老鼠在笼子里面和外面穿行，在圈内捡到粮食送至圈外老鼠洞。当教师念到"咔嚓"时，站在圈上的幼儿全部蹲下，圈内被抓住的老鼠替换为新老鼠，圈外的老鼠继续游戏。 （2）师生集中站成半圆，共同讨论：刚刚我们抓住了几只老鼠呀？为什么有的老鼠没被抓住呢？你是怎样钻过笼子的？我们一起试一试。	约4分钟 （2~3次）	○
	2. 在讨论的基础上，幼儿再次游戏（请多名幼儿做老鼠） 师：这次老鼠多了，小猫们要加油抓老鼠哦！ （1）游戏玩法同上。	约4分钟 （2~3次）	○
	（2）集中讨论：老鼠变多了，小老鼠在钻跑时，要注意什么呀？	约1分钟 （1次）	幼 ⌒ ○ 师
放松部分	（三）稳定情绪，放松身心 师：变变变，变成一个大胖子。变变变，变成一个小瘦子。变变变，变成一个小矮子。变变变，变成一个高个子。变变变，变成一个小兔子。变变变，变成一只小花猫。 幼儿四散站在场地中间，教师发指令，幼儿随音乐做相应的动作，调整呼吸，放松腰部。	约2分钟 （1次）	散点

【活动延伸】

在餐后活动时，可以组织幼儿一起来玩一玩这个游戏，也可以替换不同的角色来游戏，增加游戏的趣味性。

【专家评析】

很多体育游戏会运用儿歌来帮助幼儿记忆游戏的规则和玩法，很多时候这样的儿歌本身就是一种游戏的情境。本活动中，教师通过儿歌自然地呈现了"老鼠"和"老鼠笼"两种相对立的游戏角色。在捉与逃的游戏情境中，幼儿自然明白了自己的角色和需要做的事情。当笼子大、老鼠少的时候，幼儿更多地感受到了游戏的玩法以及儿歌和游戏规则之间的关系。当笼子变小、老鼠的人数变多时，作为小猫笼的孩子们更多地感受到了成就感。同时，在探索游戏中，幼儿发现更多的游戏技巧，比如游戏中儿歌的速度变化对逮住老鼠的作用等。

在最后的分组游戏中，老鼠和老鼠笼都有了更多的自主游戏空间，大家可以对儿歌的速度进行自主的调节，也可以对游戏中两种角色的数量进行一定的调整，这对于中班幼儿来说有一定的挑战性。教师能够在一个活动中开放这样的自主空间，这是在对幼儿充分相信的基础上，着眼于培养幼儿发现并协商解决问题的能力。

48. 小小坦克兵（手膝着地障碍爬）

【设计意图】

在日常体育活动中，幼儿对于手膝着地的爬行动作不能很好地完成，动作的灵敏性不够，因此为了解决这一问题，设计了本活动。整个活动以"小坦克兵练习本领"的情节贯穿始终，充分调动幼儿的积极性和兴趣。幼儿对于坦克的爬行练习并不陌生，因此从最初的自己尝试到最后的规范爬行动作，都是以幼儿示范和师生共同总结的方法为主的，以幼儿的经验为主导，让幼儿真正成为活动的主人。并且练习中的每个环节都是循序渐进的，使幼儿在不断的练习中调整动作，得到有效的体能锻炼和技能练习。

【活动目标】

（1）尝试在"坦克"里手膝着地向前方爬行，发展灵敏性和协调能力。

（2）运用多种感官在不同的障碍上进行"坦克"爬。

（3）学做小小坦克兵，能认真练习、克服困难、坚持完成任务。

【活动准备】

（1）经验准备：幼儿观看过坦克兵训练的视频，尤其是坦克前进的场面。

（2）物质准备：自制坦克 14 辆，体操垫 4 块，泡沫垫若干，圈若干，平衡板 4 块，"铁轨"若干，录音机，音乐。

【活动过程】

程序	进　程	时间和次数	场地安排
准备部分	（一）激发兴趣，活跃情绪 1. 幼儿听音乐，精神抖擞地入场站成四路纵队 2. 做解放军模仿操 幼儿做挥旗（上肢）、瞭望（体转）、射击（下蹲）、开炮（腹背）、投手榴弹（跳跃）、踏步放松等动作。	约 3 分钟 （1 次）	○○○○○ 幼 ○○○○○ ○○○○○ △师
基本部分	（二）开坦克，学习手膝着地爬 1. 幼儿尝试练习开"坦克" 师：今天我们来练习开"坦克"，试试看怎样让"坦克"开起来。 2. 请个别幼儿示范，师生共同边观察边讨论开"坦克"的动作 师：刚才坦克兵开得都很好，谁来说说你是怎样开动"坦克"的？ 3. 幼儿根据讨论的方法再次尝试开"坦克" 师：我们再去试试，看谁开得好？ 4. 幼儿分两组轮流开"坦克" 师：刚才我们开得都很棒，现在我们比比看，谁的坦克开得快？ 5. 幼儿练习在"沼泽地"上开"坦克" 师：下面我们来练习在"沼泽地"上开坦克，看谁开得又快又直？ 6. 师生共同布置场地，然后循环练习 1～2 次	约 20 分钟 （5 次）	集中、爬行练习队形如下：
放松部分	（三）稳定情绪，放松身心 1. 师生听音乐做放松动作 师：今天小小坦克兵顺利完成了任务，真了不起，我们来跳支舞庆祝一下吧！ 2. 师幼共同收拾器械，离场	约 3 分钟 （1 次）	

【活动延伸】

在晨间锻炼中可以增设坦克游戏，设置不同障碍让幼儿进行爬行练习。

【专家评析】

本活动是一节主题方案教学活动。教师根据幼儿前期对坦克的认知兴趣以及幼儿手膝爬行的运动经验需求，以大型纸盒制作的"坦克"为活动器械，创设"小坦克兵练习本领"的情境，引导幼儿学习在"坦克"中手膝着地向前爬行，增强幼儿移动身体动作时的空间感知觉能力，提高身体的灵敏性和协调性。

本活动特点主要体现在以下两个方面：

（1）以幼儿的经验为主导，活动充满情趣与挑战。因前期主题学习，幼儿对坦克的认知经验较为丰富，对于坦克爬行练习充满兴趣。整个体育活动以"小坦克兵练习本领"的情节贯穿始终，活动的各个环节也围绕这一情节延伸进行。坦克兵如何让坦克动起来，坦克能怎样开，坦克兵怎么练本领等一系列问题情境，贴近幼儿的经验能力，符合幼儿的认知兴趣，因此从最初自己尝试爬行到最后的爬行综合练习，幼儿始终沉浸在充满情趣的学习中，感受坦克爬行的乐趣。

（2）以幼儿的经验为主导，发挥器械的引导价值。用大型纸盒制作的坦克对幼儿的爬行学习有着重要的引导价值。在"如何发动坦克"的需求下，幼儿主动探索手膝着地向前爬，带动坦克移动的身体体验。而在分享"你的坦克能怎样动"的经验中，幼儿学习了如何"开得好""爬得快""又快又直"等身体移动的爬行动作要领。整个过程循序渐进地展开，而循环游戏中的体操垫、泡沫垫、圈、平衡板、"铁轨"等材料的高低宽窄等无一不引导幼儿调动多种感官，练习掌握移动中的方位，感知空间方位的变化，促进平衡感的发展，同时又体验到游戏的快乐，百玩不厌。

> 建议

在坦克循环游戏中所提供的障碍，可根据幼儿的情况进行难易程度的调整。如果幼儿掌握得不够熟练，可进行四路纵队的直线练习，不要进行拐弯练习。

49. 勇敢的小骑兵（手膝着地侧爬）

【设计意图】

本活动是绳子一物多玩内容的延伸。在平时的户外体育活动中，绳子的运用无处不在，可以是标志线，可以是目标线，可以是区域分割线，也可以是运动器械。因此，帮助幼儿探索出绳子的更多玩法，引导幼儿有目的地锻炼身体，培养幼儿良好的运动规则和习惯，就显得非常重要。本活动利用幼儿对绳子的熟悉度结合情境，发展幼儿手脚着地屈膝侧爬的能力,这是一种手脚协调、交替且有节奏的运动,不仅有利于幼儿身体两侧肌肉的健康发展,还有利于促进幼儿大脑两个半球的发展。

【活动目标】

(1)学习手脚着地屈膝侧爬,发展动作的灵活性和协调性。

(2)感知绳子玩法的多样性,并能利用绳子进行多种练习。

(3)体验与他人合作玩绳的乐趣。

【活动准备】

(1)经验准备:幼儿玩过跳远、走平衡的游戏。

(2)物质准备:绳子人手1根,圆桶障碍物4个,圈5个,数字点卡3张,游戏布置图3张,音乐。

【活动过程】

程序	进　程	时间和次数	场地安排
准备部分	(一)激发兴趣,活跃情绪 1.教师带领幼儿手拿马鞭(即绳子)跑步进场,边跑边绕过障碍物 师:小骑兵们,今天我们的操练开始了!	约2分钟 (1次)	障碍物 △　　△ 　△ △　　△
	2.随音乐做绳操 幼儿在场地上拿好绳子站成四路纵队,随音乐做操,包括头部、上肢、下蹲、扩胸、体侧、体转、腹背、跳跃、手腕、脚腕、放松运动等。	约2分钟 (1次)	☆师 幼○○○○ 　○○○○ 　○○○○ 　○○○○
基本部分	(二)在游戏中探索绳子的多种玩法,初步掌握侧爬的基本方法 1.引出"小骑兵送信"的游戏情节 师:小骑兵们,今天我接到了一个重要的任务,要送信到前方。不过,敌人给我们设置了很多障碍,有独木桥、铁索桥、小河。你们能不能用手中的绳子把这些障碍设计出来呢?如果我们能提前练习,等会儿送信时就不怕遇到这些困难了。 引导幼儿迁移跳远、走平衡桥的经验用绳子摆出合适的样子后自由练习。	约4分钟 (1次)	△师 |　|　|
	2.幼儿自由四散练习 师:小河(独木桥、铁索桥)是什么样子的?怎么摆?请两个小朋友来试一试。	约2分钟 (1次)	

续表

程序	进程	时间和次数	场地安排
基本部分	3. 学习基本动作——侧爬 教师示范摆放方法，幼儿探索玩法。 教师重点示范：双手、双脚放在绳子的两边（手脚不能碰到绳子），膝盖弯曲，先移动双手，再移动双脚，平行前进。	约3分钟 （1次）	△师 ｜｜｜｜ 幼
	4. 幼儿合作用绳子摆放"铁索桥"，注意控制绳子间的距离，并练习侧爬 师：小骑兵们，请你们和同伴合作把绳子摆放成"铁索桥"的样子，注意控制好索桥之间的距离后再进行练习。	约4分钟 （2次）	场地同上，将两队距离拉大一些
	5. 玩游戏"勇敢的小骑兵" 师：现在老师将信的内容全部刻在你们的手上，等一会儿你们要先经过独木桥，再穿过铁索桥，最后跨过小河，将信的内容刻在邮箱上。 （1）幼儿分成三队依次把绳子摆成"小河""独木桥"和"铁索桥"的样子。 师：哪位小骑兵愿意先来试一试这条送信的道路？ （2）请一名幼儿示范，明确游戏的路线和玩法。 （3）幼儿分组进行游戏。	约4分钟 （1次）	｜｜｜｜ 小河 ▊ ▊ ▊ 独木桥 ○ ○ ○ 幼 ○ ○ ○ ○ ○ ○
	6. 在铁索桥后增加看点数拍手、看点数原地跳、看点数往身上套圈的游戏，增强趣味性并放松身体 师：刚才的信没有送到，因为每个邮箱后面都有一个密码，你必须按照密码的要求做完后再将信刻在邮箱上。 幼儿再次游戏。	约4分钟 （2～3次）	场地同上
放松部分	（三）稳定情绪，放松身心 1. 跳舞放松身体 师：今天小骑兵们都表现得非常勇敢，让我们跳个舞庆祝一下吧。 （重点脚步放松） 2. 师生共同收拾，小骑兵挥动马鞭离开回军营	约2分钟 （1次）	

【活动延伸】

在日常体育活动中，可以引导幼儿迁移跳圈的经验用绳子摆放出不同的形状，发展跳的能力；还可以引导幼儿学习单手甩绳和有节奏的单手甩绳双脚跳的基本动作，为大班学习跳绳做好准备；也可以把这样的方法教给家长，请家长在家带领幼儿练习。

【专家评析】

本活动中教师利用小骑兵这个角色贯穿始终，让活动显得连贯有序，并且教师的要求层层递进，为幼儿的动作发展提供了有利的帮助。整节活动，以下特点突出：

（1）选择合适的材料一物多玩，体现游戏的多样性。活动中教师选择了可变性很强的绳子开展活动，由最初的"小马鞭"到"小河""独木桥"和"铁索桥"。绳子的不同变化在情境游戏中过渡得较自然，能让幼儿主动地根据游戏线索进行活动。绳子也是幼儿园体育活动中经常使用的游戏材料，熟悉的材料帮助幼儿积累了知识经验，让幼儿轻松地解决了活动的部分问题（如小河和独木桥的摆放方法），自我认同感随之增强。

（2）尊重幼儿，活动中体现幼儿的自主学习。活动中，师幼互动、幼幼互动的机会较多。教师能从幼儿的自身动作表现出发帮助幼儿学习正确的基本动作，而幼儿则自由寻找同伴进行探索和练习，学会了与同伴合作游戏的方法。

50. 蜘蛛织网（手足爬）

【设计意图】

爬行是幼儿的基本活动之一，经常爬行能增强幼儿四肢和躯干肌肉的力量，提高机体的协调性和灵活性。中班幼儿虽然手脚的运动技能已经逐渐完善，但是他们在手脚协调运动能力和上下肢的耐力方面还比较弱。对于蜘蛛这种动物，幼儿了解最多的就是它的外形特征和本领。本活动就是利用幼儿对蜘蛛最基本的了解结合手足爬基本动作的特点设计而成的，活动中教师提供了不同宽度的垫子，在满足不同层次幼儿需要的同时增加了趣味性和挑战性，发展了幼儿自主学习的能力。

【活动目标】

（1）学习手足爬的动作，锻炼手部、腿部力量。

（2）在不同宽度、高度的平地和垫子上爬行时，感知手足着地协调向前爬的方法。

（3）游戏时能坚持到底完成织网任务，体验成功的快乐。

【活动准备】

（1）经验准备：幼儿玩过手膝爬的游戏。

（2）物质准备：大体操垫4块，小体操垫8块，由手套、绳子做成的小圈3个，由绳子做成的大圈1个，音乐。

【活动过程】

程序	进　程	时间和次数	场地安排
准备部分	（一）激发兴趣，活跃情绪 1.教师带领幼儿一路纵队绕操场跑2～3圈后，走进大圆，在教师的口令下模仿高人走、矮人走 师：天气真好，我们一起出发锻炼身体吧！	1～2分钟 （1次）	△师 〇
	2.随音乐做热身操 幼儿在场地上拿好绳子站成四路纵队，随音乐做操，包括头部、肩膀、上肢、下蹲、扩胸、体侧、体转、腹背、跳跃、手腕、脚腕放松运动等。	约2分钟 （1次）	
基本部分	（二）模仿小动物，初步掌握手足爬的基本方法 1.幼儿自由尝试爬 师：小朋友们，你们知道哪些小动物会爬吗？请你们去学一学它们爬的方法。 幼儿在场地上自由练习各种爬的方法。	约2分钟 （1次）	△师 幼 ▯ ▯
	2.提取手足爬的动作，幼儿自由练习 师：你学的是什么小动物？它是怎么爬的？ （1）请个别幼儿展示手足爬的方法。 师：小蜘蛛是用身体的哪些部位来爬的？跟刚才的爬法有什么不一样？你们去学一学它的方法来爬一爬。 （2）幼儿在场地中自由练习手足爬。	约3分钟 （1次）	同上
	3.学习手足爬的基本动作 （1）教师示范手足爬的动作，强调动作要领：手和脚着地，膝盖微微弯曲向前爬。 （2）幼儿学习教师的动作。	约3分钟 （1次）	同上

续表

程序	进 程	时间和次数	场地安排
基本部分	4. 手足爬有距离的路线，进行动作练习 师：小蜘蛛们，现在你们要爬一段有距离的路线。这条路线会比较长，爬的时候动作要标准，我会选出帮我完成任务的小蜘蛛。 幼儿坚持手足爬过不同距离的路线。	约3分钟 （1次）	
	5. 调整休息，幼儿领取颜色任务爬不同宽度，进行难度练习 师：小蜘蛛们，现在你们领到了任务卡，一定要爬过不同宽度的路线才能将任务卡送出哦。 幼儿手足爬过不同宽度的路线。	约3分钟 （2次）	
	6. 玩游戏"小蜘蛛织网" （1）教师介绍游戏玩法。 师：请小蜘蛛分成三组爬过路线，每一只小蜘蛛爬过去后抓住绳子的标记处，下一只小蜘蛛再出发。同样爬过去后也抓住绳子的标记处，等全组小蜘蛛都爬过去后，我们的大网就织成了，比一比哪组小蜘蛛能最快织好网。 （2）请一名幼儿进行示范，明确游戏的路线和玩法。 师：哪个小蜘蛛愿意先来试一试这条织网的道路？ （3）幼儿分组游戏。	约5分钟 （1次）	小网 ↑ 幼
	7. 玩游戏"小蜘蛛织大网" 师：这一次请我们所有的小蜘蛛一起来织一张大网。 三组幼儿再次游戏，爬到终点后抓住大网的标记处。	约4分钟 （1次）	幼 大网
放松部分	（三）稳定情绪，放松身心 师：小蜘蛛今天真能干，不仅织出了小网，还织出了一张超大的网，让我们在这张网里跳舞吧。 教师带领幼儿进行身体放松活动，摇摇头、摆摆手臂、摆摆双腿，互相结伴按摩对方的手臂和腿。	约2分钟 （1次）	○

【活动延伸】

在材料的投放上，可以根据幼儿的经验进行，比如提供不同类型的垫子帮助幼儿继续巩固手足爬的技能，还可以提供幼儿熟悉的泡沫垫让幼儿自由组合爬行的距离和路线。

【专家评析】

本活动中，教师根据幼儿好模仿、好想象、好玩耍的特点，将幼儿熟悉的小蜘蛛形象与使用各种运动器械、生活用品的大肌肉运动相结合，使幼儿的体育运动变得形象生动、活泼有趣，激发了幼儿参与技能学习和运动锻炼的兴趣，达到玩中学、学中练、练中锻炼的目标。

针对手足爬这个动作，教师设计了两个层次：一是爬行的距离。针对不同能力的幼儿，教师提供了不同距离的爬行路线，在保证幼儿完成一定活动量的同时，鼓励幼儿坚持挑战完成更远距离的爬行任务，发展幼儿的耐力；二是爬行的宽度。宽度的限制是为了帮助幼儿更加协调地完成手足爬的动作，发展了幼儿动作的协调性和灵敏性。

51. 小螃蟹学本领（侧爬）

【设计意图】

随着生活条件的提高，大多数幼儿都是坐私家车或电动车来上幼儿园的，平时走路和走楼梯的机会相对较少，幼儿上肢和下肢力量锻炼的机会也因此减少。悬空爬的动作可以有效地锻炼幼儿上下肢的肌肉力量，通过变化爬行方向锻炼幼儿身体的协调能力，在一次次的动作练习中促进幼儿心肺功能和肌肉耐力的不断提高，让幼儿较轻松地进行走、跑、跳、上下楼等各种身体活动。本活动利用螃蟹的形象，直观形象地让幼儿学习侧行爬的动作，既增加了活动的趣味性，又提高了幼儿参与体育活动的主动性。

【活动目标】

（1）学习手脚着地向指定方向侧爬的动作，锻炼手臂和腿部支撑力量，发展身体动作的灵敏性和协调性。

（2）通过模仿螃蟹爬行的动作，逐步掌握手脚着地膝盖悬空，侧位移动的动作要领。

（3）培养坚持不懈的精神和遵守规则的意识。

【活动准备】

（1）经验准备：幼儿已掌握猴子爬的动作要领，能用猴子爬的动作爬过木梯；会玩侧行游戏。

（2）物质准备：海绵地垫6块，纸球若干。

【活动过程】

程序	进　程	时间和次数	场地安排
准备部分	（一）激发兴趣，活跃情绪 1.玩侧跑游戏 师：请小朋友看老师的手势，我的手指向哪个方向，你们就往哪个方向侧着跑。手指在中间呢，就停下来。	约1分钟 （1次）	幼儿面向教师找个空地方散点站好
	2.爬行大比拼 师：我们来举行一个爬行大比拼，先学猴子爬过山洞，然后学小乌龟爬过绿草地（用布连接的两三个拱形门）。之后，再一次爬过山洞和绿草地。如果累了，就站起来休息一下再完成，希望你们能坚持爬完一圈再休息。一共爬三圈。	约2分钟 （1次）	山洞的长度为6米，草地是3张海绵垫子 山洞 草地
	3.幼儿活动身体的肩部、手部、腿部、腰部和脚部	约1分钟 （1次）	☆师 1 2 3 4 幼○○○○ ○○○○ ○○○○

续表

程序	进程	时间和次数	场地安排
基本部分	（二）在游戏中自主练习动作，掌握动作要领 1. 回忆螃蟹的爬行动作，幼儿进行模仿练习 师：今天我们玩一个游戏，请小朋友都来做小螃蟹。谁知道小螃蟹是怎么走路的，来学一学？ （1）请个别幼儿来做示范，教师讲解动作要领：双手着地屁股抬起来，膝盖有点弯曲，侧方向爬行。请小螃蟹们做好准备，手放在地上向着大树方向（或是其他参照物）出发。	约2分钟 （1次）	幼儿原地向左向右转，面向老师（中间站好），教师在中间讲解 ☆师 幼 ○○○○ ○○○○ ○○○○ ○○○○
	（2）幼儿把手放在地上侧爬向大树，距离为4米左右。		⇧ ⇧ ⇧ 大树 ⇧ ———— 起始线
	2. 教师示范并提炼动作要领 师：刚才哪只小螃蟹爬得最快？请你来做给我们大家看一看！ 教师示范动作：小螃蟹们看好妈妈的动作，双手着地屁股抬起来，膝盖有点弯曲，侧方向爬行，手脚动作要连贯，这样才能爬得快哦！	约1分钟 （1次）	幼儿面对面站在直线上，教师站在中间 ☆师 幼
	3. 增加直线进行练习，帮助幼儿掌握平行侧爬的动作 师：这次小螃蟹学爬的时候，要求把手放在直线上向前爬，注意手不能离开直线哦！ 幼儿一排一排排队练习，直线距离增加到5米左右。	约2分钟 （1次）	幼儿站四路纵队 幼 ⇩ 起始线
	4. 根据幼儿动作的情况进行小结，幼儿再次练习 师：小螃蟹累吗？爬的过程中有问题吗？现在我们再来试一试吧！	约3分钟 （1次）	场地同上

续表

程序	进 程	时间和次数	场地安排
基本部分	5. 游戏：小螃蟹吐泡泡 （1）交代游戏规则。 师：我们现在来玩一个游戏叫小螃蟹吐泡泡（纸球）。我们前方有四条小路到达彩色的泡泡区，拿起一个泡泡把它运到箱子里，再回来选择另一条小路。 （2）教师个别指导幼儿的动作。	约4分钟 （2～3次）	幼儿站四路纵队 （左起：拱门、平衡木、圆筒、曲折平衡木）
放松部分	（三）稳定情绪，放松身心 师：小螃蟹们今天本领学得都很好，现在做做按摩放松一下吧！ 幼儿随音乐做身体放松活动。	约2分钟 （1次）	四路纵队

【活动延伸】

准备活动可以作为单独的活动开展，待幼儿学猴子爬的动作做好了，再增加螃蟹爬动作；也可以开展爬行组合动作练习，锻炼幼儿手臂支撑力量和身体的协调性。

【专家评析】

本活动以小螃蟹的游戏角色贯穿其中，幼儿参与的积极性较高，通过模仿生活中螃蟹爬的动作，他们直观形象地理解了侧行爬的动作要领。侧行爬的基本动作练习，有效地增强了幼儿四肢肌肉的力量，促进了幼儿动作的灵敏性和协调能力的发展。

活动中，教师采用了直接指导和隐性指导相结合的方式，促进了幼儿的主动学习。比如，准备活动中，教师引导幼儿进行丰富多样的练习，为后面的活动打下基础。其中，侧步练习是为侧爬准备的，直接练习猴子爬和乌龟爬的动作是为了锻炼幼儿各种爬行的动作，这些是直接的指导；而活动中利用直线帮助幼儿做好侧方位的准备和限定爬行的距离，则是隐性的指导。

建议

活动中爬行的距离刚开始在 4 米左右比较合适，然后逐渐增加到 5 米。此外，这个动作对于身形偏胖的孩子比较困难，要适当地让他们减少爬行的距离。

52. 花样抛接球（双人抛接球）

【设计意图】

幼儿从小班开始就练习拍球，到了中班，已经对球不是很感兴趣了。为了提升幼儿对球的兴趣，我们设计了两两合作抛接球的游戏活动。整个活动以"玩球"为主线，分环节有层次地引导幼儿练习抛接球；在环节的设置上，提供不一样的辅助材料，结合《指南》的目标，让幼儿在不断的练习和反复的尝试中抛过一定的远度和力度，从而达到抛接球的目的。

【活动目标】

（1）尝试与同伴合作抛接球，发展手眼协调和合作能力。

（2）在双人近距离抛接球、抛过一定距离落地接球、过障碍抛接球等情境中，探索抛接球的不同方法。

（3）在双人抛接球的游戏中体验合作成功的快乐。

【活动准备】

（1）经验准备：幼儿会拍球，曾两两合作抛接过球。

（2）物质准备：篮球人手 1 个，圈、椅子是幼儿人数的一半，热身音乐，背景音乐。

【活动过程】

程序	进　程	时间和次数	场地安排
准备部分	（一）激发兴趣，活跃情绪 1. 热身活动 师：今天我们一起和小球做游戏，让我们抱着小球，一起快乐地舞蹈吧。 2. 专项准备 幼儿散点站好，手抱篮球，在教师的带领下，跟随音乐有节奏地做篮球操，做好专项活动的准备，包括上肢、下肢、拍球、全身运动。	约3分钟 （1次）	播放音乐
基本部分	（二）探索尝试，发展能力，体验乐趣 1. 两人一个球，自由探索不同的玩法 （1）幼儿两人一球，探索玩法。 师：今天我们就和球一起做游戏，请第一、二组小朋友到第三、四组找一个朋友，两个人玩一个球。 幼儿自由找朋友，两人一组，在空地上自由探索。 （2）请个别幼儿示范。 师：请你说一说是怎么玩的。 幼儿示范各种玩法，如面对面滚球、向上抛球、夹着球走、放在手上运球等。 师：在两人合作相互抛接球中，怎样才能保证球不会掉下来？ 小结：注意抛球的方向，在抛球时要努力对准对方的双手，而对面的人也要伸出手保持接球的姿势，并且主动接住球。	约2分钟 （1次）	散点
	2. 合作抛接球（互抛互接） 师：我们一起用刚才的方法相互抛接球，尽量不让球掉下来。 动作要领：五指张开，双手抱球，轻轻抛向目标。	约3分钟 （1次）	散点
	3. 双手击地接球 （1）击地接球。 师：刚刚我发现有些小朋友在抛接球的时候有新的尝试。请你们告诉大家，你们是怎么玩的呀？ 动作要领：双手抛球击地，在弹起的时候接住。 师：我们一起去试试击地接球，注意在球弹起的时候接住。 （2）抛球过垫子（探索力度）。 教师为幼儿准备垫子，两人一球，探索把球抛过垫子的力度。 师：怎样才能把球抛过垫子，让对面的朋友接到球呢？	约3分钟 （1次）	幼儿站在垫子两边

续表

程序	进　程	时间和次数	场地安排
基本部分	4.教师提供小圈，两人一球，探索玩法 （1）介绍游戏玩法。 在场地另一侧，教师散点摆上小圈布置好场地。 师：看看，老师给大家准备了什么？（小圈）请小朋友尝试把球抛入小圈内。 （2）两人一球自由探索把球抛入小圈。	约3分钟 （1次）	幼儿站在圈两边 ○○○○
放松部分	（三）多人一球，玩花样传球，放松身心 师：今天，我们带小球玩了这么多有趣的游戏。现在，让我们这么多人一起玩一个球。小球从头顶过去喽（头顶传球）；伸出胳膊，小球要从你们的手臂上滚过来喽（按摩胳膊）；低头看一看，小球从胯下传过来了（胯下传球）。坐下来，伸出小腿，小球又来喽（按摩小腿）。	约3分钟 （1次）	

【活动延伸】

　　将不同层次的抛接球游戏所需的场地布置在班级运动区中，在区域活动中让幼儿进一步尝试。

【专家评析】

　　选择幼儿最常玩的篮球作为"一物多玩"自主游戏的材料，对教师自身就是一次教学的挑战。此活动较好地把握了"一物多玩"教学的关键要点，活动过程顺应了幼儿核心经验的发展，教育策略促进了幼儿核心经验的提升。

　　（1）小小球真有趣，小小球大智慧。整个活动过程，充满想象，丰富有趣。游戏形式涵盖了个人玩篮球、两人合作玩篮球、多人集体玩篮球；玩法上囊括了拍、举、抛、接、滚、传等多种篮球技法；在教师适时的引导下，幼儿尝试并充分认识到自己身体的大部分部位都可以轻松地玩转篮球。

　　（2）变一变更有趣，跳一跳能够着。在整个探索合作"玩"球的过程中，环节的预设既顺应幼儿的学习方式和特点，又关注幼儿的学习品质的培养。从自主结伴自由探索两人玩的方法—互动交流自主演练正确抛接球方法—模仿同伴自主演练击地抛接球方法—利用垫子在一定的距离间尝试击地抛接球—合作探索定点抛球方法，幼儿自主探究，内容充满趣味和变化，由易到难，循序渐进，充分展现了以"幼儿为本"的教学理念。

（3）试一试花样玩，学一学我也行。基本教学过程的各教学小环节，都是由幼儿间的自主合作、自由探索与交流观摩、模仿演练交互进行的。教师在幼儿自主结伴与"球"的互动中，仔细观摩每对幼儿，选择有价值的契机，让个别幼儿集中展示，共同提炼动作要领后再自由结伴合作练习，这样不仅让每个幼儿都能在创造中获得积极愉快的情绪体验，更让幼儿在求胜的心理下无痕地规范提升正确抛接球的动作技能。

53. 自抛自接球（自抛自接球）

【设计意图】

进入中班后，幼儿开始学习使用剪刀、筷子等生活技能。由于中班幼儿手眼协调能力、手部动作的协调能力较弱，所以在使用剪刀和筷子的操作活动中还是有一定困难的。本活动通过自抛自接球的动作练习，帮助幼儿提高神经肌肉的快速与准确反应能力，发展神经控制和调节能力，使其在日常生活中能很好地使用剪刀、筷子，进行绘画等。幼儿要想掌握此动作，首先考虑的是抛球和接球的动作，其次是抛球的高度和接球的时机。

【活动目标】

（1）学习自抛自接球，锻炼手眼的协调能力和动作的灵敏性。

（2）通过分解练习和游戏情境，尝试抛接不同材料的球。

（3）大胆运用不同材料的球，体验抛接球成功带来的快乐。

【活动准备】

（1）经验准备：幼儿会拍球，玩过与球类有关的游戏。

（2）物质准备：篮球6个，小皮球20个，纸球10个，按摩球10个，毛毛虫山洞1个，木桩4个，跨栏3个，圆筒障碍物4个，圈20个，音乐。

【活动过程】

程序	进程	时间和次数	场地安排
准备部分	（一）激发兴趣，活跃情绪 1. 教师带领幼儿跑步进场，边跑边跨跳过障碍物（放在小圈里的皮球） 师：小海豚，我们一起去训练场上练习本领吧！	1～2分钟 （1次）	障碍物 △　　△ 　△ △　　△
	2. 随音乐做操 幼儿在场地上迅速拿一个球站成四路纵队，随音乐做操，包括头部、上肢、下蹲、扩胸、体侧、体转、腹背、跳跃、放松运动。	约2分钟 （1次）	☆师 幼 ○○○○ 　○○○○ 　○○○○ 　○○○○
	3. 原地拍球	约1分钟 （1次）	场地安排同上
基本部分	（二）在游戏中自主练习动作，掌握动作要领 1. 引出小海豚抛球的游戏情节 师：小海豚最棒的本领是什么？今天我们小海豚也要学习这个本领，请小海豚们看看妈妈是怎么做的。 幼儿学习基本动作——自抛自接球，教师示范动作并讲解动作要领：双手捧着球，用力向上抛，眼睛看着球，球落下时双手靠近一点，做好准备快速接住球。	约2分钟 （1次）	场地安排同上
	2. 幼儿自由四散练习 师：小海豚们找个空地方去学一学吧！	约2分钟 （1次）	散点
	3. 集中讨论 师：刚才小海豚们接到球了吗？你是怎样做到的？请你来试一试！ 小结并提升动作要领：眼睛看着球，球落下时及时接住球；注意抛球的力度，要向上抛球，不要向前或向后抛球；抛球高度抛到头顶处最合适。	约2分钟 （1次）	☆师 幼 ▯　▯
	4. 幼儿再次自由练习 要求每个小朋友能连续抛接球5个。 师：小海豚站开一些，连续抛接5个球，比一比哪个小海豚接得稳。	约2分钟 （2次）	场地安排同上，将两队距离拉大一些

续表

程序	进程	时间和次数	场地安排
基本部分	5. 玩游戏"小海豚历险记" 师：小海豚们，我们要到大海里冒险了。前方有三条路，一条是圆筒路，一条是跨栏路，一条是山洞路，哪只小海豚愿意先来试一试？ 游戏玩法：小海豚自由选择三条小路，游泳到球前，自抛自接球2个，前面一个小海豚完成抛接球的动作后，后面的小海豚再出发，到达目的地，选择一种球玩抛接球游戏。（每个圈里放一个球，球有小皮球、5号篮球和7号篮球）	约2分钟 （1次）	终点线 球 ○○○ ○○○ 圆　跨　山 筒　栏　洞 起始线
	6. 抛接按摩球和纸球，游戏要求同上 师：小海豚在抛接球时，注意球要抛过头顶，稳稳接住球，完成任务后到达终点处，还有许多各式各样的小球，小海豚可以试一试能不能顺利地抛出和接住不同大小、材料的球。 在终点处增加按摩球和纸球，游戏要求同上，鼓励幼儿大胆尝试不同材料的球进行游戏，教师个别指导。	约4分钟 （2～3次）	场地同上
放松部分	（三）稳定情绪，放松身心 师：小海豚们，你们今天都学到了新本领，现在让我们一起来放松一下。 带领幼儿选择按摩球随音乐做放松的动作。	约2分钟 （1次）	

【活动延伸】

活动中的游戏环节可以作为独立的体育游戏开展，在幼儿动作熟练后指导他们把球抛高一些再接住，以增加难度。

【专家评析】

球是幼儿日常生活中的常见物品。本活动以球为主要器械，通过小海豚的游戏情境增强幼儿玩球的趣味性。教师充分发挥球的作用，将丰富多样的玩球游戏贯穿活动始终，锻炼了幼儿的身体，拓展了幼儿玩球的思维。幼儿在抛接球的练习中，促进了两手臂肌肉力量的协调发展，提高了身体动作的准确性和灵敏性。

（1）准确把握自抛自接球的难点。对于重难点的把握，教师需要在了解幼儿已有经验的基础上找出活动的核心经验。中班幼儿随着动作能力的逐步发展和经常练习，抛球的技能有了较明显的提高，基本上能较准确地把球抛到预期的方位。但接球对幼儿来说是一个难点，于是教师将接球的方法进行了重点提升，和幼儿一起分析他们接不住球的原因，找出正确的方法。

（2）球的种类丰富，满足不同幼儿的需要。教师在游戏环节增加了不同种类的球，鼓励幼儿大胆尝试用不同材料的球进行游戏。球越小，幼儿接住球的难度越大。这些不同大小、不同重量的球为幼儿带来了新的挑战，让幼儿在自抛自接球的已有经验上，实现小步递进式的提高，满足了不同幼儿的发展需要。

建议

首先在材料的投放上，可以根据幼儿的经验进行。如果幼儿玩球的次数不多、经验不足，在游戏环节中可以先投放同种材料的球，再投放两种材料的球。其次，活动中集体练习环节，如果幼儿的基本动作掌握不熟练，就多些练习时间。最后，在游戏环节，教师应注意幼儿抛接球的动作，不强调竞赛形式，重点关注幼儿动作的掌握情况。

54. 踩高跷（踩高跷）

【设计意图】

中班幼儿走、跑、跳都有了一定的基础，但在平衡能力上仍需要加强。踩高跷是一个传统的民间游戏，也是幼儿很喜欢的游戏。它具有一定的挑战性，能满足中班幼儿的求胜心理和挑战欲。迎合中班幼儿喜欢玩竞赛类游戏的特点，本活动以"观察、探索、尝试、竞赛"为主要方法，鼓励幼儿积极参与游戏，并通过一次次的分享、练习，帮助幼儿勇于挑战困难、体验快乐。

【活动目标】

（1）学习踩高度为5厘米左右的高跷往前走，保持身体平衡，发展动作的协调性和灵活性。

（2）在教师示范、集体讨论和多次练习中，探索走高跷的基本方法。

（3）遇到困难和挫折时，愿意坚持练习，乐于参与挑战游戏。

【活动准备】

（1）经验准备：幼儿看过踩高跷表演，或玩过踩绳子游戏。

（2）物质准备：空旷的场地，录音机，音乐，起始线，终点线，绳子，木制高跷。

【活动过程】

程序	进　程	时间和次数	场地安排
准备部分	（一）激发兴趣，活跃情绪 师：运动员们，我们一起来运动一下吧！ 1. 热身活动 师幼以运动员角色一路纵队进场，在欢快音乐的伴奏下进行正向绕圈跑、反向跑、抬腿走等多种方式的走、跑练习。	约2分钟 （1次）	□
	2. 专项准备 幼儿站成四路纵队，师幼成做操队形，为平衡游戏进行重点部位的专项热身，包括头部、扩胸、摆臂、手腕脚踝、脚掌腹背、压腿、跳跃、整理运动等。	约2分钟 （1次）	播放音乐
基本部分	（二）自主学练，发展能力，体验乐趣 1. 引出"踩高跷"的游戏情境 师：运动员们，看看我们今天要来做什么运动呀？这个高跷要怎样走呢？（教师边说边示范） 游戏玩法：幼儿站在起始线，穿好高跷，自由四散地练习走。	约2分钟 （1次）	
	2. 引出"踩高跷去花园"的游戏情境，学习踩高跷走的方法 （1）初步尝试踩高跷走一定距离。 ①踩高跷去花园。 师：运动员们，我们踩着高跷去花园看一看，有好看的小昆虫哦！这次我们要走的距离有点远哦，走的时候要慢慢地，看看谁走得稳，不摔倒哦。 游戏玩法：幼儿踩着高跷从起始线出发，走到花园，找到昆虫后，完成任务。 ②师生集中站成半圆，共同讨论：刚刚谁走得最稳？谁没有摔倒？你使用了什么方法？ ③1～2名幼儿示范后，教师总结：把绳子拉紧，手脚同步向前走。 ④幼儿再次自由尝试。	约5分钟 （1～2次）	幼（起始线） 师 ○ 花园（终点线）

续表

程序	进　程	时间和次数	场地安排
基本部分	（2）幼儿再次游戏，踩高跷过栅栏。 师：运动员记住踩高跷的秘诀了吗？如果在路上遇见了栅栏，怎么办呢？要记得跨过去哦！ ①幼儿游戏：幼儿踩好高跷，从起始点出发，看见栅栏跨过去，最终到达终点，完成任务。	约4分钟 （1～2次）	起始线 栅栏（绳子） 花园（终点线）
基本部分	②集中讨论：刚刚你们遇见栅栏跨过去了吗？你们是怎么跨过去的？	约2分钟	幼 〇 师
基本部分	3.竞争游戏，观察同伴，调整身心 师：运动员们，刚刚我们玩了好玩的踩高跷游戏，现在我们要来比一比，看谁走得又稳又快，最先到达对面哦！ 游戏玩法：幼儿踩好高跷，从起始线出发，最先到达终点的为胜者。	约4分钟 （1～2次）	起始线 师〇 终点线
放松部分	（三）稳定情绪，放松身心 师：运动员们，玩累了吧，我们一起跟着音乐来做一做放松操吧。 幼儿散点找空站，随音乐放松，调整呼吸、拉伸韧带、调节情绪，重点进行手部和脚部的放松。	约3分钟 （1次）	

【活动延伸】

　　晨间锻炼时间，教师可以根据幼儿发展水平的个体差异，提供多种不同高度的高跷，供幼儿自由选择进行游戏。另外，教师可以自制一些绳圈，提供给平衡感较弱的幼儿练习。待幼儿熟练后，再换高一点的高跷。

【专家评析】

　　踩高跷的游戏对幼儿的最大挑战是平衡。如何让绳子、高跷和幼儿的手脚达成平衡，对幼儿来说是一个挑战。所以在本活动的开始部分，教师让幼儿四散自由练习。在这个过程中，幼儿需要平衡好身体与高跷之间的关系——手脚如何控制高跷？这需要幼儿在不断的练习中努力协调。在之后的去花园游戏中，幼儿在踩高跷的同时需要关注自己行进的方向，这就有了手眼协调的要求。再之后的活动，提出了跨越一定高度障碍物的要求，幼儿不仅要行走，更需要跨越障碍物。在每一个环节中，教师都关注了幼儿的原有技能难度，在这个基础上累加。同时所有的累加都在一个情境中进行，这是一个前后有逻辑顺序的情境，这样的情境线索有利于中班幼儿不断地满足自己的发展需求，不断地积极投入到活动中。最后的踩高跷比赛游戏，让活动进入另一个高潮，进一步激发了幼儿的投入度和参与性。

建议

在幼儿熟悉高跷技能后，可以适当增加障碍物供幼儿游戏，比如在平衡木上走，绕障碍走，跨不同的障碍物等，增加游戏的挑战性。

55. 头顶垫子玩游戏（顶物走）

【设计意图】

平衡是儿童七大基本动作发展的重要组成部分。《指南》明确指出："儿童要具有一定的平衡能力，动作协调、灵敏。"因此，教师应该利用多种活动发展儿童身体的平衡和协调能力。挖掘儿童身边的一切常用物品作为他们进行体育锻炼的器械，创造性地设计儿童喜欢的游戏，帮助他们获得有效的锻炼价值是我们在体育活动研究中一直努力的方向。本次活动利用地垫的特性，让幼儿尝试头顶地垫走平衡。活动中，教师采用自由探索、发现问题、同伴互助等策略鼓励幼儿自主学习达到学习目标。同时设计了四种不同难度的障碍满足了不同能力层次幼儿的学习需要，使幼儿获得最大的满足感和成功感。自选游戏中，用简笔画画出了四种游戏的方法，鼓励幼儿自己观察学习从而代替了教师的语言介绍，起到了图标教学的良好效果。

【活动目标】

（1）积极探索头顶垫子走平衡的方法，发展动作的平衡性和协调性。

（2）在自由探索、同伴动作模仿、游戏情境中，逐步掌握头顶垫子走平衡的方法。

（3）乐于挑战不同难度的游戏活动，感受不断努力战胜困难获得的成功感。

【活动准备】

（1）经验准备：幼儿具有走平衡的初步经验，身体较协调。

（2）物质准备：垫子人手1块，音乐，播放器，障碍物若干，小贴花，小椅子。

【活动过程】

程序	进 程	时间和次数	场地安排
准备部分	（一）热身运动，活动身体各部分 1.热身循环跑（障碍是利用地垫设计而成的） 师：让我们一起听音乐跑一跑、跳一跳。 师生听音乐绕障碍跑、跨跳障碍、行进跳、走过一定高度的障碍桥、绕之字形跑、调整呼吸走到垫子等。	约3分钟 （1次）	一路纵队大循环
	2.做垫子操，活动身体各部分 师：让我们一起用垫子锻炼身体吧，看谁做得有精神！ 师生每人一块垫子，站在垫子上，做垫子操，包括上肢、下蹲、体侧、腹背、跳跃、整理运动等。	约3分钟 （1次）	四路纵队
基本部分	（二）学习头顶垫子走平衡的基本动作 1.自由探索垫子的多种玩法 师：你们喜欢玩垫子吗？请小朋友们动脑筋想出垫子的各种玩法，看看谁想得多又和别人不一样。 （1）幼儿探索。 （2）师幼共同小结垫子的多种玩法，请个别幼儿展示，鼓励幼儿向同伴学习。 师：谁愿意上来分享一下你是怎么玩的？ （3）鼓励幼儿创新不同的玩法。 师：你还有什么不一样的玩法呢？	约3分钟 （1次）	幼 师○
	2.个别幼儿示范一人头顶垫子走平衡的动作，其他幼儿学习 师：我们一起来向他学一学，看看谁能头顶着垫子保持平衡不让垫子掉下来。 （1）幼儿自主学习。 （2）讨论头顶垫子走平衡的方法。 师：怎样才能让垫子不掉下来、走得稳呢？ 小结：头要正直，眼睛看前方，两脚交替向前走。不能只图速度快，垫子不掉下来是关键。 （3）幼儿再次练习。 师：这次哪些小朋友获得了成功呢？有没有小朋友遇到了困难，我们一起来帮帮他。 师幼分析问题，再次强调动作要领。	约8分钟 （2～3次）	幼 师○

续表

程序	进程	时间和次数	场地安排
基本部分	3.游戏：我的本领大 （1）熟悉场地的布置和活动区域，鼓励幼儿尝试不同层次的活动。 师：让我们一起来看一看这几种游戏的玩法。（边走边引导幼儿观察每种游戏前的提示图） 四块区域分别为：①两条直线桥②低矮的桥③既有一定宽度又有一定高度的障碍④∽形障碍。 （2）介绍游戏方法。 师：这里有四种障碍，都需要小朋友们头顶着垫子挑战。请你们都试一试，看谁的垫子不掉下来。	约6分钟 （2次）	起点↓……终点
	（3）幼儿根据自己的意愿进行游戏。 重点：掌握头顶垫子走平衡的方法。 难点：在垫子不掉下来的情况下挑战各种障碍。 （4）师幼共同小结。 师：哪种障碍最难？有什么好办法可以成功挑战？ 小结：当我们转"∽"形弯时，身体尽量保持平衡，头也要跟随身体转弯。 （5）幼儿再次游戏。	约6分钟 （1次）	同上
放松部分	（三）稳定情绪，放松身心 1.幼儿自由地坐在垫子上放松身体各部分 师：我们一起找个舒服的姿势坐在垫子上听音乐放松身体吧！ 教师带领幼儿专项放松头部、颈部、肩部，调整呼吸，鼓励幼儿自己设计动作自由放松。 2.大家把自己的垫子拼成一块大垫子，自由玩垫上游戏	约3分钟 （1次）	散点

【活动延伸】

地垫是生活中最常见的物品，晨间锻炼活动时，教师可带领幼儿利用地垫开展走、跑、跳、爬、钻等游戏。

【专家评析】

这是一节利用地垫设计的体育活动，活动设计层次清晰、条理清楚。教师在挖掘体育器械锻炼的有效性上有着自己独特的思考。

（1）选材生活化，体现体育教育生活化的原则。幼儿园体育活动注重帮助孩子树立"健康第一"与"终生锻炼"的思想。除了传统的体育运动器械外，教师应该带领孩子寻找与挖掘身边一切的锻炼资源，挖掘其潜在的游戏与锻炼价值。本活动中，孩子们利用地垫酣畅淋漓地玩了起来，走、跑、跳，身体的基本动作得到了发展。

（2）尊重幼儿的感受，鼓励幼儿相互学习。一节成功的好课，离不开教师科学的"儿童观"。本次活动中，教师除了发出指令引导幼儿练习外，更多地注重观察幼儿在学习中的感受，试图通过同伴互助、自主探索、不断尝试等学习策略化解重难点。比如，教师引导幼儿："这次哪些小朋友获得了成功呢？""有没有小朋友遇到了困难，我们一起来帮帮他。"幼儿学习的自主性也因此变得更高。

（3）新活动注重经验的建构和积累。本次活动体现了设计者注重在引发幼儿已有经验的基础上深入学习新的动作的教学思想。比如，教师在热身活动中巧妙地设计了垫子的多种玩法，为后续活动起到了积极铺垫的作用。又如在学习头顶垫子走平衡的基本动作前，教师设计了自由探索垫子玩法的环节，在此基础上引出了本活动的重点。这样的设计与安排符合幼儿接纳新知识的心理特点，活动更具科学性。

建议

此活动适合在不刮风的天气里进行。如遇到刮风的天气，为防止垫子刮落，教师可以和孩子一起动脑筋想各种应对方法，如把沙袋放在垫子上压住等。

56. 小小邮递员（在平衡木上走）

【设计意图】

身体平衡运动对中班上学期的幼儿来说，已不是很困难的事。但每个幼儿在这方面的发展进程是不一样的，有的幼儿可在既高且窄的平衡木上走，有的幼儿只能慢慢地走过低低的、宽宽的平衡木。所以，教师要根据每个幼儿的实际活动水平设计和安排难度不一的活动，提供不同的指导和帮助。教师既可在平衡器材的高度、宽度和坡度上有不同的要求，又可在运动方法的指导上给予幼儿不同的示范和选择，比如可从徒手走逐步过渡到持物走、加速走和在间隔物体上走。在此基础上增强活动的趣味性,帮助幼儿克服在平衡类游戏中的胆怯心理,从而锻炼身体的平衡能力和协调能力。

【活动目标】

(1)学习持物走平衡木,发展平衡能力。

(2)通过动作练习、同伴分享、游戏情境,逐步掌握双手侧平举和持物调节身体平衡的方法。

(3)敢于走不同的小桥,体验帮助别人送信的快乐。

【活动准备】

(1)经验准备:幼儿玩过一些平衡的游戏,如过小桥、走梯子等。

(2)物质准备:各种包装盒,动物头饰4个,平衡木1块,独木桥1座,纸板若干,梅花桩若干个,拱门4个,垫子4块;录音机,音乐磁带。

【活动过程】

程序	进 程	时间和次数	场地安排
准备部分	(一)激发兴趣,活跃情绪 师:小朋友,邮递员叔叔给我们送包裹来了,我们一起去拿吧! 1. 热身活动 幼儿与教师以一路纵队跑步进场,在欢快音乐的伴奏下绕过障碍,走过地面的小桥,玩红绿灯的游戏。("红灯行,绿灯停")	约2分钟 (1次)	障碍 ▲ ▲ ▲ ▲ 小桥
	2. 专项准备 幼儿站成四路纵队,师幼成做操队形,听音乐做操,从中渗入头部运动、扩胸运动、伸展运动、下蹲运动、体转运动、腹背运动、跳跃运动、放松运动。	约3分钟 (1次)	播放音乐 幼○○○○ ○○○○ ○○○○ ●师
基本部分	(二)在游戏中自主练习动作,发展平衡能力,体验活动的乐趣 1. 引出"给小动物送信"的游戏情节,幼儿自由探索平衡走的动作 师:邮递员叔叔病了,今天请你们帮他把信送给小动物。去小动物的家有四条小路,每条路上都有一座不一样的小桥,现在你们每人拿个包裹自己选一条小路去给小动物送信吧。 (1)幼儿游戏。游戏玩法:幼儿自由选择包裹,拿着包裹走过一座小桥,注意保持平衡。教师及时观察,提醒幼儿利用包裹保持身体的平衡。	约4分钟 (1次)	桥 幼

续表

程序	进　程	时间和次数	场地安排
基本部分	（2）师幼集中站成半圆，共同讨论：邮递员，你们刚才是怎样又快又稳地过桥的？（请个别幼儿介绍、示范）	约2分钟（1次）	幼 师
基本部分	2. 在讨论的基础上，幼儿再次游戏 师：我们一起用这种方法再去给小动物送包裹，这次请你选择没走过的小路。 幼儿自由练习，教师根据幼儿的情况给予不同的指导和帮助。	约4分钟（1次）	场地安排同（1）
基本部分	3. 引出"小动物寄信"的游戏情节 师：小动物们有好多的信要寄，你们能帮邮递员叔叔取来吗？邮递员分成四组，先钻山洞，再爬草地，最后走过小桥，到小动物家拿到包裹再回来。记住每次只能拿一个包裹，最后我们来比比哪组最快。取信的时候，你可以选没有走过的小路走一走！ 幼儿游戏，游戏循环进行，直至信被全部取回。	约7分钟（2次）	包裹桥 草地 山洞 幼
放松部分	（三）稳定情绪，放松身心 师：小邮递员们，你们今天帮邮递员叔叔送了那么多信，又取了那么多信，开心吗？现在我们一起来放松一下。 幼儿散点找空站好，师幼一起随音乐放松做律动《幸福拍手歌》，调整呼吸、放松肌肉、调节情绪，重点进行腿部和手臂的放松。	约3分钟（1次）	

【活动延伸】

活动中，教师可为幼儿提供多种材料，引导幼儿使用各种材料、器械在平衡木上练习走，启发幼儿做各种动作；也可作为亲子游戏，鼓励家长在家时用靠垫、被子等连续或间隔排成一排，让幼儿持物从上面走过，增加亲子之间的情感。

【专家评析】

整个活动给人轻松有趣的感觉，以邮递员送信、取信的游戏贯穿其中，由易到难、层层递进。教师在活动中注重调动幼儿的已有经验，引导幼儿探索、交流、分享，在活动中兼顾幼儿的全面发展。

（1）注重幼儿的自主学习。本活动中，教师是幼儿的支持者、合作者、引导者，鼓励并支持幼儿大胆探索和表达，充分体现幼儿学习的主体性。具体表现在教师没有直接示范走平衡木的方法，而是让幼儿自主探索；在游戏中，让幼儿自由练习，提供不同高度的平衡木，供幼儿自主选择，幼儿体验了自主学习的快乐，参与活动的积极性更高。

（2）游戏性突出。中班幼儿的体力增强，动作比以前灵活、协调，他们喜欢情节较复杂的游戏。本活动中，幼儿在生动有趣的游戏情境中扮演邮递员的角色，既锻炼了平衡能力，又挑战了不同高度的平衡木游戏，体验了成功的喜悦，并从中充分感受到了集体游戏的乐趣。

（3）合理安排活动量。学前儿童的体育活动应该保证适宜的运动负荷，即适宜的"活动量"。活动量的大小，直接影响到幼儿身体的发育和发展，影响到体育活动的成效。活动中，教师根据平衡木活动量较小的特点，在开始部分增加了跑步、热身操的练习，在游戏中增加了钻、爬练习，使幼儿锻炼了身体的各个部位，运动量得到了大大的提高，保证了活动的锻炼效果。

建议

在材料的投放上，还可以增加难度，比如改变小桥的宽度和高度，提供大小不同的包裹和不同重量的信等，从而使活动更加具有层次性；教师可以根据季节的变化，适当调整"取信、送信"整个游戏的内容，以便有更加适合的活动量。

57. 合作真快乐（合作拖坐平板车）

【设计意图】

当今社会，学会与人合作是时代的要求。4—5岁是幼儿合作能力发展的重要时期，让幼儿在这个阶段感受合作并初步学习合作是至关重要的。本活动以常见的平板车游戏为切入点，主要采用合作探索、情境创设、竞赛游戏等多种方式培养幼儿的合作能力，一方面让幼儿初步感受合作的快乐，另一方面让幼儿学习简单的合作方法，为进入大班时合作能力的进一步发展奠定基础。此外，本活动的重点与难点主要体现在幼儿间的相互观察与协调方面。

【活动目标】

（1）与同伴较熟练地拖坐平板车沿直线前行，动作协调。

（2）通过合作探索、创设情境、竞赛游戏等感知游戏技巧，掌握合作拖坐平板车的游戏方法。

（3）能积极愉快地参与游戏，体验合作成功的快乐。

【活动准备】

（1）经验准备：幼儿玩过单人脚蹬平板车向前滑行的游戏。

（2）物质准备：平板小车9辆，直线标记9个，停车场标记18个，路障9个；塑料圈18个（红色9个、黄色6个、绿色3个），椅子标记18个，小鼓1面；准备活动区、休息（交流讨论）区、游戏区等场地；音乐。

【活动过程】

程序	进 程	时间和次数	场地安排
准备部分	（一）以"朋友乐园"的情境导入，激发幼儿活动的兴趣 1.引导幼儿邀请一个朋友跳舞 师：今天我们来到了"朋友乐园"，真开心呀！我们一起来和好朋友跳个舞吧！	约2分钟 （1次）	散点
	2.幼儿跟随教师玩小游戏 幼儿排成四路纵队，两人一组玩小游戏。 （1）炒黄豆。 师：小朋友，注意啦，找个朋友玩游戏。公鸡头，母鸡头，公鸡母鸡吃黄豆。东一颗，西一颗，猜猜黄豆在哪头，在哪头。炒，炒，炒黄豆，炒个黄豆翻跟头。 （2）跷跷板。 师：跷跷板，准备啦！跷跷板，跷跷板，一人高，一人低，你先蹲来我先站，我先蹲来你先站。	约3分钟 （1次）	▽师 幼

续表

程序	进 程	时间和次数	场地安排
基本部分	（二）两人一组合作玩"拖拖车"游戏，探索合作拖坐平板车游戏的玩法和规则 1. 引出双人游戏"拖拖车"，交代游戏玩法和规则 师：今天我们要在"朋友乐园"里玩"拖拖车"的游戏，这个游戏需要小朋友找一个好朋友一起玩。一人坐在小车上，另一人从停车场标记处出发，按直线标记拖拉小车，到达对面停车场标记后交换角色再次游戏。	约1分钟 （1次）	幼 ▬ △ 师
	2. 幼儿两人一组合作游戏，探索合作游戏的玩法 师：现在请你和好朋友玩一玩，看看用什么好方法合作玩"拖拖车"游戏。	约2分钟 （1次）	
	3. 讨论、小结合作成功的好方法 师：玩"拖拖车"的时候有什么好方法，能让小车又快又稳地沿直线拖动？怎样坐小车安全又舒服？ 小结：坐车的幼儿要把脚放在车上坐稳，拉车的幼儿要等坐车的幼儿坐好后再出发；两个人要注意调整方向，保持沿直线前行等。	约3分钟 （1次）	幼 ▬ △ 师
	4. 增设路障情境，幼儿尝试绕过障碍拖坐小车 师：管理员告诉我，"朋友乐园"里最近在修路，路上有一些路障。你们拖小车的时候遇到了怎么办呢？试一试怎样能安全地绕过障碍。	约2分钟 （1次）	车道及障碍
	5. 讨论、小结合作绕障碍的方法 师：你们是怎样绕过障碍的？在绕障碍的时候要注意些什么？ 小结：拖车人先看看障碍在哪里，快到障碍时放慢速度，慢慢拖着小车绕过去；坐车的人扭动把手调整方向配合拉车的人绕过障碍回到小路上。	约2分钟 （1次）	
	6. 幼儿两人一组合作拖坐小车进行比赛 师："朋友乐园"里准备进行一场"拖拖车"的比赛，想邀请你们参加，你们愿意吗？ 游戏玩法：幼儿两人一组进行拖坐小车比赛2～4次。游戏过程中配班教师打鼓，帮助幼儿控制拖车速度，主班教师观察并指导幼儿的动作。	约3分钟 （1次）	

续表

程序	进　程	时间和次数	场地安排
基本部分	（三）多人合作玩游戏"占圈"，进一步提高合作能力 师：我们要玩的游戏叫"占圈"，下面请你们找一个圆圈站在外面。注意听好老师的指令变化。准备好了吗？ 1. 教师带领幼儿听音乐进行第一次游戏 师：注意啦，音乐停时每个人找一个圆圈站好。跑跑跑，走走走…… 2. 教师带领幼儿听音乐进行第二次游戏 师：注意啦！圆圈变少了，这次是两个人站在一个圆圈里。 3. 教师带领幼儿听音乐进行第三次游戏 师：圆圈更少了，要注意啦，这次是三个人站在一个圆圈里。	约5分钟 （1次）	
放松部分	（四）带领幼儿随音乐放松身体 1. 教师带领幼儿跟随轻缓的音乐，摆动、拍打四肢、放松身心 师：小朋友们，今天你们一起合作玩游戏开不开心啊？现在让我们来放松一下吧！ 2. 教师与幼儿共同收拾整理器械离开场地	约4分钟 （1次）	散点

【活动延伸】

　　教师可将教学中的游戏作为亲子游戏传授给家长，鼓励家长在家时用靠垫、毛巾等物品，与幼儿一起玩"占圈""拖拖车"等民间游戏，增加亲子之间的情感。

【专家评析】

　　中班幼儿有了初步的合作意识，但他们在商量、分工与密切配合时缺乏一些方法，游戏过程中常常是各玩各的，发生矛盾时常以告状或攻击性行为来解决，遇到困难往往求助于老师。针对这种情况，我们认为孩子真正的合作必须是在真实的、有合作需要的情境中进行的，因此为幼儿创设一个有利于引发、支持他们主动合作的活动场景和氛围就显得非常重要。本活动以幼儿感兴趣的体育游戏形式进行，旨在促进幼儿的合作意识与合作能力发展。

　　（1）情境作为合作的引线，穿插在整个活动中。首先，整个活动结合"合作"这一主题，设计了"朋友乐园"的情境。其次，在"朋友乐园"里利用"小椅子"的标记设置了休息区作为活动中的交流讨论区。最后，在游戏区的设置中，拖小车的起始路线用幼儿熟知的"停车场"标记表示，以便更好地帮助幼儿熟悉游戏规则。

（2）活动过程中，游戏规则迫使幼儿要积极地合作协商，并且要快速地解决矛盾。在两人一组合作玩"拖拖车"游戏环节，设置了三个层次的情境，层层递进，让幼儿不断地提高和巩固合作技能。一是幼儿两人一组合作游戏，探索合作游戏的玩法；二是增设路障情境，幼儿探索在过障碍时慢速拖拉小车前行的方法；三是幼儿两人一组合作拖坐小车进行比赛，教师通过鼓声帮助幼儿控制拖车速度，进一步提高和巩固幼儿两人合作拖坐小车的游戏技巧。

58. 搬运轮胎（综合）

【设计意图】

　　废旧的自行车轮胎、汽车轮胎经过清洗、装饰后是一个非常有特色的运动器械，它柔软、有弹性、易滚动又安全，非常适合幼儿，也深受幼儿喜欢。在晨间活动和户外活动中，幼儿不仅在轮胎上走、跳、爬，还喜欢滚轮胎随着轮胎跑。可见，使用轮胎不仅可以发展幼儿的下肢动作，还可以锻炼幼儿手部的力量。于是，我们设计了这节以手部力量发展为主的体育活动，挖掘轮胎的锻炼功能。

【活动目标】

　　（1）使用抬、推、拉等动作操作轮胎，提高动作的协调性和灵敏性。

　　（2）乐意参加运轮胎的体育活动，感受运动带来的快乐。

【活动准备】

　　（1）经验准备：幼儿推过轮胎，具有走、爬轮胎相结合的经验。

　　（2）物质准备：人手1个轮胎，绳子，篮球，过河石，树林障碍物，拱形门，熊伯伯、小兔、小鹿图片各1张，起始线和终点线。

【活动过程】

程序	进　程	时间和次数	场地安排
准备部分	（一）激发兴趣，活跃情绪 1. 热身活动 师：今天我们用轮胎来锻炼身体，首先来活动一下我们的身体！ 轮胎散放在场地上，教师带领幼儿围绕轮胎进行自然走、摆臂走、抬腿走跑、屈膝走跑、起蹲走跑等热身活动。	约2分钟 （1次）	○○○ 幼 ◎◎◎ 轮胎 ○○○ ◎◎◎
	2. 专项准备 幼儿站成四路纵队，师幼成做操队形，幼儿站在轮胎旁，做轮胎操，进行重点部位的专项热身，包括头部、腰部、手腕脚踝、压腿、跳跃、整理运动等。	约2分钟 （1次）	播放音乐
基本部分	（二）自主学练，发展能力，体验乐趣 1. 独立探索用轮胎锻炼身体的方法 师：今天我们用轮胎来锻炼身体，想一想可以怎样锻炼？ 幼儿自由探索，可以利用轮胎跳上跳下、跳进跳出，可以滚轮胎，可以推轮胎，还可以拉轮胎等。	约2分钟 （1次）	散点
	2. 交代任务，探索搬运轮胎的方法 （1）独立探索搬运轮胎的方法。 师：今天的任务是将轮胎运到对面的小熊家，你们想想可以怎么运轮胎？	约3分钟 （1次）	散点
	（2）幼儿探索完，师幼集中站成半圆，共同讨论：你是怎么运轮胎的？（请2～3名幼儿示范，教师讲解动作要领及注意事项）		幼 ⌒ ○ 师
	（3）在讨论的基础上，幼儿再次游戏。 师：刚才小朋友用了很多方法来运轮胎，你可以试试其他小朋友的方法！ 鼓励幼儿尝试用推、拉、抬等不同的方法运轮胎。	约3分钟 （1次）	自由散点

续表

程序	进　程	时间和次数	场地安排
基本部分	3. 引出"熊伯伯开运动会"的游戏情节，添置障碍物，增加运轮胎的难度 （1）独立探索抬轮胎、推轮胎、拉轮胎过障碍物的方法。 师：今天熊伯伯要开运动会，需要我们帮它运东西，你们愿意帮助熊伯伯吗？我们要用轮胎帮熊伯伯运东西，首先要趟过小河走到小兔家，把篮球放在轮胎里，然后越过树林到到小鹿家拿绳子拴在轮胎上，拉着轮胎钻过山洞，把篮球和绳子一起给熊伯伯。 ①师生共同商量，用什么方法到小兔、小鹿和熊伯伯家。 ②幼儿通过自己的尝试调整运轮胎的方法。	约5分钟 （1次）	树林 山洞　小河
	（2）幼儿游戏，抬轮胎趟过小河，推轮胎穿过树林，拉轮胎钻过山洞到熊伯伯家。 师：刚刚我们都试过了，现在我们去帮熊伯伯拿东西吧。抬着轮胎趟过小河的时候，踩在过河石上要稳，不要掉到小河里；推轮胎的时候小心不要碰到小树；拉轮胎的时候腰要弯下来。	约5分钟 （2次）	同上
	4. 玩游戏"小动物们开运动会" 师：东西都运来了，熊伯伯要开运动会了，第一个项目是比赛抢轮胎，谁想参加？小朋友们抱着篮球，围着轮胎转，音乐停止抢一个轮胎坐进去，没有抢到的就淘汰出局。	约2分钟 （1~2次）	○○○○ ○　　○ ○　　○ ○○○○
放松部分	（三）稳定情绪，放松身心 师：今天你们帮助了熊伯伯，开心吗？这些轮胎除了可以推、拉、抬，还可以怎么玩？我们下一次再来试一试，好吗？ 幼儿散点找空站，随音乐放松，调整呼吸、拉伸韧带、调节情绪，重点进行手部的放松。	约3分钟 （1次）	

【活动延伸】

可以将轮胎装上车轮做成轮胎车，在晨间活动中供幼儿锻炼时使用。

【专家评析】

教师在幼儿自主玩轮胎的过程中，敏锐地捕捉到幼儿的兴趣点而预设了此活动，将来自于日常生活中的轮胎，作为中班幼儿手部力量锻炼的器械，安全、实用、有趣、实效。教学中教师充分以幼儿为主体，展示了一定的教学智慧，尝试了较多样的教学组织方式，并借助适宜的语言导向促进幼儿运动思维的发展。

（1）组织方式的多样性。本活动以游戏的情节、较多样的空间场地变化，预设了层层递进的活动环节，让幼儿自由探索平地及过障碍搬运轮胎的方法等；而每次的自主探索也是某一动作技能的练习和提升时间。活动较合理地使用了技能、兴趣循环式，散点开花式，自主创编式和合作游戏式等多种体育教学组织方式，是体现和挖掘"一物多玩"教学价值的保障。

（2）语言指导的引领性。顺应中班幼儿的理解能力，教师的指导语提示简略、清晰，指向明确。比如："我们要用轮胎帮熊伯伯运东西，首先要趟过小河走到小兔家，拿篮球放在轮胎里，然后越过树林到到小鹿家拿绳子拴在轮胎上，拉着轮胎钻过山洞，把篮球和绳子一起给熊伯伯。"适宜的语言引领，为幼儿指明了解决问题的方向，促进了幼儿运动思维的发展。

（3）活动隐含的社会性。日常生活物品（轮胎）的多种趣味玩法，可启迪幼儿发现生活中处处隐含的乐趣；游戏中幼儿对熊伯伯的帮助，可让幼儿逐步树立助人为乐的思想，感受关爱他人的快乐；过河时不能让轮胎碰水，过树林时不能碰到树木，过山洞时必须保证轮胎的顺利通过，推、拉、抬这三种方法的合理选择，离不开幼儿对生活经验的迁移；以轮胎为替代材料的抢椅子游戏过程中椅子数量的逐步减少，让幼儿初步感知竞争的压力，生活化教育的全面价值在此活动中可见一斑。

59. 有趣的轮胎（综合）

【设计意图】

中班幼儿在运动能力上较之前稳定，喜欢为自己创设有挑战性的运动项目，也有了一定的合作意识和合作欲望，而小型器械的使用为幼儿提供了挑战与合作的机会与可能性。轮胎作为小型器械，是幼儿园常见的器械。轮胎的质地、稳定性等特征，为幼儿进行多种基本动作的练习提供了多种可能性。本活动旨在通过让幼儿搭配、组合轮胎形成路障，并在此基础上进行走、跑、跳、推滚、跨、爬等练习，促使幼儿体能的发展和运动机能的提高。

【活动目标】

（1）在玩轮胎的过程中，练习走、跑、跳、推滚、跨、爬等动作，提高身体的综合运动素质。

（2）通过轮胎的一物多玩及所设置的大循环游戏，发展体能。

（3）体验鱼贯游戏的乐趣和坚持完成运动路线后的喜悦。

【活动准备】

（1）经验准备：幼儿有推滚、搬轮胎的动作经验，有鱼贯进行游戏的经验。

（2）物质准备：轮胎（多于幼儿人数），可移动的地标箭头若干，录音机，音乐。

【活动过程】

程序	进 程	时间和次数	场地安排
准备部分	（一）准备热身，唤醒机体 师：瞧！场地上有什么？我们一起去和轮胎做游戏吧！ 1. 幼儿一路纵队围绕摆放好的轮胎进行走、跑热身活动	约2分钟 （1次）	幼儿成一路纵队
	2. 轮胎热身操（教师自编） 幼儿站成六路纵队，师幼成做操队形做热身操。	约2分钟 （1次）	六路纵队
基本部分	（二）一物多玩，激发兴趣 1. 探索轮胎的一物多玩 （1）一人玩轮胎并集中分享不同玩法。 师：请你一个人去玩一玩轮胎，看看轮胎可以怎么玩。 （2）两人玩轮胎并集中分享不同玩法。 师：请你们两个人合作玩轮胎，看看轮胎可以怎么玩。 （3）多人玩轮胎并集中分享不同玩法。 师：自由多人组合玩轮胎，看看轮胎可以怎么玩。	约6分钟 （1次）	散点

续表

程序	进　程	时间和次数	场地安排
基本部分	2. 观看场地图，摆放器械进行游戏 （1）玩游戏"小轮胎找朋友"：分小组按图片摆放场地。 师：瞧！这有一些图片，是小轮胎与朋友们的照片。小朋友分成六个小组，每个小组按图片帮助小轮胎找朋友，比比哪组按图纸摆得又快又对！开始吧！ （2）"我和小轮胎做游戏"：分小组摆图标玩轮胎。 师：每组摆得都很好，那我们怎样和这些轮胎玩呢？ 幼儿讨论，教师引导幼儿将刚才玩轮胎的动作玩法用图标记录，并放置在相对应位置。 师：怎样和轮胎做游戏呢？就按照小朋友刚才讨论的图标上的方法玩一玩吧！ 幼儿分小组进行玩轮胎游戏。	约7分钟 （1次）	
	3. 教师为每组增加部分器械以增强游戏难度，幼儿游戏 师：瞧！小轮胎又来了新朋友，这次你们还能顺利通过吗？去试一试吧！	约2分钟 （1次）	
	4. 集体鱼贯连续过障碍 师：下面小朋友一起排成一个长队跟着我一同过这几条小路吧！加油！出发！	约3分钟 （1次）	
放松部分	（三）拍打放松，恢复身心 1. 幼儿散点站，随轻音乐拉伸放松，调整呼吸、调节情绪 师：今天玩得开不开心？我们一起来放松放松吧！ 2. 师幼一同收拾场地器械	约3分钟 （1次）	散点

【活动延伸】

　　在晨间活动中，教师可充分运用轮胎进行场地的摆放与设置；幼儿在家可与家长一起利用家中的生活用品或家具等，进行综合的身体锻炼。

【专家评析】

　　生活中的轮胎有着不同的型号及重量，便于寻找与收集，是一种有益于幼儿身心发展的活动器械。本活动中，幼儿通过自我探索轮胎的玩法，丰富了运动经验；教师利用小组合作，引导幼儿共享运动的乐趣，激发了幼儿对轮胎一物多玩的活动兴趣。

　　教师作为幼儿的支持者、合作者、引领者，在幼儿活动的过程中以图标的方式介入，让幼儿的推滚、钻爬、走跑、平衡等多项零散的运动经验得以整理和提升，极大地调动起幼儿学习的自主性。幼儿看图对轮胎进行组合摆放以及搭配相应的运动方式图标，选择自己感兴趣的方式玩轮胎，在活动中培养了积极主动、不畏困难、与同伴合作、坚持完成运动的学习品质，同时也为后面新的轮胎玩法提供了延伸的空间与机会。

建议

　　除了轮胎外，还可以使用小泡沫垫、绳、圈等开展活动；可根据本班幼儿的合作能力，考虑让幼儿分小组自己商讨合作摆放器械，以增强幼儿的自主性及合作性。

 大 班

60. 双色爆竹（左右分队走）

【设计意图】

　　大班幼儿已经具备一定的队列经验，具备一路纵队走、大圆走、开花走等多种队列能力，在已有经验的基础上，他们需要接触更多的队列经验。而队列中左右方向的加入，会给幼儿带来一定的挑战，促使他们在队列练习中提升方向感。本活动从幼儿学习"左右分队走"出发，结合"双色爆竹"的设计，让幼儿在形象的情境中体验队列行进中的左右方向。此外，通过不同层次队列游戏的设计，满足不同层次幼儿的需要，促进每个幼儿在活动中获得进步。

【活动目标】

　　（1）学习"左右分队走"，能步伐均匀有节奏地走。

　　（2）在箭头标记的帮助下根据前面幼儿的左右判定自己在队列中的方向，初步感知左右方向与身体动作之间的关系。

　　（3）在整齐有序的队列变换中，体会集体合作带来的成功感。

【活动准备】

　　（1）经验准备：幼儿会看基本的图示，知道转弯箭头的用处；会玩"放鞭炮"游戏，知道烟花爆竹之所以会产生不同的图案是因为里面的火药成分和排列方式不同。

　　（2）物质准备：蓝色和红色手花各8朵，小火把2组，大转弯箭头8个，直线箭头8个，大鼓1面，蓝红相间的鞭炮设计图2幅。

【活动过程】

程序	进　程	时间和次数	场地安排
准备部分	（一）玩"放鞭炮"游戏，进行走跑交替的队列队形的变换，活动身体 幼儿听教师的口令和哨子的声音沿着大圆走——齐步走、跑步走、变速跑、螺旋走，玩"放鞭炮"游戏。 游戏玩法：教师在圆圈内边走边任意指定圈上一名幼儿，教师发出"嘶——"，该幼儿听到后发出"砰啪"声，并且快速地在原地跳一下。	约6分钟 （1次）	○

续表

程序	进　程	时间和次数	场地安排
基本部分	（二）玩游戏"双色爆竹"，学习左右分队走 1.结合图示及情境，引导幼儿理解分队和并队 师：我是爆竹加工厂的设计师，我设计了一组新型的爆竹。请大家听排头小爆竹的口令"分开"和"合起来"，按照设计图进行变换。 （1）出示图示①，探索如何将两队并为一队以及一队分为两队。 师：请小朋友们想一想，怎样让我们的队伍两队变成一队呢？如果变成了一队，有什么办法可以再变成两队？ 幼儿两队为一组，听口令探索两队与一队之间的变换，教师帮助排头幼儿调整口令。	约3分钟 （1次）	图示①
	（2）根据机器声（鼓声）快慢节奏的变化听信号步伐均匀地变换队形走。 师：跟着制造爆竹的机器节奏一步一步步伐均匀地走，看看哪一组变换得又快又好。 两组幼儿共同变换队形，进一步感知并队和分队动作的变化。	约2分钟 （1次）	队形同上
	（3）给图示加上箭头标记（出示图示②），重点观察箭头所表示的含义，鼓励幼儿探索感知左右分队走。 幼儿听教师口令和"机器"的节奏走，教师帮助幼儿探索左右方向与身体之间的关系。	约4分钟 （1次）	图示②
	2.组织幼儿玩"爆竹加工厂"，帮助幼儿进一步巩固左右分队走 （1）游戏一：第一次小组游戏时幼儿按照一定的节奏走，第二次游戏时"机器"加快速度，小爆竹跑回自己的位置；游戏共进行两次。 （2）游戏二：两组合并变成一个大爆竹进行游戏两次。 （3）游戏三（可选）：在任意方向游戏，没有标记。 师：这次做的爆竹有点难度了，没有箭头的帮助，你们知道该往哪里走吗？	约6分钟 （1次）	

续表

程序	进　程	时间和次数	场地安排
放松部分	（三）听音乐放松身体 师：清晨，推开门，满地的红色，是我们昨晚放鞭炮落下的碎片。我们一起去把它们扫干净吧。呀，脚上也粘上了很多碎片，抖一抖。裤腿上也有，我们来弹一弹、拍一拍。 幼儿根据音乐，随意地做一些放松动作，重点对腿部进行放松。 小结：小朋友们分别间隔着一个向左、一个向右转弯走，是我们游戏和做操的一种队形，叫左右分队走，以后我们可以用它来玩更多更有趣的游戏。	约3分钟 （1次）	散点

【活动延伸】

在户外体育活动中，可以让幼儿分组练习"左右分队走"，也可以让幼儿集体练习任意方向的左右分队走，还可以将"左右分队走"加入游戏情境中，如"士兵巡视"等。

【专家评析】

在教学活动中，教师的指导策略是一把钥匙，可以开启面前的门。但是，当一扇门被打开后，你想看到怎样的风景呢？在本活动中，教师有着这样的思考：

（1）对重难点的分析精准。通过分析和对幼儿的调查了解，左右分队走中，幼儿最难掌握的地方就是根据前一同伴的方向辨别自己的左右。当教师精准地分析了活动内容中相对重要和困难的部分，一节教学活动的骨骼支架也就基本完全了。

（2）对动作或环节层次把握明确。游戏有游戏的层次，教学也有教学的环节。活动中，图示①帮助幼儿整体感知队列将变换为怎样的形状，图示②中逐步通过箭头帮助幼儿感知队列中队形是如何变化成的；之后再转化成幼儿自己身体的动作。从理解再到幼儿的表现，十分自然，难点也在图示的帮助下一步步得到解决。最后，游戏环节也分为三个层次，很明确地体现了递进性以及教师掌握课堂节奏的灵活性。

（3）游戏贯穿始终利于激发幼儿的兴趣与需要。游戏可以体现为活动内容，也可以体现为教师的语言组织。从活动内容来看，枯燥的队列变换，转换成为利用加工厂的机器来制作爆竹的过程，是十分有新意、有意思的情节。教师情境化的语言也非常具有特色，比如"我是爆竹加工厂的设计师，我设计了一组新型的爆竹"等。

> 建议

在活动情境上，还可以创设"士兵巡逻"的情境；从幼儿的已有经验出发，在活动内容的层次上，可以由左右分队走进一步提升为多个方向的游戏，拓展幼儿对不同方向的感知。

61. 小螃蟹运西瓜（双人侧身行走）

【设计意图】

大班幼儿走路时身体自然放松、平衡协调，能较好地调节步幅和节奏。因此，在这个基础上设计了"小螃蟹运西瓜"协同走的游戏。本活动通过单人侧身行走过渡到双人侧身行走的练习，帮助幼儿掌握动作要领，增强幼儿动作的协调性，提高幼儿克服困难的能力，培养他们坚强的意志品质。同时，对幼儿入学后如何与同伴合作游戏积累了一定的经验。

【活动目标】

（1）尝试双人侧身行走，发展动作的协调性。

（2）探索合作运西瓜的方法，调节个人的步幅、步频。

（3）在参与"运西瓜"游戏的过程中，体验合作游戏的快乐。

【活动准备】

（1）经验准备：幼儿会单人侧身行走。

（2）物质准备：幼儿人手1个球，箩筐4只，螃蟹胸饰1枚，音乐，录音机。

【活动过程】

程序	进　程	时间和次数	场地安排
准备部分	（一）模仿螃蟹的动作，活动身体 师：我是螃蟹妈妈，你们是谁啊？现在跟着螃蟹妈妈一起运动一下吧！ 1. 热身活动：幼儿慢跑、侧身慢走入场	约2分钟 （1次）	

续表

程序	进程	时间和次数	场地安排
准备部分	2. 专项准备：听音乐做螃蟹模仿操 幼儿任意在场地中间找个空地站好，形成四路纵队，师幼成做操队形，为侧身向前行走做重点部位的专项热身，包括头部、颈部、手腕脚腕、膝关节、腿部运动等。	约3分钟 （1次）	播放音乐
基本部分	（二）学习合作侧身行走的方法，发展身体的协调能力，体验趣味性 1. 听信号练习单人侧身行走 师：螃蟹是怎么走路的？（"侧身行走"）螃蟹妈妈说1，你们就向左侧行走；螃蟹妈妈说2，你们就向右侧行走；说3，你们就站住休息。螃蟹宝宝们准备好了吗？	约3分钟 （2次）	幼 ⬜ 师○
	2. 尝试用单人侧身行走的方法运西瓜 师：那儿有一堆西瓜，请螃蟹宝宝们把它们运回家，但是运的时候不能用到你们的大钳子，你想怎样来运西瓜呢？想好之后，请螃蟹宝宝每人去拿一个西瓜试一试（强调不能用手）。 （1）幼儿尝试单人侧身行走运西瓜。 （2）师生集中站成半圆（地上有圆圈线），共同讨论：请螃蟹宝宝们说说刚才是怎样运瓜的。（"把西瓜放在胸前贴紧"） （3）请个别幼儿进行交流示范。 （4）再次尝试运西瓜。 师：现在请螃蟹宝宝们用刚才说的方法把西瓜夹在胸前再运一次西瓜。	约5分钟 （2次）	幼 ▭ ◯ 西瓜地
	3. 合作运西瓜 师：刚才是一只小螃蟹运瓜，现在请两只螃蟹宝宝合作运西瓜。你们的钳子还是不能碰到瓜。想想看，可以怎么运？ （1）两个人合作运西瓜。 （2）师生集中站成半圆（地上有圆圈线），共同讨论：请螃蟹宝宝们说说刚才是怎样运瓜的。 （3）个别幼儿进行交流示范，教师小结：运的时候注意两个人的步子要整齐，大家要一起走，不能让瓜掉下来。 （4）再次练习，幼儿两两结伴把西瓜放到胸前，看哪一队运得又快又稳。 （5）放松休息。 师：小螃蟹们和妈妈一起休息吧。（教师带领幼儿调整呼吸，放松腿部）	约8分钟 （2次）	幼 ▭ ◯ 西瓜地

续表

程序	进程	时间和次数	场地安排
基本部分	4. 玩游戏"运西瓜比赛" 师：刚才你们学会了合作运西瓜，现在请宝宝们分成四队，看哪一队的宝宝先把瓜运回家。在运的时候，大钳子不能碰瓜，也不能让西瓜掉下来，一定要沿着线侧行。 幼儿进行比赛。	约6分钟 （2次）	幼儿四队 侧行线条 西瓜地
放松部分	（三）稳定情绪，放松身心 师：刚才宝宝们表现得都很棒，运了那么多西瓜，现在跟着妈妈做一下放松运动。 幼儿散点找空站，随着轻松的音乐放松，调整呼吸，拉伸身体各部位，重点进行腿部、脚踝的拉伸。 师：现在请宝宝们把瓜搬回家吧。	约3分钟 （1次）	

【活动延伸】

在日常体育游戏时，可以让幼儿尝试运不同的物体，增加挑战性，感受双人合作游戏的趣味性。

【专家评析】

体育游戏不单单是对动作技能的训练，还要能帮助幼儿树立正确的运动观，引导他们在运动的过程中学习与同伴更好地合作，培养幼儿的运动兴趣。此外，幼儿要想胜任和完成各种大肌肉动作活动，还需要具备一定的协调能力和灵敏性。

本活动中，幼儿要想合作侧身运走西瓜，一是需要比较强的身体协调性，二是需要一定的合作能力，步伐动作一致才能将西瓜运走。在活动中，教师首先采用了一些小游戏增加练习的趣味性，增强幼儿的反应能力，让他们更加喜欢上体育课，喜欢与同伴共同参与游戏，这也符合大班幼儿的年龄特点。其次，层层递进，逐步提高要求。活动从幼儿学螃蟹探索练习侧走—单人侧身行走运西瓜—尝试双人运西瓜—进行运西瓜比赛，一步步发展着幼儿动作的协调性，最终达成了活动目标。

> **建议**
>
> 在运西瓜环节中，可以增加一些障碍难度，比如让幼儿绕花丛走，提高幼儿身体的协调能力；也可以鼓励幼儿尝试多种双人运西瓜的方式（如背靠背等），使活动更加具有趣味性。

62. 力大无穷（拖轮胎走）

【设计意图】

轮胎是幼儿喜欢的一种体育器材，玩法也多种多样，如滚轮胎、爬轮胎、钻轮胎等，这些都是幼儿已有的玩轮胎经验。当给轮胎加上一根绳子之后，又可以怎么玩呢？本活动通过增加辅助材料（绳子），鼓励幼儿探索用绳子拉轮胎的玩法。每一次游戏，都是通过"先尝试、后讨论、再分享"的方法，引导幼儿发现游戏中的问题，再通过大家的讨论来解决，鼓励幼儿做学习的小主人。而且适当的负重练习，需要一定的力量和耐力，有助于培养幼儿不怕困难、坚持不懈的良好学习品质。

【活动目标】

（1）学习肩背绳子拖着轮胎行走一定的距离，发展腿部力量。

（2）知道在拖轮胎走的过程中要调整自己的方向，学会拖轮胎的基本方法。

（3）培养不怕困难、坚持不懈的良好品质。

【活动准备】

（1）经验准备：幼儿有玩轮胎的经验，有一定的力量能够拖得动轮胎，但是在拖的过程中控制不好方向。

（2）物质准备：空旷的场地，轮胎若干，绳子，锥形筒，音乐磁带，录音机。

【活动过程】

程序	进　　程	时间和次数	场地安排
准备部分	（一）激发兴趣，活跃情绪 师：小小运动员们，运动会就要开始了，你们准备好了吗？让我们上场吧！ 1. 热身活动 师幼以运动员的角色一路纵队上场，在运动曲的音乐伴奏下，进行走、跑、走跑交替练习，模仿投篮、拍球、游泳、跳绳等运动项目做动作。	约2分钟 （1次）	
	2. 专项准备 幼儿站成六路纵队，成做操队形，教师带领幼儿做专项热身动作，包括手腕脚腕运动、头部运动、肩部运动、扩胸运动、腰部运动、膝关节运动、压腿等，为负重前行活动做好准备。	约2分钟 （1次）	●●●●●● ●●●●●● ●●●●●● ◀师 ●●●●●● ●●●●●● 幼
基本部分	（二）层层累加、不断挑战、发展能力、体验快乐 1. 玩轮胎，探索轮胎的多种玩法 （1）幼儿自由探索轮胎的玩法。 师：运动员们，我们来到了一个装满轮胎的场地。我们一起来想一想、试一试，轮胎可以怎么玩呢？ 幼儿两人一个轮胎，在场地上自由探索轮胎的多种玩法。 （2）总结、分享轮胎的多种玩法。 师：你想出了什么办法，是怎么和轮胎做游戏的？	约3分钟 （1次）	幼 ▲师
	2. 引出"大力士"的游戏情境，学习拉着轮胎负重前行 （1）给轮胎套上绳子，引导幼儿想象新的玩法。 师：刚才你们想出来很多玩轮胎的方法，真棒！不过，轮胎还有一个与众不同的玩法。你看，我给它加上一根绳子，可以怎么玩呢？ 教师请个别幼儿说一说、试一试加了绳子之后轮胎的玩法。	约1分钟 （1次）	

续表

程序	进程	时间和次数	场地安排
基本部分	（2）引出"大力士"的游戏情境，初步学习拉轮胎前行的动作。 师：你们太厉害了，还可以把绳子背在背上，拉着轮胎往前走，这个游戏有一个好听的名字，叫做"大力士"。你们有这么大的力气吗？ ①幼儿游戏：幼儿分成六组，两组幼儿面对面分别站在场地的两端，中间相隔10米。一边的幼儿把绳子放在背上将轮胎拉给对面的幼儿，再站到对面队伍的后面。以此类推，每一个幼儿都玩过，两边的队伍互换位置。	约5分钟 （1次）	10米 ◀师 ●●幼
	②师幼站成六路纵队，成早操队形，共同讨论：你在拉的过程中有没有什么问题？有的小朋友都拉到其他组去了，怎么办呢？	约2分钟 （1次）	
	3.玩游戏"轮胎接力赛"，进一步练习拉着轮胎负重前行的动作 师：这一次，我们进行一个"轮胎接力赛"，看看哪组的大力士最多！ （1）幼儿游戏：幼儿从路线开始的地方，把绳子背在背上拖着轮胎前行，然后绕过一个锥形筒再拖回来，传给下一个小朋友，看看哪组最先结束。	约5分钟 （1次）	△锥形筒 5米 ◀师 ● ● ● ●幼
	（2）师幼集中站成半圆，共同讨论：你是怎样绕过锥形筒的，是怎样让轮胎拐弯的？	约2分钟 （1次）	幼 ▲师
	（3）在讨论的基础上，幼儿再次游戏。 师：你们刚才都把自己的好办法说出来和大家分享了。等会儿再比赛的时候，眼睛要看着自己组的锥形筒，在拐弯的时候，要将轮胎拉过了锥形筒再拐哦！希望你们都取得好成绩，加油！ 幼儿再次游戏，游戏方法同上。	约5分钟 （1次）	△锥形筒 5米 ◀师 ● ● ● ●幼

续表

程序	进 程	时间和次数	场地安排
放松部分	（三）稳定情绪，放松身心 师：虽然这个游戏有些累，但是你们都能够坚持下来，这种坚持不懈、不怕吃苦的精神是最棒的！我们为自己鼓鼓掌！让我们找一个好朋友，按摩按摩吧！ 游戏玩法：幼儿找一个好朋友，面对面坐在地上，先商量谁帮谁按摩，然后再交换。教师引导幼儿听音乐对手臂、肩膀、背部、腰部、腿部做轻轻捏、轻轻敲打的放松动作。	约3分钟 （1次）	

【活动延伸】

周末外出游玩的时候，请家长给幼儿准备一个小包，让幼儿装上自己需要的物品背着行走，锻炼耐力。

【专家评析】

本活动中，教师借助了一个幼儿园里经常使用的游戏材料——轮胎。那么如何合作能让轮胎向指定的方向移动呢？教师事先并没有说出合作运输轮胎中可能产生的问题，而是在游戏中让幼儿自己发现问题并努力尝试解决。这样的过程，才能真正提高幼儿解决问题的能力。

活动中，在累加游戏难度时，教师使用了"迷宫"的形式，让幼儿有多次尝试拐弯的机会，帮助幼儿进一步尝试如何相互配合，向着一致的方向拖着轮胎前进。在这样的游戏中，合作的能力不是教师的要求，更多的是游戏的需要和幼儿之间的自主需要。

建议

为了使活动更加有趣、生活化，可以在游戏材料上进行丰富，比如可以收集废旧的纸箱，在纸箱里放上一定重量的积木或是矿泉水瓶子；也可以改变游戏形式，比如幼儿两两结伴，背对背、手挽手，一名幼儿倒背另一名幼儿，进行负重走的练习。

63. 舞龙（走跑交替）

【设计意图】

大班下学期的幼儿对自我有了一定的认识，但是他们需要增强同伴间的认识、沟通、合作，以适应即将到来的小学生活。"舞龙"游戏是大班幼儿了解并喜爱的一项民间游戏，可以激发他们的参与性和主动性。通过游戏，可以促进幼儿同伴间的沟通和配合，帮助他们学习并掌握团队合作的方法。

【活动目标】

（1）学习听信号合作玩走、跑交替的游戏，发展动作的灵活性。

（2）观察信号球的上下、左右等方向的变化，调节自己的脚步。

（3）在合作游戏中，体验民间游戏的乐趣，感受同伴合作带来的乐趣。

【活动准备】

（1）经验准备：幼儿看过舞龙的表演。

（2）物质准备：空旷的场地，标记筒6个，录音机，音乐，排头点子标记，花球若干，锣鼓，龙若干（用长2米、宽0.4米的彩色尼龙布做龙脊，用3个盒子固定在布的两头和中间，每个盒子下固定一个长1米左右的木棍，贴上龙的头饰。一般4人舞一个）。

【活动过程】

程序	进　程	时间和次数	场地安排
准备部分	（一）激发兴趣，活跃情绪 师：天冷了，我们一起来跑一跑吧。 1.热身活动 幼儿与教师以一路纵队进场，在欢快音乐的伴奏下进行正向绕圈跑、绕障碍跑、两腿交叉走、之形跑、侧步走、反向跑、抬腿走等多种方式的走、跑练习。	约3分钟 （1次）	6个标记筒 △　△ △　△ △　△

续表

程序	进　程	时间和次数	场地安排
准备部分	2.专项准备 幼儿站成四路纵队，师幼成做操队形，进行走跑交替活动，为跑步进行重点部位的专项热身，包括头部、扩胸、摆臂、手腕脚踝、脚掌腹背、压腿运动等。	约3分钟 （1次）	播放音乐
基本部分	（二）自主学练，发展能力，体验乐趣 1.听鼓声玩游戏，复习走、跑 游戏玩法：幼儿听鼓声进行走跑练习，鼓声快时就小跑，鼓声慢时就走。 幼儿集体游戏一次，分组游戏一次。	约3分钟 （2次）	
基本部分	2.引出"舞龙"的游戏情境，学习走跑交替的方法 （1）初步尝试合作走。 ①幼儿尝试合作玩"舞龙"游戏。 师：过春节有一个传统的游戏叫舞龙，今天我们一起来玩一玩吧。 游戏玩法：幼儿四人一组舞龙，自由尝试合作走的方法。 ②师幼集中站成半圆，共同讨论：你们的龙走起来了吗？是怎么走的？	约5分钟 （2~3次）	幼 ○ 师（半圆）
基本部分	（2）在讨论的基础上，幼儿再次游戏（教师做舞龙人）。 师：老师来做舞龙的人，请小朋友看着老师手上的花球。我把花球举高，你们就把龙举高；我把花球放低，你们就蹲下来舞龙，看看哪组最能干。 ①幼儿游戏：幼儿看信号舞龙，教师的花球不断地变化，引导幼儿慢走、小跑、左倾、右倾等。教师边变化球的方向边用语言提示，巩固幼儿对于各个方向的认知，并做出相应的动作。	约5分钟 （2~3次）	○（圆形）
基本部分	②集中讨论：在舞龙时，要注意什么？怎样才能四个人一致把龙舞好？	约2分钟 （1次）	幼 ○ 师（半圆）
基本部分	（3）分组游戏，观察同伴，调整身心。 游戏玩法：五名幼儿为一组，一人做舞龙人，四人舞龙。教师边观察边提示舞龙人的动作。之后，幼儿自由交换角色。	约6分钟 （2次）	○（圆形）

续表

程序	进程	时间和次数	场地安排
放松部分	（三）稳定情绪，放松身心 师：今天舞龙的游戏，你们玩得开心吗？你是和谁一起合作完成的呢？和你的伙伴抱一抱，感谢大家默契的配合。 幼儿散点找空地站好，随音乐放松、调整呼吸、拉伸韧带、调节情绪，重点进行腿部和手部的拉伸。	约3分钟 （1次）	散点

【活动延伸】

教师可以在美工区提供龙的制作流程图以及材料，让幼儿在区域活动中自制龙。

【专家评析】

本活动关注的不仅仅是幼儿动作技能的习得，更关注幼儿小组多人合作中的问题及解决问题的方法。在幼儿初次尝试小组合作中，教师关注的是他们能否合作行进，这个环节帮助幼儿积累了小组前后队列配合行进的经验。之后，随着"花球"的引领，幼儿从方向、速度等各个方面尝试进行小组队列的合作。合作中有问题很正常，重要的是如何解决问题。在问题解决过程中，小组成员之间的配合和相互沟通能力得到极大地增强。

在"舞龙"的过程中，教师花球的变化带来舞龙团队的运动方式的变化，这对于幼儿合作来说是一个极大的挑战，因此教师应注意花球变化频率和速度的适宜性，这尤其重要。

建议

舞龙的幼儿人数可以有变化，可以是单人、两人或多人舞龙，以便不同发展水平的幼儿都有练习的机会。

64. 风儿和小羊（四散追逐跑）

【设计意图】

大班下学期的幼儿即将入学，他们需要学会独立地在小学生活、追逐、游戏。然而，此阶段的幼儿天性冲动，动作技能发展不够成熟，因此让他们了解奔跑时要看清是否有障碍物，帮助他们掌握追逐躲闪策略，增强他们躲闪、快速反应的能力，培养他们有目的的观察意识与能力并贯穿到日常活动中，是很有必要的。同时，对幼儿入学后在课间灵敏躲闪、安全嬉戏有着重要的作用。

【活动目标】

（1）学习四散追逐跑，发展身体的灵敏性及奔跑能力。

（2）在充满情趣的游戏情境中积极探索、尝试，初步掌握躲闪与追逐的方法。

（3）善于思考与观察，遵守游戏规则。

【活动准备】

（1）经验准备：幼儿玩过一些四散跑游戏。

（2）物质准备：空旷的场地，标记筒6个，录音机，音乐，排头点子标记。

【活动过程】

程序	进　程	时间和次数	场地安排
准备部分	（一）激发兴趣，活跃情绪 师：今天小朋友当小羊，老师当羊妈妈，让我们一起去草原上玩一玩吧！ 1.热身活动 师幼一路纵队进场，听音乐进行正向绕圈跑、绕障碍跑、两腿交叉走、之形跑、侧步走、反向跑、抬腿走等多种方式的走、跑练习。	约3分钟 （1次）	6个标记筒 △ △ △ △ △ △
	2.专项准备 幼儿站成四路纵队，师幼成做操队形，进行走跑交替活动，为四散跑进行重点部位的专项热身，包括头部、扩胸、摆臂、手腕脚踝、脚掌腹背、压腿、跳跃、整理运动。	约3分钟 （1次）	
基本部分	（二）自主学练，发展能力，体验乐趣 1.引出"小羊找朋友"的游戏情境，复习四散跑 师：小羊非常喜欢奔跑，你们跟着妈妈一起去草原上跑一跑，看看哪只小羊在跑的时候不和别的小羊碰到一起。当听到妈妈说的口令后，要做出相应的动作。 游戏玩法：幼儿跟随教师在一定范围内四散跑，边跑边根据教师发出的游戏信号做动作。教师随机发出的指令为：小羊快快跑（快跑）、小羊慢慢跑（慢跑）、小羊变变变（原地站住摆造型）、小羊抱一抱（两两相抱）、小羊拉拉手（三人拉圆）。教师及时观察并提醒幼儿注意四散跑时的跑步方向，不要碰撞等。	约3分钟 （1次）	

续表

程序	进程	时间和次数	场地安排
基本部分	2. 引出"风儿和小羊"的游戏情境，学习四散追逐跑，逐渐掌握躲闪的方法 （1）初步尝试四散追逐跑。 ①羊妈妈扮演风儿，与幼儿扮演的小羊进行追逐跑游戏。 师：风儿也想和你们做游戏，欢迎吗？我当"风儿"追你们，小羊被"风儿"一拍就冻住了，原地不动摆个造型。玩游戏的时候，想想你有什么好办法可以躲过风儿。 游戏玩法：幼儿分散在场地中四散跑，教师随后发出指令"风来了"便来追幼儿，幼儿尝试躲避风儿，被捉到的幼儿原地站住不动摆造型，"风儿"捉到部分"小羊"后游戏停止。 ②师幼集中站成半圆，共同讨论：你是怎样躲过"风儿"的？你们猜猜看，"风儿"又是怎么追你们的呢？	约5分钟 （1次）	半圆形 幼 ○ 师
	（2）在讨论的基础上，幼儿再次游戏（请一名幼儿扮演风儿）。 师：现在，我们用刚才想的好办法再来玩一玩。这次，风儿可是会突然刮来，小羊们要特别小心哦！ ①游戏玩法：幼儿站成圆形，闭眼，教师悄悄请一名幼儿扮演风儿，其余幼儿念两遍"风儿风儿在哪里"之后，风儿跑出来说："我在这里。"幼儿便四散追逐跑，直到风儿捉到部分"小羊"后游戏停止。	约3分钟 （1次）	圆形
	②集中讨论：风儿突然吹来的时候，你有什么好办法躲过风儿呢？有的小羊在躲的时候会碰撞怎么办？	约2分钟 （1次）	半圆形 幼 ○ 师
	（3）分组游戏，观察同伴，调整身心。 师：小羊玩累了，也有点饿了，让我们吃点草休息一下吧！这两边有草，可是风儿随时会出现，可要小心哦。我们把草采回山洞里再吃，那里最安全了。 游戏玩法：一半幼儿站在场地两边，双手平举，站成一排当做山洞；另一半幼儿先玩游戏，请一名幼儿当风儿追小羊，小羊则从场地边的草地上，每次采一把草，送回山洞，并且要想办法不让风儿捉到，把草（即绿色的皱纹纸）全部运回山洞后，游戏结束，并进行交换。	约6分钟 （2次）	山洞 ○○○○○ 四散追逐区 ○○○○○ 山洞

续表

程序	进 程	时间和次数	场地安排
基本部分	3.引出"妈妈救小羊"的游戏情境，调节上下肢动作 师：一场风暴就要来啦！小羊们不要怕，快快找只小羊抱好，妈妈会来救你们。 游戏玩法：幼儿在场地中间自由两两相抱变成"石头羊"，教师救小羊，边拍一对小朋友的肩膀边说"变"，被老师拍到肩膀的幼儿搭成山洞，教师钻过山洞后，这两名幼儿跟在教师后面，以此类推，直至所有幼儿钻过，变成一列火车。	约2分钟 （1次）	
放松部分	（三）稳定情绪，放松身心 师：今天我们玩了一个"风儿和小羊"的游戏，开心吗？再玩这样的游戏时，大家要一起动脑筋想出更多追逐的好办法，现在我们来放松一下。 幼儿散点找空站，随音乐放松，调整呼吸、拉伸韧带、调节情绪，重点进行腿部和脚踝的拉伸。	约3分钟 （1次）	

【活动延伸】

在日常体育游戏时，可以将活动中的几种游戏，如爱的抱抱、钻山洞等，拆分为独立的游戏，让幼儿继续探索躲闪与追逐的方法。

【专家评析】

"风儿和小羊"整个活动给人趣味无穷的感觉，其特点主要体现在以下三个方面：

（1）游戏性较为突出。整个活动设计以游戏为基本形式，教师尊重幼儿的学习方式和学习特点，通过"小羊找朋友""风儿和小羊""妈妈救小羊"游戏，让幼儿直接感知和亲身体验四散追逐跑的方法，而不是强化练习，这无疑顺应了幼儿学习和动作发展的规律。

（2）注重幼儿的自主探究学习。在整个四散追逐跑活动中，教师充分发挥大班幼儿的特点，首先通过"小羊找朋友"的游戏，让幼儿初步体验四散跑中不和其他"小羊"碰到一起，然后过渡到"风儿和小羊"游戏，感受四散追逐跑的方法，尝试躲避"小羊"。幼儿通过自主合作和探讨，不仅学习的积极性和主动性被充分地调动起来，获得了积极愉快的情绪体验，而且发展了下肢运动的能力和躲闪能力。

（3）师幼关系和谐。整个活动中，教师注重创设宽松的学习氛围，特别是注重营造宽松的心理环境。教师一会儿是羊妈妈，一会儿是风儿，与幼儿一起游戏、一起合作，环节衔接紧密，过渡自然。整个活动幼儿始终兴趣盎然，处于积极主动的状态中。

【建议】

为了使活动更具变化，在"风儿和小羊"游戏中可以逐步增加追逐的人数，在游戏场地方面可以逐步缩小活动的范围，提高难度，让幼儿充分练习灵活躲闪的方法。

65. 快速返回基地（往返跑）

【设计意图】

往返跑是大班跑活动中较常用的一种跑步形式，对幼儿奔跑的速度、起跑和转身折返跑的反应与身体灵敏素质有较高的要求。而幼儿在以往的往返跑转身折返时，会出现双脚跑过目标线一段距离后才能转身返回的情况，以致影响了往返跑的速度与方向。针对此种情况，根据幼儿近期喜欢的"爆丸小子"角色，设计了本活动。

【活动目标】

（1）尝试快速转身折返跑，发展灵敏素质。

（2）通过游戏规则变化以及在教师问题引导下的尝试练习，逐步提高转身折返的速度。

（3）在竞赛游戏中体验小组合作完成任务的乐趣。

【活动准备】

（1）经验准备：幼儿已经具备相邻数、基数加1和大小数的数学经验；有快跑的初步经验；知道"爆丸小子"角色能量超常。

（2）物质准备：彩色数卡18张（1、3、4、6、7、9各3张），绳夹人手1个，花环57个，筐3个，地标线5根（2白、1红、1紫、1绿），音乐。

【活动过程】

程序	进　程	时间和次数	场地安排
准备部分	（一）唤醒身心，激起动机，集中注意 师：小爆丸们，我们一起来做个爆丸热身操吧！ 教师带领幼儿跳自编的热身操，其中加入下肢等的专项准备动作。	约3分钟 （2次）	站成做操队形 □□□□□ □□□□□ □□□□□ □□□□□
基本部分	（二）循序渐进，探索感知，增知促技 1. 游戏"爆丸大PK"——快速转身 师：爆丸们看清自己的号码，比5大的数站在绿线处，比5小的数站在紫线处，两队面对面站。调整好距离，与对面的爆丸对齐，看清你和对手，哪个数大，哪个数小。下面我们要来一场爆丸大PK，当听到"大数追小数"或"小数追大数"的口令时，就请向前追的爆丸去追拍对方，被追的爆丸要立即向后转身跑向白线后的安全区，跑到了安全区后，就不能再追了！请大数退到红线上，两队准备！ （1）大数追小数，并交流：怎样才能不被追到？ 师：绿线、红线集中，怎样才能不被追到？（"要跑得快，要快速转身"） （2）小数追大数。 师：这次我们把距离拉近再来PK一次。 （3）幼儿集体补充能量。 师：白线集中，我们的能量快用完了，要从安全区跑向绿色能量线处补充能量。你在跑的路上要小心，当听到风怪来了，要立即向后转身跑回安全区，否则就会被风怪吹走。现在，两队到安全线后准备！	约7分钟 （1次）	两横排站

续表

程序	进　程	时间和次数	场地安排
基本部分	2. 游戏"快速补充能量"——快速往返跑 玩法：幼儿成六路纵队，教师以相邻数的形式报号，被报到号的幼儿去绿色能量线上补充能量后返回。 师：六路纵队站白线后，因为风怪我们没能充好能量，现在风怪走了，被叫到号的暴丸站至排头准备，听到口令后，快速跑到绿色能量线处一只脚碰绿线补能后，立即返回，比比谁充能的速度最快。 （1）幼儿游戏一次并交流：怎样用一只脚快速补能返回？ （2）幼儿示范，教师示范。 师：他是怎样用一只脚快速充能返回的？（"快跑，一只脚碰线后，向后转身返回"） 师：我来做一次，你们看看对不对？（教师放慢速度）我再速度更快地做一次。 （3）幼儿再次游戏一次。	约9分钟 （1次）	终点线 ↑ 起始线
基本部分	3. 竞赛"加速传递能量"——运用并巩固快速往返跑 师：小朋友分六路纵队站好。下面我们要来传递能量，音乐一响，第一排的暴丸就出发，快速充能后返回，用有聚能环的能量手将能量传递给下一个队员，所以下一队员要在他回来之前，手心朝上先准备好，一接收到能量就立即出发。小朋友在传过能量后，需要把用完能量的一只聚能环放入充能筐中，站在队尾，准备下一次的出发，音乐声一停表示任务结束。	约3分钟 （1次）	终点线 ↑ 起始线
放松部分	（三）恢复身心，庆祝成功，感受喜悦 师：小朋友六个人一组拉成圆来跳个舞吧！	约3分钟 （1次）	散点

【活动延伸】

　　在热身环节，可加入往返跑作为准备活动。此外，大班幼儿的竞赛意识非常强，所以在体育游戏中进行相关的体育竞赛是非常有意义的。

【专家评析】

　　"快速往返基地"是一个充满挑战情趣，锻炼奔跑速度的大班体育活动。游戏以幼儿熟悉的卡通人物"爆丸小子"为情境角色，借助"数量大小PK""基地能量传递"等一系列卡通游戏情节，发展幼儿奔跑中的往返跑能力。其中，把相关的数学游戏内容渗透于往返的游戏中，比如以感知数的性质（如相邻数）为手段，对幼儿进行分组、分批练习，以调节幼儿在往返跑活动中的活动密度，保护幼儿身心；以大数和小数，赋予游戏跑动追逐规则的暗示；在相同的音乐时间内完成任务的要求，让时间成为一种量化的检验标准，无形中激发幼儿加速的愿望及动机等，符合大班幼儿喜欢挑战性以及需要体力与智力相结合的游戏的心理。幼儿在充满合作的游戏竞赛中，尝试快速转身折返，提升奔跑中的灵敏素质，身心获得有益的发展。

建议

关于本活动中的情境和流程，教师要根据本班幼儿熟悉的动画或人物角色等进行设计；幼儿的经验是完整的，所以活动中不仅可以渗透数学知识，还可以根据需要，渗透其他领域的知识，以促使活动目标的达成。

66. 夺宝奇兵（绕障碍跑）

【设计意图】

大班下学期的幼儿，喜欢奔跑，喜欢竞争类的游戏，但对于奔跑的速度和动作幅度的控制比较弱。本活动结合队列练习进行了大量的跑的运动，采用了"观察、尝试、讨论、再尝试"的教学策略，鼓励幼儿积极参与游戏，学会根据环境控制自己的速度与动作幅度，并且在团队游戏的过程中，培养合作能力。

【活动目标】

（1）学习绕障碍跑，发展快跑的能力。

（2）能根据障碍的距离灵活调整自己的步伐和动作幅度。

（3）积极参与游戏，有集体荣誉感。

【活动准备】

（1）经验准备：幼儿玩过绕障碍跑，玩过接力赛。

（2）物质准备：空旷的场地，小树（幼儿用硬纸画好后贴在雪碧瓶上）人手1棵，垫子，水桶图片、花图片若干。

【活动过程】

程序	进　　程	时间和次数	场地安排
准备部分	（一）激发兴趣，活跃情绪 师：小兵们，我们一起来玩长龙跑游戏，锻炼身体！ 1. 热身活动 师幼以一路纵队进场，在欢快音乐的伴奏下进行正向绕圈跑、反向跑、抬腿走等多种方式的走、跑练习。	约3分钟 （1次）	○
	2. 专项准备 幼儿站成四路纵队，师幼成做操队形，进行走跑交替活动，为跑进行重点部位的专项热身，包括头部、扩胸、摆臂、手腕脚踝、脚掌腹背、压腿、跳跃、整理运动等。	约3分钟 （1次）	播放音乐
基本部分	（二）自主学练，发展能力，体验乐趣 1. 引出"种小树"的游戏情境，复习绕障碍跑 师：小兵们，请你们分成4组种小树，种4排。然后，从起始线开始，绕着小树跑，看看怎样既能保持身体平衡又不会将小树碰倒。	约3分钟 （1次）	起始线 小树 ▯▯▯▯ 　　 ▯▯▯▯ 　　 ▯▯▯▯
	2. 引出"夺宝奇兵"的游戏情境，学习绕障碍跑的方法 （1）初步尝试绕障碍接力跑。 ①小兵玩绕障碍跑游戏，夺得宝贝——水桶。 师：小树要喝水才能长大，小兵们要跑到对面拿一个水桶，然后再跑回拍你队伍里的下一个小兵！每一个小兵都拿一个水桶图片哦。 游戏玩法：幼儿分四组站在起始线处，排头兵最先跑，绕过小树跑至对面，拿一个水桶，然后跑回自己队伍，拍下一个小兵的手后，下一个小兵继续跑，最后每人都有一个水桶，为自己的小树浇水。 ②师生集中站成半圆，共同讨论：你是怎样绕过小树的？你们都拿到水桶了吗？回来还要怎样才能到队伍的最后？请你们去给自己的小树浇浇水吧！	约5分钟 （1～2次）	起始线 小树 ▯▯▯▯ 　　 ▯▯▯▯ 　　 ▯▯▯▯ 　　 ▯▯▯▯ 水桶位置 □
	（2）在讨论的基础上，幼儿再次游戏。 师：小兵们说得都很好，我们用刚才想的好办法再来玩一玩。这次，小心千万不要撞倒小树哦。 ①幼儿再次游戏。	约4分钟 （1～2次）	同上

续表

程序	进　程	时间和次数	场地安排
基本部分	②集中讨论：刚刚哪一队的速度特别快呀？你们是怎样既没撞倒小树，又让自己跑得很快呢？	约2分钟 （1次）	幼 〇 师
基本部分	（3）分组游戏，观察同伴，调整身心。 师：小兵们都找到了水桶给小树浇水。我们现在要爬过草地，去寻找宝贝，帮助小树开花哦！ 游戏玩法：小兵们分成两组从起始处，爬过草地（即垫子），找到宝贝，给小树施肥。	约6分钟 （2次）	起始线 草地 宝贝
基本部分	3. 引出"小树开花了"的游戏情境，调节上下肢动作 师：哇，太阳出来啦，小树开花喽！请你和一个朋友一起摆一个开花的造型吧。 游戏玩法：幼儿在场地中间自由两两结伴，随音乐跳舞，摆出开花的造型。	约2分钟 （1次）	
放松部分	（三）稳定情绪，放松身心。 师：今天你们玩了夺宝奇兵的游戏，开心吗？你们找到了哪些宝贝啊？现在来放松一下。 幼儿散点找空站，随音乐放松，调整呼吸、拉伸韧带、调节情绪，重点进行腿部和脚踝的拉伸。	约3分钟 （1次）	

【活动延伸】

教师可以在美工区提供多种材料，供幼儿自制小树；在体育锻炼时间，教师可以让幼儿自己分组摆放材料，分组进行游戏，然后交换游戏，这样游戏内容可以更加丰富。

【专家评析】

幼儿喜欢跑，从小班开始，就在尝试练习奔跑中的技巧。从听信号向指定方向跑，到躲闪跑，每个年龄段的幼儿都在习得更高难度的奔跑能力。在大班，幼儿在奔跑中不仅仅需要关注跑的速度，更加要关注如何避开障碍进行跑步。幼儿在练习中需要调控自己的身体，注意奔跑的速度和拐弯的角度。所有的这些能力并不是教师通过语言告知的，而是幼儿在游戏过程中，努力练习并感悟到的。本活动通过种小树、比赛浇水的情境，让幼儿在不断的练习中努力调整自己的身体灵活性、动作的幅度和步伐的大小。游戏结果的胜利与否，刺激着幼儿不断地主动地调整自己。正是这样带有竞赛性质的游戏，极大程度地激发了大班幼儿的积极性和参与活动的主动性，刺激了幼儿小组合作中的集体荣誉感，每个人在运动中的努力都会给团队带来胜利的希望。每个人都存在于集体中，大家都在为自己的小组团队努力着。

67. 花样跳盒（立定跳远）

【设计意图】

幼儿对跳跃技能很感兴趣，喜欢尝试跳过不同高度的台阶、方格等。同时，大班幼儿开始具有一定的合作意识，会选择自己喜欢的小伙伴，愿意主动和小伙伴一起开展合作性游戏。本活动让幼儿在掌握立定跳远技能的同时，勇于尝试小组合作，体验合作带来的快乐。为了让幼儿对活动感兴趣，游戏情境贯穿其中，通过探索、尝试、合作等教学策略，鼓励幼儿积极投入游戏中，并在游戏中掌握动作要领。

【活动目标】

（1）学习原地跳过 9～20 厘米高度的障碍物，提高弹跳能力。

（2）在自主游戏、自由合作中探索用鞋盒锻炼的几种方法。

（3）与同伴两两合作，以愉快的情绪投入活动，注意在活动中保护自己。

【活动准备】

（1）经验准备：幼儿玩过一些关于跳跃的游戏。

（2）物质准备：空旷的场地，人手 1 个鞋盒，小椅子 3 把，录音机，音乐。

【活动过程】

程序	进程	时间和次数	场地安排
准备部分	（一）活动身体各部分，引起幼儿兴趣 师：今天这里有这么多的鞋盒，让我们每人拿一个，一起来做鞋盒操吧！ 1. 热身活动 师幼以一路纵队进场，在音乐声中进行高抬腿走、正向绕圈跑、之形跑、侧步走等多种方式的走、跑练习。	约3分钟 （1次）	播放音乐
	2. 专项准备 幼儿站成三路纵队，师幼成做操队形，做鞋盒操，为立定跳远进行重点部位的专项热身，包括头部、扩胸、摆臂、脚掌腹背、压腿、手腕脚踝、跳跃、整理运动等。	约3分钟 （1次）	
基本部分	（二）探索练习，体验游戏的乐趣 1. 自由探索鞋盒的玩法 （1）探索用鞋盒锻炼身体的方法。 师：今天每个人都有一个鞋盒，你打算怎样用鞋盒来锻炼身体呢？ 游戏玩法：每个幼儿拿一个鞋盒，散点找空旷的地方，自由探索用鞋盒锻炼身体的方法，比如可以向上抛鞋盒，可以在地上滚鞋盒，可以把鞋盒放在地上跳过去等。教师观察幼儿出现的动作，提醒幼儿别将鞋盒砸到自己或同伴。	约2分钟 （1次）	
	（2）两两合作玩鞋盒。 师：请每个人找到一个好朋友，想一想，用两个鞋盒可以怎么来锻炼身体？ 游戏玩法：幼儿两两一组，动脑筋将两个鞋盒组合在一起，玩出锻炼身体的不同方法，比如可以相互抛接鞋盒，可以将两个鞋盒垒高跳过去等。教师注意提醒幼儿不能踩到鞋盒，注意安全。	约2分钟 （1次）	
	（3）三人合作玩鞋盒。 师：下面请你们自由组合，三个小朋友一组想一想，还可以怎么摆放鞋盒来锻炼身体？ 游戏玩法：幼儿三人一组，商量之后进行摆放。教师应提醒幼儿注意鞋盒之间的距离要合适，不能太近。	约3分钟 （1次）	

程序	进　程	时间和次数	场地安排
基本部分	2.学习立定跳远的动作 （1）共同讨论立定跳远的正确动作。 师：刚才看到大家用鞋盒想出了许多锻炼的方法，谁愿意来向大家展示一下？ ①请个别幼儿示范，其中包含立定跳远的动作。 师：让我们一起来看看，他用鞋盒是怎么锻炼的？他在跳之前做了哪些准备动作？跳过鞋盒的时候，两只脚是什么样的？ ②小结并示范讲解动作要领：双手举起，后摆臂，两腿稍弯曲，两脚用力蹬地轻轻向前跳，两脚同时跳过鞋盒，落地要轻。	约3分钟 （1次）	幼 ○　　　　○ ○　　　　○ ○　师　○ ○　☆　○ ○　□　○ ○　　　　○ ○　　　　○ ○　　　　○
基本部分	（2）幼儿练习立定跳远的动作。 师：请每人拿一个鞋盒，找空旷的地方用立定跳远的动作跳过鞋盒。 游戏玩法：每个幼儿拿一个鞋盒，散点找空旷的地方，将鞋盒放在地上，用立定跳远的动作跳过鞋盒。教师观察幼儿掌握动作的情况，帮助动作不正确的幼儿。	约3分钟 （1次）	
基本部分	（3）合作摆放鞋盒，进行立定跳远练习。 师：今天，我们要以小组为单位，合作摆鞋盒。大家先商量好再摆放，然后用立定跳远的动作跳过摆放好的鞋盒。 游戏玩法：每组幼儿先商量好鞋盒怎么摆放，然后一起合作摆放，再根据自己组的摆放，每个人尝试用立定跳远的动作跳过摆放好的鞋盒。提醒幼儿鞋盒最多两个叠加，在跳的时候不能将鞋盒碰倒或踩坏。	约6分钟 （2次）	
基本部分	3.小组比赛 （1）游戏玩法：幼儿推选出一组鞋盒的摆放方式，然后每组合作摆放一样，进行比赛，跳完最后一个鞋盒后，绕过小椅子直线跑回来。 （2）小结比赛中出现的情况，强调动作要点，幼儿再次游戏。	约6分钟 （2次）	
放松部分	（三）放松身体，调整呼吸 师：今天每组合作之后都完成了花样跳盒，你们真是太棒啦！让我们跟着音乐一起来放松一下吧。 幼儿散点找空站，随音乐放松，调整呼吸，拉伸韧带，重点进行腿部、脚踝的拉伸和膝盖的放松。	约3分钟 （1次）	播放音乐

【活动延伸】

在户外体育活动中，鼓励幼儿用鞋盒摆放出不同的路线，并尝试用立定跳远的方法跳过，巩固练习立定跳远的动作；请幼儿在家中和爸爸妈妈合作，用鞋盒摆出不同的路线，再用立定跳远的动作跳过去。

【专家评析】

　　大班幼儿的跑跳能力有了很大的提高，怎样在原有基础上进一步提升呢？本活动内容来源于幼儿，教学过程层层递进，使幼儿的身体素质得到了发展，遵循了维果茨基的"最近发展区"理论。本次活动主要有以下三个特点：

　　（1）鼓励幼儿大胆尝试合作。从鼓励幼儿两人合作玩鞋盒，到三人合作玩鞋盒，到分组合作摆放鞋盒进行练习，提升了小组成员合作跳过鞋盒的团队意识。

　　（2）游戏竞赛难度层层递进。从学习跳过约10厘米高度的障碍，到小组合作时跳过两个鞋盒叠加约20厘米高度的障碍，再到有的幼儿跳过将鞋盒竖放约25厘米高度的障碍，幼儿的动作发展在不停地接受挑战。同时，教学环节的设置也是层层递进的，从自由探索到小组合作，再到小组竞赛，幼儿的能力也在逐步提高。

　　（3）发展弹跳能力的同时发散幼儿思维。在自己玩鞋盒的探索活动中，幼儿有各种不同的玩法；在两人合作、三人合作，以及小组合作中出现了多种摆放鞋盒的方法，幼儿的思维非常灵活和具有创造性。可见，这个活动不但让幼儿跳的能力得到了发展，而且还培养了幼儿发散的思维能力。

建议

　　在小组比赛环节之前增添循环游戏，将三组鞋盒的摆放都投放在循环游戏中，让幼儿在尝试之后选出一组鞋盒的摆放进行比赛。这样既让幼儿在游戏中练习了立定跳远的动作，又尊重了他们，让他们在自己体验之后选择合适的竞赛路线。

68. 喜气羊羊过蛇年（羊角球跳）

【设计意图】

　　2014年，儿童电影《喜气羊羊过蛇年》大热，孩子们在幼儿园经常议论这部电影里的情节，还不时地玩着自己发明的小游戏。《指南》明确指出，理解幼儿的学习方式，以幼儿感兴趣的游戏方式开展教学活动。因此，依托电影情节设计了本活动，鼓励幼儿在一个个游戏情境中学习骑羊角球跳跃障碍的基本动作，挑战自我。活动的难点是准确目测起跳点，连贯、协调地完成跳跃障碍的动作。大班阶段的幼儿动作的协调性与下肢的力量有了明显的提高，他们已经具备完成此基本动作的能力。通过本次活动也希望他们能够获得勇于挑战，互相学习解决困难的良好品质。

【活动目标】

（1）尝试骑羊角球跳越不少于3厘米高的障碍物，发展弹跳能力、平衡力和协调性。

（2）通过经验迁移、相互探讨等方式，初步掌握骑羊角球越过障碍物并不碰触的方法。

（3）勇于挑战自己，体验解决困难的快乐。

【活动准备】

（1）经验准备：幼儿会跳羊角球健身操，玩过游戏"抱树"。

（2）物质准备：羊角球人手1个，积木若干，酸奶盒障碍物；音乐，贴花，标记箭头3个，垫子。

【活动过程】

程序	进 程	时间和次数	场地安排
准备部分	（一）热身运动，活动身体各部分 1.玩"抱树"游戏，训练幼儿的快速反应能力 幼儿一路纵队，沿场地听音乐慢跑，当听到老师报出"3"时，3个幼儿要立刻结伴抱在一起，输的小朋友要做一组小训练，如蹲下起立、压肩、压腿等动作。	约3分钟 （1次）	一路纵队
	2.韵律活动：快乐的羊角球 师：让我们一起听音乐利用羊角球做操吧！ （1）师幼手持羊角球在垫子上做热身运动——羊角球健身操。 （2）专项活动：头部、上肢、腰部、下肢、腹背、跳跃、整理运动。	约3分钟 （1次）	散点
基本部分	（二）学习骑羊角球跳越障碍 1.幼儿自由骑羊角球 师：小羊们，我们一起骑羊角球在青青草原上跳一跳吧！	约5分钟 （1次）	散点

续表

程序	进 程	时间和次数	场地安排
基本部分	2. 尝试跳过平放的积木障碍，体验骑球跳越障碍的感觉 师：哪些朋友能骑着羊角球跳过小积木呢？ （1）个别幼儿示范。 师：请你来试一试。（引导幼儿同伴间观察与学习） （2）集体讲解动作要领，组织幼儿观察起跳点以及用力蹬地和越过落地的动作。 师：他是怎么跳的？跳跃时手是怎么样的，脚是怎么样的？ （3）小结：离积木不远不近时准备起跳，两腿蹬地，借着弹跳的力量越过障碍，轻轻落地。 （4）幼儿再次练习并小结。 师：我们再试一次，感受一下怎样才能越过障碍，不碰到积木。	约8分钟 （2~3次）	
	3. 练习骑球跳越竖放的积木障碍 师：这次的障碍有什么不同？请小朋友都来试一试。 （1）幼儿自由在场地上练习，提醒幼儿注意调节体力，累了休息。 （2）小结：障碍更高时，要找准起跳点，两脚用力蹬地弹跳得更高些。	约5分钟 （2次）	
	4. 游戏"喜气羊羊闯蛇关" （1）引导幼儿观察场地布置，熟悉活动区域 师：懒羊羊被灰太狼抓进城堡了，我们一起去救它吧！这里有三条路，每条路上都有不同宽度与高度的障碍，障碍上都睡着毒蛇，我们不能碰到吵醒它。小羊们每条路都去试一试。 第一条：平放的积木障碍。 第二条：竖放的积木障碍。 第三条：酸奶盒障碍。 （2）幼儿根据自己的意愿选择区域进行练习。 （3）小结：你尝试了几条路？成功了吗？	约7分钟 （1次）	平放 竖放 酸奶 起始线
放松部分	（三）稳定情绪，放松身心 听音乐做放松运动——羊角球按摩操。 师：小羊们，今天我们救出了懒羊羊，高兴吗？我们来放松一下，你觉得哪里有点累？怎么放松？我来教教你们。 幼儿坐在羊角球上放松手腕、手臂，进行拉伸活动，重点放松下肢与脚踝；请幼儿相互按摩，也可躺在羊角球上按摩腰部。	约4分钟 （1次）	散点

【活动延伸】

在晨间锻炼中开展此游戏，根据幼儿的个体差异提供不同高度与宽度的障碍物，让幼儿自由练习，获得更多的经验；鼓励幼儿利用羊角球开展一物多玩的游戏，锻炼身体的各个部分。

【专家评析】

这是一个接地气的体育活动。教师敏锐地捕捉了最新的资讯信息，观察幼儿，了解幼儿的喜好，设计了这个充满魅力的活动。

（1）取材立意新颖有趣。《指南》指出："幼儿园要激发幼儿参加体育活动的兴趣，以促进幼儿养成锻炼的习惯。"本次活动设计者以"喜气羊羊闯蛇关"为线索，运用了电影中的情节设计游戏内容，运用了电影中的插曲为准备活动、放松活动以及游戏配乐，情境设计逼真有趣，幼儿在活动中情绪高涨。

（2）尊重幼儿发展的个体差异。幼儿的动作发展水平各不相同，教师应充分尊重和理解幼儿发展进程中的个别差异，支持和引导他们从原有水平向更高水平发展。活动中不难看出，教师提供的跳跃障碍具有层次性，幼儿可以骑羊角球由低到高、由窄到宽进行练习与尝试，最终获得动作的发展与提高。

（3）重视幼儿的学习品质培养。《指南》一再提出，教师在实施教育的过程中一定要重视幼儿的学习品质培养。本次活动，教师制定了"勇于挑战自己，体验解决困难的快乐"的活动目标。从活动的设计环节以及教师的指导语中不难发现，教师在活动中鼓励幼儿不断地尝试、创新与挑战，激发了幼儿的探索欲。

建议

这是一节运动量相对较大的活动。因此，在幼儿每次的练习中，教师要根据季节与气候温度，灵活地调整游戏的次数与运动量；在游戏中可穿插游戏化的语言，让幼儿活动上肢，达到上下肢均衡运动的目的。比如，在集合讲解前，可以发出这样的指导语："请小羊们背着自己的羊角球跑过来"等。

69. 有趣的瓶子（助跑跨跳）

【设计意图】

这段时间幼儿带了各种各样的瓶子装饰班级，多余的瓶子就被放在了运动区。幼儿对瓶子非常感兴趣，进行了各种体育游戏，比如用瓶子赶小猪、玩保龄球等。鉴于瓶子横着放有一定的宽度，竖着放有一定的高度，结合《指南》健康领域的要求"中班幼儿要跨过一定宽度或者高度的障碍物"，设计了本节活动，重在发展幼儿的助跑跨跳能力。

【活动目标】

（1）助跑跨跳过一定宽度和高度的障碍物，发展腿部的力量。

（2）通过自由探索、合作练习，与同伴合作探索瓶子的常用玩法。

（3）加强与同伴合作的意识，体验自主游戏的快乐。

【活动准备】

（1）经验准备：幼儿有助跑跨跳的经验。

（2）物质准备：音乐《军中姐妹》《甩葱》《摩登天使》，捆好的可乐瓶、矿泉水瓶，彩色皮筋，碉堡（椅子代替），绳网。

【活动过程】

程序	进　程	时间和次数	场地安排
准备部分	（一）激发兴趣，活跃情绪 1. 跑步练习 师：我们是小小解放军，今天要帮司令员完成一个任务。在完成任务之前我们要先操练一下，进行跑步练习。立正、稍息、向右转，预备，跑步走。 把瓶子放在教师事先画好的点子上，幼儿围着瓶子跑、踏步走、绕着瓶子跑。	约2分钟 （1次）	幼

续表

程序	进程	时间和次数	场地安排
准备部分	2. 热身运动 师：跑完步，我们来做个军体拳操。 幼儿站成四路纵队，师幼成做操队形，听音乐进行头部、伸展、扩胸、手腕脚踝、压腿、踢腿、向上跳、向前跳等热身活动，为向前向上跳做重点部位的专项热身。	约3分钟 （1次）	播放音乐 ●●●● ●●●● ●●●● ●●●●
基本部分	（二）自主探索，发展能力，体验乐趣 1. 自由探索瓶子的不同玩法 师：小小解放军们，看看旁边地上有什么？（"瓶子"）现在请你们每人拿两个瓶子一起去锻炼身体。 游戏玩法：幼儿人手两个瓶子，分散在场地上自由探索。教师巡回指导，提醒幼儿注意安全。	约3分钟 （1次）	散点
基本部分	2. 学习同伴经验，提炼出助跑跨跳的动作 （1）请个别幼儿示范不同的跳法。 师：小解放军们，你们刚才是怎么锻炼身体的？ 请2～3个幼儿示范。 师：有的小朋友是跑了一下跨跳过去的，你们知道这种方法叫什么吗？ （2）提炼出助跑跨跳的动作。 师：这个动作叫做助跑跨跳。今天我们就来学习助跑跨跳，我来跟这位小解放军一起试试看，你们仔细看我们的动作。 小结：助跑时要有一定的距离，向前跑动中单脚起跳，另一只脚用力蹬地，方向要正，在空中瞬间滞留前弓步，摆腿落地后不要骤停，应继续向前跑几步。 （3）幼儿一起练习助跑跨跳的动作。 师：你们做动作，我来提醒你们。一条直线上，跑跑跑跑跑，一脚用力蹬，腾空跨步，落地缓冲。	约5分钟 （1次）	幼 ○ 师

续表

程序	进　程	时间和次数	场地安排
基本部分	3. 再次探索增加辅助材料用瓶子练习助跑跨跳 （1）与同伴合作练习助跑跨跳。 师：请小解放军和你的队友们一起用瓶子合作，练习助跑跨跳的动作。		散点
	（2）讨论利用辅助材料增加跨跳的难度。 师：刚才你和谁一起？是怎么摆瓶子跳的？请你来做给我们大家看看。 师：想想，除了增加瓶子的宽度还可以增加什么？这里还有辅助材料，待会儿请你试一试，你增加的难度一定要让自己能够跳过去。	约5分钟 （1次）	幼 〇 师
	（3）在讨论的基础上，增加辅助材料练习助跑跨跳。 师：有的小解放军增加了宽度，有的增加了高度，有的同时增加了宽度和高度，谁想来试试看？ 幼儿通过自己的实践总结跳过难度大的障碍物的方法：助跑的距离远一点，一脚要用力蹬，身体腾空跃起。		散点
	4. 分三条难度不同的路线练习助跑跨跳 师：现在请小解放军们自己动手摆出三条路线，三条路线的难易程度不同，摆好之后赶紧回来。 师：勇敢的解放军们，希望你们每条路线都要去尝试一下！ 幼儿自主尝试不同难度的线路。	约5分钟 （1次）	
	5. 引出解放军炸碉堡的游戏情节，调节氛围，巩固助跑跨跳动作 师：司令员的任务来了，可是途中会遇到一些困难。小朋友分成红队、黄队、蓝队三队，这里有三张路线图，请你们选择要走的路线。走过去之后，要从筐子里拿出和你们队一样颜色的手榴弹，助跑跨跳到小脚处炸敌人的碉堡，每次只能拿一个手榴弹，炸完一次之后从旁边的路回来，可以从头再来一次。	约5分钟 （2次）	碉堡 脚丫 路线
放松部分	（三）稳定情绪，放松身心 师：今天我们用瓶子锻炼了身体，在生活中我们还有很多东西都可以用来锻炼。想一想我们还可以用什么来锻炼身体，怎么锻炼。 幼儿散点找空站，随音乐放松，调整呼吸、拉伸韧带、调节情绪，重点进行腿部和脚踝的拉伸。	约3分钟 （1次）	散点

【活动延伸】

在日常体育游戏和运动区中多提供废旧的物品，如鞋盒、牛奶瓶等，让幼儿探索一物多玩的方法。

【专家评析】

本活动借助"解放军"这一幼儿崇拜的角色形象，让日常生活中信手拈来的"瓶子"，在幼儿的自主设置下，变化成不同高度、不同宽度，适宜不同能力幼儿助跑跨跳的游戏器械，充分激发了幼儿的探索欲。活动全程紧凑有趣，让幼儿在和谐快乐的游戏情境中全面发展身心。此外，教师还注意到以下两点：

（1）关注全体与尊重个体并重。活动过程中，教学空间使用合理，规范变化的队列、队形与扇形、散点的交错使用，方便教师对每个幼儿平等的关注，并提供适时的指导；助跑跨跳过程中辅助材料的随意取放以及三条难易不同路径的自主选择，体现了教师对每个幼儿的尊重理解，让每个幼儿体会到成功的快乐和自信，在快乐中引发持久的兴趣。

（2）新的技能与原有技能同现。活动在重视"助跑跨跳"这一动作技能的学习巩固、逐步提高的同时，借助彩色皮筋、碉堡、大小彩虹桥、轮胎、垫子、绳网等其他材料，衍生情节，合理呈现并巩固诸如快速跑、投掷等动作技能，增添了游戏的趣味性，促进了幼儿身体素质的全面发展。

70. 夹包比远（夹包跳）

【设计意图】

沙包是一种传统的民间游戏材料，制作简单、游戏性强，深受幼儿喜爱，能够促进幼儿投掷、平衡、弹跳等多种运动技能的发展。在平时玩沙包游戏中，有一部分幼儿能将沙包夹在脚中间连续跳着玩，并试图将沙包甩出，但是绝大多数幼儿不能成功，因为在他们刚刚跳起时沙包就落地了。针对这一现象，设计了此次活动，旨在利用集体教学解决幼儿在这个游戏中遇到的困难。

【活动目标】

（1）学习双脚夹住沙包，用力摆臂跳起，落地屈膝保持平稳。

（2）通过尝试、探索，知道沙包要夹在脚尖的位置，才能投得更远。

（3）能够根据游戏规则，对自己和同伴比赛的结果进行监督和简单的评价。

【活动准备】

（1）经验准备：幼儿有玩沙包的经验，玩过一些双脚并拢跳的游戏。

（2）物质准备：沙包人手1个，投掷线6条，手环人手2个，标记。

【活动过程】

程序	进　程	时间和次数	场地安排
准备部分	（一）热身活动，激发兴趣 1.准备活动 幼儿在教师的带领下，做头部运动、扩胸运动、体转运动、腹背运动以及膝、踝关节运动。 2.素质练习 幼儿前脚掌着地，进行原地碎步跑，根据节奏调节速度。 3.难点前置 幼儿练习蹲跳起动作：用力摆臂，双脚并拢向上跳，落回原地。	约5分钟 （1次）	四路纵队 幼＊ ＊ ＊ ＊ 　＊ ＊ ＊ ＊ 　＊ ＊ ＊ ＊ 　＊ ＊ ＊ ＊ ¤师
基本部分	（二）探索发现并练习夹沙包跳的动作方法 1.个别幼儿展示沙包的多种玩法（抛接、投、顶） 师：我们都知道沙包有很多种玩法，现在请小朋友上来展示给大家看看你都会哪些玩法。	约1分钟 （1次）	幼 ◯ 师
	2.教师介绍新玩法——夹沙包跳 （1）教师示范，幼儿观察。 师：你们展示了那么多玩法，现在请你们仔细看我是怎么玩的。 （2）幼儿概括，教师补充、总结动作要领。	约2分钟 （1次）	幼 ◯ 师
	（3）幼儿练习。 师：请你们有次序地排队拿沙包，找空地方自己练一练。 幼儿散点练习，教师巡回观察幼儿动作完成的情况。		散点

续表

程序	进　程	时间和次数	场地安排
基本部分	3. 幼儿探索、发现最适合的夹沙包的位置 （1）幼儿探索。 师：脚的前面和中间都能夹住沙包，那么沙包夹在脚的什么位置才能甩得更远呢？ 幼儿散点练习，教师巡回观察幼儿动作完成的情况。	约3分钟 （1次）	梯形
	（2）教师总结。 师：我也来尝试一下，你们跟我一起做一做。 师：脚中间有个空隙，虽然能夹住沙包，但是用不上劲，所以甩得不远。只有用脚尖夹住沙包，跳起后用力甩出去，才能将沙包甩得远远的。		散点
	4. 练一练，比一比 （1）幼儿分散练习，教师巡回指导。 师：你们知道自己站在什么线的后面吗？（"起跳线"）再看看前面还有两条线是什么线？（"目标线"） 练习方法：幼儿站在起跳线的后面，用脚夹紧沙包，用力将沙包甩过前面的目标线，看看能甩到哪一条目标线。 （2）幼儿集体练习。 师：你们准备得怎么样啦？我来看看你们谁更厉害。 幼儿听哨音集体练习。	约11分钟 （2~3次）	梯形
	5. 小竞赛 师：我看大家都很厉害呀，谁才是最后的胜利者呢？我们来比试一下吧。 竞赛方法：幼儿站在起跳线上听哨音用力甩出沙包，投过第一条银色投掷线算闯关成功，可以得到一个小手环；接着挑战第二条红色投掷线，投过线的幼儿可以再得到一个小手环。每人只有两次机会，如果第一条投掷线没有挑战成功，第二次也只能在第一条线上继续挑战；得到两个小手环的小朋友可以换到一个小贴画作为这次比赛的奖品。 游戏规则：幼儿两人一组，一个人是选手，一个人是裁判；裁判注意，需要达到两个标准才算获胜，一是沙包必须甩过投掷线，二是沙包甩出去后人要落回到起跳线的后面；玩过一轮后，幼儿互换角色进行。	约5分钟 （2次）	同上

程序	进　程	时间和次数	场地安排
放松部分	（三）整理放松 1. 幼儿随音乐调整呼吸，自由放松，重点进行腿部和脚踝的拉伸 2. 教师小结 师：今天小朋友进行了夹包跳的比赛，表现得都很棒，但是大家不要忘记在沙包甩出去后，还要落回到起跳线的后面才算胜利哦。	约3分钟 （1次）	四路纵队 幼＊＊＊＊ 　＊＊＊＊ 　＊＊＊＊ 　＊＊＊＊ □师

【活动延伸】

将活动材料投放到晨间锻炼活动中，引导幼儿两人一组，一练一督、互相帮助，充分促进幼儿之间的交流和互动。

【专家评析】

沙包是幼儿非常熟悉的一种玩具。本活动从幼儿的实际情况出发，运用了游戏法，让幼儿在轻松、愉快的氛围中锻炼了身体各部位动作的灵活性、协调性，掌握了夹包跳远的方法；而两人合作比赛的过程，还让幼儿感受到和同伴在一起玩游戏的快乐。

从准备活动开始，整个活动的教学内容和目标的针对性就很强。整个活动过程，环节衔接紧密，从普通常见的玩法开始，逐渐引导幼儿参与新的教学内容；注重幼儿的创造性思维培养，让幼儿自行摸索夹沙包的最佳位置，极大地激发了幼儿的主动性和创造性；最后通过组织比赛，进一步激发了幼儿活动的积极性，也让幼儿明白了遵守规则的重要性。

71. 沙包飞起来（夹包跳投）

【设计意图】

沙包是一种幼儿园常见的小型体育器械，易搜集、易使用、玩法多。在晨间体育锻炼中，在用双脚夹包跳投掷时，大多数幼儿出现跳起时沙包夹不住、投不准等现象。可见,"双脚夹包跳投"这个动作对于幼儿来说,是有一定难度的。它要求幼儿不仅要双脚夹紧沙包,还要控制好双脚跳起的高度、双脚松开沙包的时间、投掷的方向与角度等。此外,它还跟幼儿下肢的力度知觉与调控能力、下肢肌肉力量及膝踝关节的灵活性等有关。为了帮助幼儿掌握这个动作,设计了本次活动。

【活动目标】

（1）继续学习用双脚夹包投远,细化夹包跳动作,感知动作熟练化的要点。

（2）发展下肢的力度知觉与调控能力,增强下肢肌肉力量及膝踝关节的灵活性。

（3）了解自己夹包跳的投掷距离,体验努力后投掷距离有所进步的喜悦。

【活动准备】

（1）经验准备：幼儿有夹包跳、双脚跳（向上、向前等）、投掷沙包的经验。

（2）物质准备：沙包（多于幼儿人数）,椅子4把,积木4块,投掷标记线8条(红、黄、蓝、白各2条),各种海绵垫8块,地标圈4个,小旗4面,地标线2条,绳子,音乐。

【活动过程】

程序	进　程	时间和次数	场地安排
准备部分	（一）唤醒身心,集中注意 1. 教师自编操 教师带领幼儿做上肢、下肢、体侧、体转、俯背、跳跃（向上、向前跳）、整理运动。	约2分钟 （1次）	幼儿站队
	2. 让你的沙包飞起来 （1）用手向远处投沙包。 师：今天我们要和沙包玩游戏,你能用手让你的沙包飞起来吗? （2）坐投。 师：沙包说站在离地那么高的地方飞有点儿害怕,想先低一点儿飞。 师：你的沙包飞得远吗?你身体的哪些部位用力帮助它飞起来了?("将膀子快速甩出去") （3）站投。 师：沙包说小朋友们都很能干,它不害怕了,想站在高一点儿的地方飞。	约4分钟 （1次）	幼儿站成横排,集中时两头幼儿斜排站,将横排缩成马蹄形 幼 ○ 师

续表

程序	进程	时间和次数	场地安排
准备部分	师：你的沙包飞得远吗？是坐着投沙包飞得远，还是站着投沙包飞得远？为什么？（"站着投更能将膀子快速甩出去"） （4）单脚向远处投沙包。 师：你能用一只脚让沙包飞起来吗？ 师：你的沙包飞得远吗？你身体的哪些部位用力帮助它飞起来了？（"主要是腿部用力，其他部位辅助腿用力，将小腿、脚腕快速甩出去"） 师：我们用同样的方法再用另一只脚来试试。	约2分钟 （1次）	
基本部分	（二）巩固与细化夹包跳的基本动作 1.感知主要用力部位 师：请利用夹包跳的方法，让你的沙包飞起来。感觉一下，你身体的哪些部位在用力。 小结：将沙包夹在前脚掌内侧并夹紧，向上跳起的同时，小脚用力蹬地，然后脚腕用力将沙包甩出去。	约2分钟 （1次）	散点
	2.线上投包（站在白线上夹包跳并双脚落回白线处） 师：沙包想考考我们的小朋友。小朋友们站在白线上，用夹包跳的方法让小沙包飞出去以后，双脚是不是仍然能落回到白线上呢？ （1）幼儿自主尝试。 小结：夹包用力跳起后，快速甩出并快速收回小腿。 （2）幼儿再次尝试并关注夹包投掷的距离。 师：别忘了看一看并记住自己能投多远的距离。	约3分钟 （1次）	幼 ⚬ ⚬ ⚬ → ⚬ ⚬ 投掷方向 ⚬ ⚬ → ⚬ 起投线
	3.甩包过绳（将包夹甩过有一定高度的绳子） 师：能让你的沙包从绳上飞过去吗？记住，双脚跳起后依然要落回起跳线上哦！ （1）幼儿自主尝试。 小结：夹紧沙包，双脚用力蹬地跳起，小脚和脚腕快速用力将沙包甩过绳。然后快速收回小腿，双脚略微分开屈膝，身体稍前倾，落地站稳。 （2）幼儿再次自主尝试。 （3）教师带领幼儿拍打放松下肢，放松身体。	约3分钟 （1次）	

续表

程序	进 程	时间和次数	场地安排
基本部分	4.将绳子压下贴于地面，幼儿进行夹包跳，再一次感知自己的投掷距离 师：这次你们再来看一看自己能投多远，是不是比第一次有进步，比原来投得远呢？	约2分钟 （1次）	
	5.小组比赛：沙包夺冠 游戏玩法：幼儿分成两个小组，每个小组的排头幼儿爬过垫子后，站在垫子前的标记上，夹包跳一次将沙包甩出后，幼儿跑回队伍与下一个幼儿击掌交接后，站至队尾，与其交接的幼儿爬过垫子后跑至沙包处，原地将沙包夹起向目标方向夹包投掷一次后，跑回队伍与下一个幼儿击掌交接，以此类推，直至沙包投进指定区域内，先拿到此区域内小旗的队伍获胜！	约4分钟 （1次）	小旗 ▷▷▷▷ 终点线 ○○○○ 标记 ❘❘❘❘ 海绵垫 ———— 起始线 \ \ / / 幼儿
放松部分	（三）调节情绪，放松身心 1.幼儿听音乐舒展身体，着重于下肢的拉伸、拍打放松 2.值日生收拾器材	约3分钟 （1次）	散点

【活动延伸】

（1）本节活动中的小组竞赛也可以换成区域的形式来开展，给大班幼儿更多的自主性，让幼儿在不同区域中根据自己的能力进行调节、选择与练习，从而在自己原有基础上有所提高。

（2）在晨间锻炼中，可以为幼儿设置不同难度的夹包跳投区，促使幼儿在不断练习中，增强腿部的力度知觉；也可鼓励家长运用自己家中的生活物品，在家中和孩子一同进行夹包跳投的游戏活动。

【专家评析】

《指南》提出："教师要善于发现幼儿感兴趣的事物、游戏和偶发事件中所隐含的教育价值，把握时机，积极引导。""沙包飞起来"是大班幼儿在运动区域玩沙包过程中产生的双脚夹包跳投掷的学习活动。活动特点主要体现在两个方面：

（1）遵循发展规律，有效促进幼儿基本动作的学习。因为"双脚夹包跳投"动作对于幼儿来说有一定的难度，因此，在学习过程中，教师充分把握幼儿的已有经验，遵循幼儿动作发展的规律，循序渐进、由易到难、由上至下、由近及远、由粗到细组织活动。首先，从头部动作—躯干动作—手臂动作—脚的动作中，让幼儿充分体验双脚跳起后的主要及辅助用力部位；其次，设计"线上投包"和"甩包过绳"两个游戏，让幼儿在不断变化的练习中感知动作、连贯动作、发展动作；最后运用竞赛形式，再一次调动起幼儿活动的兴趣与积极性，在宽松、积极的活动氛围中，巩固幼儿的基本动作，培养他们的团队合作精神。

（2）尊重幼儿主体，促进幼儿学习品质的提升。动作学习是一连串的肌肉与神经的协调过程，是动作与智慧的结合。因此，必须尊重幼儿的主体性的发挥，让幼儿主动学习。在"让你的沙包飞起来"这一游戏环节，由于幼儿具有"肩上挥臂投掷和运用身体各部位投掷"的经验，于是教师把引导重点放在激发幼儿对用力部位的感知上，这不仅激发了幼儿的兴趣，还促进了幼儿智力的发展。通过教师有目的、有顺序的提问，在同伴的示范下，幼儿对自身动作实施的过程进行感知与监控，对动作结果进行思考、对比与评价，全面发展了学习品质。

72. 小猴子过河（助跑跨跳）

【设计意图】

　　大班幼儿跳跃能力发展很快，动作日趋合理和丰富，跳跃的远度、高度和连续跳的持续时间都有所增加。助跑跨跳是大班年龄阶段较难掌握的跳跃动作，幼儿在起跳时要有意识地摆臂助跳，注意蹬腿和摆臂的协调性，落地时要缓冲，且要求动作连续、节奏稳定。如果一味地进行专项练习，会使幼儿感到枯燥乏味，同时也不利于幼儿动作的发展。本活动通过收集废旧盒子，采用小猴子过河的游戏情境贯穿始终，从幼儿自由探索跨跳动作再到教师示范、不断增加长度和高度等，激发幼儿对活动的兴趣和积极性，促使幼儿学习助跑跨跳的基本要领，增强动作的协调性。

【活动目标】

　　（1）学习助跑跨越的动作，增强腿部肌肉的力量。

　　（2）通过探索跨跳不同长度、高度的小河，感知一只脚用力蹬地，同时身体重心向前移带动后腿跨过小河,保持平衡的方法。

(3)勇于尝试、不怕困难,感受与同伴共同玩"打怪兽"游戏的快乐。

【活动准备】

(1)经验准备:幼儿会立定跳远、单双脚跳。

(2)物质准备:各种高低、宽窄不同的盒子,软球,怪兽的图画,音乐,录音机。

【活动过程】

程序	进 程	时间和次数	场地安排
准备部分	(一)激发兴趣,模仿小猴的动作,活动身体 师:小猴子们,我们一起来运动一下吧! 1.热身活动:幼儿扮演小猴,做走跑交替入场的动作	约1分钟 (1次)	
	2.专项准备:听音乐做小猴模仿操,模仿小猴抓痒理毛、摘桃捡桃等动作活动身体 幼儿任意在场地中间找个空点子站好,形成四路纵队,师幼成做操队形,为助跑跨跳做重点部位的专项热身。	约2分钟 (1次)	播放音乐
基本部分	(二)学习助跑跨跳的方法,增强腿部肌肉的力量,体验趣味性 1.小猴子自由玩纸盒 师:小猴子们,看这是什么啊?("纸盒")每个小猴拿一个盒子,找一个空的地方玩,看看可以怎么玩? 师幼集中站成半圆(地上有圆圈线),鼓励幼儿交流各自玩盒子的方法。	约4分钟 (1次)	幼 师
	2.幼儿练习用助跑跨越跳的方法过小河 (1)师幼共同讨论:小猴子可以怎样过小河呢?(请个别幼儿进行交流示范) (2)教师示范并讲解动作要领:跑跑跑,一只脚用力蹬地,同时身体重心向前移带动后腿跨过小河,接着向前跑两步,单脚落地,保持平衡,这个动作的名称叫助跑跨跳。 (3)幼儿自由练习,注意跑的方向和距离,以免互相相撞。	约6分钟 (1次)	幼 □ □ 纸盒 □ □ 纸盒

续表

程序	进程	时间和次数	场地安排
基本部分	3. 小猴过河：幼儿自由选择好朋友，尝试在不同高度、长度的纸盒上跨跳 （1）师：两个小猴子可以把盒子并排拼在一起跳。（变长） （2）师：三个小猴子可以把盒子并排拼在一起跳。（再次变长） （3）师：六个小猴子可以把盒子上下并排拼在一起跳。（变高边长） （4）师：小猴子们和妈妈一起休息吧。 教师带领幼儿调整呼吸，放松腿部。	约8分钟 （1次）	纸盒并排变长，三个小猴助跑跨跳过去 纸盒并排变高，六个小猴助跑跨跳过去
	4. 游戏"打怪兽"比赛 师：你们看，前面的树林里有怪兽，我们一起去打怪兽，可路上要走过小路，爬过高山，还要经过一条长长的小河和一条高高的水沟，你们能过去吗？ 游戏方法：幼儿手拿软球，走过小路，爬过高山，助跑跨跳过长长的小河（纸盒变长）和变高的水沟（纸盒垒高）到达森林，发现怪兽并打怪兽，可循环游戏。	约6分钟 （2次）	幼儿四队 小路 高山 小河 水沟 怪兽
放松部分	（三）稳定情绪，放松身心 1. 幼儿散点找空站，随着轻松的音乐放松，调整呼吸，拉伸身体各部位，重点进行腿部、脚踝的拉伸 师：小猴子，你们真棒！不怕困难，过了不同长度、高度的小河和水沟，打死了怪兽！我们一起来放松一下吧！ 2. 师生共同整理场地后回家	约3分钟 （1次）	散点

【活动延伸】

在日常体育游戏时，鼓励幼儿尝试用小棒、泡沫垫等多种材料，采用架高、拉长距离等方式来进行助跑跨跳的练习，增强游戏的趣味性。

【专家评析】

助跑跨跳有很多种练习的方式，本活动能利用身边的废旧材料——鞋盒来引导幼儿练习、学习准确的基本动作，设置了有趣的体育循环游戏，让幼儿到达森林后用软球打"怪兽",增强了活动的趣味性,让幼儿感受到与同伴共同玩"打怪兽"游戏的快乐,深受幼儿的喜欢。此外,活动过程中通过不断变化盒子的摆放形式,比如从单人摆放到多人摆放,从盒子并排变长摆放到盒子上下并排变高变长摆放等,逐步增加难度,让幼儿在活动中一次次挑战自己的极限,不但提高了幼儿的运动能力,也锻炼和培养了幼儿的意志力。

建议

活动中在助跑跨跳时,提醒幼儿目测好距离,选择好起跨点,调节好步幅,落地要轻,这样有助于身体的平衡和减轻着地时对脑的震动。幼儿在基本动作熟悉后,还可以尝试连续跨跳,掌握好连续跨跳的连贯性和稳定的节奏,进一步增强腿部肌肉的力量。

73. 勇闯独脚果园(单脚跳)

【设计意图】

大班上学期的幼儿基本掌握了单脚跳的方法,但是下肢耐力、平衡能力不足。本活动运用情境导入法,让幼儿随着情境的发展去感知和发现单脚跳的方法。在学习过程中,教师也有意识分层次地提供不同距离的标记线让幼儿自由练习。整个活动由游戏开始,再由游戏结束,让幼儿在游戏中得到了发展和锻炼。

【活动目标】

(1)进一步学习连续单脚跳的动作要领,发展下肢力量与耐力。

(2)利用情境游戏、同伴合作,感知跳跃动作的协调性和连贯性的要领。

(3)克服困难、勇于挑战,坚持连续完成长距离的跳跃。

【活动准备】

(1)经验准备:幼儿玩过"占圈"游戏,了解民间游戏"斗鸡"的玩法。

(2)物质准备:空旷的场地,小呼啦圈18个,大呼啦圈4~5个,体操垫,标记线4根(8米),水果贴纸若干,播放器,音乐。

【活动过程】

程序	进　程	时间和次数	场地安排
准备部分	（一）激发兴趣，活跃情绪 师：今天天气很好，小朋友们和老师一起来运动吧！ 1. 热身活动 幼儿与教师以一路纵队进场，在欢快音乐的伴奏下慢跑、快跑、追逐跑。	约3分钟 （1次）	○
	2. 专项准备 幼儿站成四路纵队，为单脚跳进行重点部位的专项热身，包括头部、扩胸、摆臂、手腕脚踝、脚掌腹背、压腿、跳跃、整理运动等。整理运动结束后，每个幼儿拿一个小呼啦圈走成大圆，为后面的游戏做好准备。	约3分钟 （1次）	播放音乐
	3. 玩游戏"占圈" 师：请小朋友围着大圆走，听到口令后立刻找到一个圈站好，没有占到圈的小朋友走到大圆中间，等待下一次游戏的机会。 游戏玩法：教师分别报出桌子（4条腿）、板凳（3条腿）、梯子（2条腿）、拐杖（1条腿）这四个名字，当幼儿听到名字后要立刻站到圈中，并保证圈中自己腿的数量和老师报的物品腿数相同。每进行一次游戏，教师逐渐减少圈的数量，失败的幼儿在大圆中间休息。	约4分钟 （1次）	○
基本部分	（二）情境导入，激发幼儿探索跳的方法 1. 引出"为琪琪摘果子"的游戏情境，复习跳 师：秋天到了，果园丰收了。果园邀请会跳的小动物参加摘水果比赛，你们知道有哪些小动物会跳吗？它们是怎样跳的？请你们试一试。 幼儿自由模仿练习小动物跳。 师：这个果园有个奇怪的名字叫"独脚果园"，你们能用什么方法进入这个独脚果园呢？	约3分钟 （1次）	散点
	2. 学习单脚连续行进跳 （1）幼儿自由练习单脚连续行进跳。 师：请你试一试找出适合自己的单脚跳的方法。 （2）幼儿自由练习单脚连续行进跳5～6米。 师：请小兔子找一条目标线，用单脚连续跳的方法跳过去。 游戏玩法：教师提供5～6米的标记线，幼儿自由练习。 （3）尝试单脚连续远距离行进跳7～8米。 师：小兔子们跳得真好，你们有没有信心跳过更远的距离？	约5分钟 （1次）	≡

续表

程序	进程	时间和次数	场地安排
基本部分	3. 玩游戏"勇闯独脚果园" （1）分组练习单脚连续行进跳过不同的路线。 师：摘水果比赛马上要开始了，两队要同时进行，请你们按照路线图布置场地，并根据动作提示开始比赛。 游戏玩法：路线一：单脚连续跳过7~8米的距离摘一个果子；路线二：手膝爬过4~5米的地垫摘一个果子；路线三：单双脚连续跳过圈摘一个果子。 （2）玩"斗鸡"游戏，尝试连续单脚跳。 师：通过几轮比赛，你们两队都摘到了很多水果，到底谁是冠军呢？我们两队进行最后的PK，用我们玩过的"斗鸡"游戏方法找一个对手PK，失败的一方送给对方一个水果。 游戏玩法：两队幼儿运用民间游戏"斗鸡"的方法争夺最后的胜利。幼儿单腿跳跃相互碰撞，脚先落地的一方失败并给赢的一方一个果子。	约8分钟 （1次）	标记线 ━━━ ▯ 爬行垫 圈○○○○○
放松部分	（三）稳定情绪，放松身心 师：今天我们给琪琪摘了这么多果子，我们快给琪琪送过去吧，祝琪琪早日康复！ 幼儿散点找空站，随音乐放松，调整呼吸、拉伸韧带、调节情绪，重点进行腿部和脚踝的拉伸。	约3分钟 （1次）	

【活动延伸】

在日常体育游戏中，可以带领幼儿玩"占圈""斗鸡"游戏，且逐渐增加人数，从而增加游戏的挑战性和趣味性，发展幼儿的下肢力量。

【专家评析】

单脚跳是幼儿平时游戏时经常接触的一项基本动作，但是游戏时的动作只是瞬间或短时间的表现，幼儿的坚持性和耐力得不到发展，因此教师开展了这个活动。活动特点主要表现在以下两个方面：

（1）合理运用民间游戏，发展幼儿单脚跳的能力。热身游戏"占圈"是在幼儿熟悉的民间游戏上，利用幼儿已有的生活经验结合大班合作游戏的年龄特点进行的改编。游戏中教师变换不同的要求，让幼儿尝试用单脚、双脚、单双脚不同的组合方式变成拐杖、梯子、板凳、桌子，充分调动起幼儿的积极性以及集中幼儿的注意力，游戏本身也紧扣教学内容，有意识地让幼儿运用单脚进行游戏。"争夺冠军"的游戏也来源于幼儿熟悉的民间游戏"斗鸡"，贴合学习目标和内容，同时也充分发挥了大班幼儿的竞争意识，把活动推到高潮。整个活动由游戏开始，再由游戏结束，让幼儿在游戏中得到了发展和锻炼。

（2）活动体现层次性，关注幼儿的需要。活动过程中，教师有意识分层次提供不同距离的标记线让幼儿自由练习。第一次提供的是5～6米长的距离，以便了解幼儿的能力。第二次提供了7～8米长的距离。接下来的"摘果子"游戏也是考虑到大班幼儿的年龄特点，让他们发挥团队意识共同看图布置游戏场地，减少教师的参与，充分体现幼儿学习的自主性、参与性和合作游戏的能力。游戏路线的设计也做了一定的考虑，首先7～8米的窄道练习是对这节活动的总结，中间的手膝爬让幼儿身体的其他部位得到锻炼，也让下肢得到休息。最后的跳圈是对幼儿能力的一个挑战，让他们在连续单脚行进跳的同时，能努力克服跳过有一定障碍的路线。

建议

在教学活动中，可运用不同的游戏策略让幼儿探索单脚跳的方法，也可利用不同的器材让幼儿练习单脚跳，如绳子、圈、板子等。

74. 勇敢的小兵（高跳下）

【设计意图】

大班下学期的幼儿面临入学，他们即将离开老师的呵护，慢慢学习独立地在小学生活、追逐、游戏。此阶段幼儿天性冲动，动作技能发展不够成熟，因此我们应该帮助他们了解并学习如何从适合的高度障碍上跳下来。为了让幼儿学习从高处向下跳，本活动以"观察、尝试、探索、讨论分享、再尝试"为主要方法，鼓励幼儿积极参与游戏；以幼儿最感兴趣的游戏方式贯穿始终，让幼儿在玩的过程中掌握动作要领，培养主动能力。

【活动目标】

（1）学习从25～50厘米的高处往下跳，发展跳跃能力。

（2）在充满情趣的游戏情境中积极探索、尝试，初步掌握从高处向下跳的方法。

（3）善于思考与观察，遵守游戏规则。

【活动准备】

（1）经验准备：幼儿有跳跃的经验。

（2）物质准备：空旷的场地，幼儿椅子6把，教师椅子6把，录音机，音乐，排头点子标记。

【活动过程】

程序	进　程	时间和次数	场地安排
准备部分	（一）激发兴趣，活跃情绪 师：小兵们！我们一起准备出操喽。 1. 热身活动 幼儿与教师以小兵的角色一路纵队进场，在欢快音乐的伴奏下进行正向绕圈跑、绕障碍跑、反向跑、高抬腿跑、后踢腿跑等多种方式的走、跑练习。	约3分钟 （1次）	6把椅子
	2. 专项准备 幼儿站成四路纵队，师幼成做操队形，进行走跑交替活动，为跳进行重点部位的专项热身，包括头部、扩胸、摆臂、手腕脚踝、脚掌腹背、压腿、跳跃、整理运动。	约3分钟 （1次）	播放音乐
基本部分	（二）自主学练，发展能力，体验乐趣 1. 引出"勇敢的小兵"游戏情境，复习跳 师：小兵们，我们要到敌人内部夺回我们的地图！怎样才能夺得呢？要跳过敌人埋下的红外线，到有旗帜的地方，找到这样的卡片回来！ 游戏玩法：幼儿从起始线出发，跳过障碍，跑至旗帜一方，找到卡片，跑回。	约3分钟 （1次）	起始线 红外线 ▲ 旗帜

续表

程序	进程	时间和次数	场地安排
基本部分	2. 引出"勇敢的小兵"游戏情境，学习从高处跳下的方法 （1）初步尝试从高处跳下，夺得完整地图。 师：小兵们，刚刚你们已经夺得部分地图，非常棒！接下来我们要接受更高的挑战，将剩余的地图一起夺回，但是路上会有敌人的埋伏，我们要站在埋伏上，往下跳，不能摔倒哦。 ①幼儿游戏：幼儿从起始点出发，爬上小椅子，双腿弯曲，轻轻跳下，一直到旗帜前将拼图夺回。 ②师生集中站成半圆，共同讨论：你们刚刚成功夺得地图了吗？有没有被敌人发现？你们是怎么跳的？	约5分钟 （1次）	幼儿椅子 □ □ □ □ □ □ □ □ □ □ 旗帜 △
	（2）在讨论的基础上，幼儿再次游戏。 师：小兵们说得都很好，我们用刚才想的好办法再来玩一玩。这次，有的埋伏变得更高了，小兵们可要特别小心，还不能给敌人听见声音哦！这次我们将旗帜夺回，就胜利啦。 ①幼儿游戏：幼儿从起始点出发，爬上小椅子，双腿弯曲，轻轻跳下，一直到旗帜前将旗帜夺回。 教师观察指导，提醒幼儿双膝弯曲，双手摆动跳下，脚后跟先落地。	约4分钟 （1次）	幼儿椅子 □ □ □ □ 教师椅子 □ □ □ □ 旗帜 △
	②集中讨论：你们都夺回旗帜了吗？有没有被敌人发现？用的什么好方法？	约2分钟 （1次）	⌒ 幼 ○ 师
	（3）分组游戏，观察同伴、调整身心。 师：小兵们作战辛苦了！拿着我们的胜利旗帜送回我们的大营吧！ 游戏玩法：幼儿从起始处出发，手拿旗帜爬过垫子，送回大营。	约5分钟 （2次）	垫子 ○○○○○
	3. 引出"欢乐舞蹈"的游戏情境，调节上下肢动作 师：小兵们，我们都把旗帜送回营地了，现在我们一起庆祝一下吧！ 游戏玩法：幼儿两两结合挥舞旗帜，随音乐跳舞。	约2分钟 （1次）	

续表

程序	进程	时间和次数	场地安排
放松部分	（三）稳定情绪，放松身心 师：今天我们玩了一个"勇敢的小兵"的游戏，开心吗？现在我们放松一下。 幼儿散点找空站，随音乐放松、调整呼吸、拉伸韧带、调节情绪，重点进行腿部和脚踝的拉伸。	约3分钟 （1次）	

【活动延伸】

活动结束后，可以和幼儿共同讨论："在什么样的高度和什么样的地方，适合玩这样高跳下的游戏？"以此引导幼儿增强自我保护的安全意识。另外，可以在美工区提供盒子、颜料等材料，供幼儿画一些自己喜欢的物体，然后投放在晨间锻炼的游戏中，供幼儿练习从不同高度和宽度的障碍上向下跳。

【专家评析】

从一定高度往下跳跃，对于幼儿来说需要勇气和智慧，因为这样的高度对于有些幼儿来说是有困难的。如何帮助幼儿克服困难，勇敢地跳下去呢？"小兵"的游戏情境是一个可以激发幼儿勇气的设计，因为幼儿对"小兵"都有别样的尊敬和向往。"小兵夺取地图"的完整游戏情境就更加能够让幼儿感受到完成任务后的兴奋、愉快和成就感。教师通过这样的设计帮助幼儿从心理上首先跨出了勇敢的一步。

在学习跳跃方法的过程中，教师更多地运用了反思和讨论策略，让幼儿在相互的经验分享中习得从高处向下跳的正确方法。对于大班幼儿来说，同伴的有益经验分享是非常重要的。因为在这样的分享中，幼儿可以认识到经验的学习不仅可以来自教师，还可以来自同伴，学习的渠道可以是多种维度的。同时，倾听同伴的发言，对于自己的成长也非常有帮助。在这样的习惯养成过程中，幼儿的学习能力也得到了培养。

最后，"带着胜利的旗帜回大营"的情境，给这个游戏画上了一个完整的句号，这样的情境让幼儿的内心得到了极大的满足与成功感。

75. 蹲撑跳（蹲撑跳）

【设计意图】

　　大班幼儿为班级服务的意识比较强，平时能主动为班级自然角的植物浇水，但每次给植物浇过水后教室地上总是泼洒出许多水。通过观察发现，幼儿在用盆端水的时候手臂力量明显不足，手眼协调能力较弱。在日常的活动中幼儿下肢力量锻炼得较多，上肢力量锻炼得较少。因此，本活动中，教师借助动画片的情节和闯关游戏吸引幼儿主动学习，分步骤掌握蹲撑跳的动作要领，以此来锻炼幼儿手臂支撑力量和心肺功能，增强幼儿的体质，帮助幼儿提高生活自理能力，为进入小学打下基础。

【活动目标】

　　（1）学习蹲撑跳的动作，锻炼手臂支撑力与腿部肌肉的力量。

　　（2）通过自主探索、模仿，在连续蹲撑跳3～4米中感知动作的连贯性和节奏感。

　　（3）坚持跳完一定的距离，体验克服困难后获得的满足感。

【活动准备】

　　（1）经验准备：幼儿已经掌握了猴子爬（手脚着地向前爬）和螃蟹侧爬（手脚着地同手同脚侧行爬）的基本动作。

　　（2）物质准备：长5米、宽15厘米的纸板3块，长5米、宽10厘米的纸板3块，拱门4个，平衡木3块，彩色的鹅卵石，大筐2个，小筐4个。

程序	进　　程	时间和次数	场地安排
准备部分	（一）游戏导入，调动幼儿的积极性 1. 手脚着地爬进入场地，练习猴子爬的动作 师：小勇士们，今天我们要到古庙里去寻找宝贝，要爬过山洞，才能到达古庙，我们可以学猴子爬进山洞。 幼儿学猴子爬动作爬8米左右，爬出洞口，走到另一个山洞口再爬8米左右到达古庙。	约2分钟 （1次）	爬进山洞 古庙　草地 ↑山洞

续表

程序	进　程	时间和次数	场地安排
准备部分	2.热身操 师：马上我们就要探险了，先来运动一下吧。 幼儿做上肢运动、下蹲运动（至少做5个深度下蹲运动）、体侧运动、体转运动、腹背运动、跳跃运动、放松运动。	约3分钟 （1次）	☆教师 幼｜｜｜｜
基本部分	（二）在游戏中自主练习动作，掌握动作要领 1.感知蹲撑跳的动作要领 师：动画片中闯关的勇士在古庙里遇到地上有大裂缝时是怎么做的，谁来学一学？（请幼儿回忆动画片里蹲撑跳的动作） 幼儿做动作，教师讲解动作要领：先蹲下来双手放在双腿的中间，双手同时向前移动，腿用力蹬地，使双脚落于两手之间，然后双手再前移，继续跳进。	约1分钟 （1次）	场地基本同上，第一、二竖排幼儿向左转，第三、四竖排幼儿向右转，面对面站好，教师站在中间
基本部分	2.幼儿练习蹲撑跳的动作 师：小勇士们，我们站在红线后面排好队，一起来学一学吧！（幼儿从起点线出发，练习3米左右的距离再返回） 教师对幼儿的动作进行指导。	约4分钟 （2次）	幼 起☆师 点 线
基本部分	3.增加障碍物，幼儿集体练习 （1）教师示范动作。 师：马上要进入古庙的第一关，跳过大裂谷。怎样跳过大裂谷呢？手先跨过大裂谷，脚要很快地跳过来，动作要连贯，不能跳到裂谷里哦！ （2）幼儿集体练习。	约4分钟 （1~2次）	幼 师☆ 纸 板↓ 从两边返回
基本部分	4.增加难度，加大纸板的距离，再次练习 师：古庙好像摇动了，看裂谷的距离又变大了，你们还有信心跳过去吗？（纸板摆放的间距不能太大，在20~30厘米）	约4分钟 （1~2次）	场地安排同上，只是纸板的间距增大

续表

程序	进　程	时间和次数	场地安排
基本部分	5. 游戏：夺回宝石 师：在古庙的深处有亮闪闪的宝石，每个勇士要穿过山洞，跳过大裂谷，走过独木桥，取一个宝石回来。看看勇士们能不能完成任务，谁来试一试？	约5分钟 （2次）	山洞 大裂谷 独木桥 宝石
	6. 夺宝竞赛游戏 师：勇士们，真正的比赛开始了，看看哪一队的勇士能最先完成任务。	约4分钟 （1～2次）	场地同上
放松部分	（三）放松身体的各个部位 1. 表扬幼儿闯关成功，带领幼儿调整呼吸，跟着音乐放松腿部、手臂和手指 2. 收拾整理器材与场地	约4分钟 （1次）	散点

【活动延伸】

日常体育活动中，教师可以增加游戏的层次，通过各种游戏情境鼓励幼儿连续向前蹲撑跳，注重动作的连贯性，比如用机器狗完成任务的情境促进幼儿主动练习连续蹲撑跳，锻炼手臂力量。

【专家评析】

本活动中，教师根据大班幼儿的动作发展水平，设计了蹲撑跳的基本动作练习，对幼儿来说既是一种全新的体验，又锻炼了上下肢力量和身体协调能力。在坚持跳过一定距离的过程中，还培养了幼儿坚持不懈和不怕困难的意志品质，符合《指南》所提出的"关注幼儿的学习品质"精神。

活动中，教师充分尊重幼儿喜欢游戏的学习方式，让活动过程充满趣味性。幼儿通过模仿小猴子、模仿动画片中的闯关勇士、寻找宝石游戏，和教师共同总结方法，逐渐掌握蹲撑跳的动作，体现了"以游戏为基本活动"的精神，做到了玩中学、学中乐。

建议

蹲撑跳这个动作对于幼儿的体力消耗比较大，在活动中需要鼓励幼儿坚持下来，有不怕累的精神。教师还可以将教学中的游戏环节设计成圆形的循环游戏，也可以增加其他项目，这样更便于教师指导，帮助动作发展较慢的幼儿练习动作。

76. 羊羊大练兵（投远）

【设计意图】

《喜羊羊与灰太狼》是幼儿非常熟悉及喜爱的动画片，通过这部动画片的情境进行导入让幼儿能积极主动地参与到活动中，调动幼儿学习的主动性。活动迁移幼儿已有的游戏经验帮助幼儿巩固已有的投掷经验，从而发展单手肩上挥臂侧身投掷的基本动作。此外，活动有效结合《指南》健康领域的目标，合理运用各项体育器材把投掷距离控制在大班幼儿年龄段需达到的5米，这样也便于教师对幼儿投掷能力的了解，从而更有目的地指导幼儿练习。

【活动目标】

（1）学习单手肩上挥臂侧身投掷纸球，发展动作的协调性、灵活性。

（2）在自由探索、同伴动作模仿、游戏情境中，逐步感知单手肩上挥臂侧身投掷的动作。

（3）在大练兵活动中尝试克服困难，学习团队合作。

【活动准备】

（1）经验准备：幼儿玩过丢沙包的游戏，学过单手肩上挥臂正面投掷的动作。

（2）物质准备：沙包1个，纸球18个，纸圈18个，爬行垫，跳圈，音乐。

【活动过程】

程序	进　程	时间和次数	场地安排
准备部分	（一）激发兴趣，活跃情绪 1. 热身活动 教师带领幼儿一路纵队跑步进入场地，在场地中听信号进行快跑、慢跑、绕障碍跑、连续跳的练习。 师：小羊们，今天和村长一起去草地上锻炼身体吧！	约2分钟 （1次）	△师 〇

程序	进　程	时间和次数	场地安排
准备部分	2. 专项准备 在音乐的伴奏下幼儿跟着老师做操，包括头部、扩胸、摆臂、手腕脚踝、脚掌腹背、压腿、跳跃、整理运动。	约3分钟 （1次）	△师 ○○○○○幼 ○○○○○ ○○○○
基本部分	（二）自主学习，发展能力，体验乐趣 1. 巩固练习单手肩上挥臂正面投掷的动作 师：小羊们，我们一起玩丢沙包的游戏吧。 游戏玩法：幼儿分成两组，一组幼儿四散站在圈上，一组幼儿四散站在圈中，站在圈上的幼儿用单手肩上挥臂投掷的方法投中圈内的人，圈内被投中的人自然淘汰，在3分钟音乐的时长下，看能淘汰几个人。第二轮，两组交换位置再次游戏。 师：小羊们，你们都太厉害了，但是如果每一次能投得更远更准就更好了。	约5分钟 （2次）	△师
	2. 幼儿自主学习单手肩上挥臂侧身投的基本方法 （1）幼儿尝试各种投掷方法。 师：不好，我的探测仪又接到信号了，这只大灰狼在一条宽宽的河旁埋了一些又小又重的炮弹。探测仪传了一个给我，大家看怎样才能把这个小炮弹扔过又大又宽的河扔回狼堡呢？ （2）请个别幼儿示范。 师：你是用什么方法把你的炮弹投远的？	约4分钟 （1次）	△师
	3. 教师示范动作要领 师：刚才我是怎样扔炮弹的，你们觉得这个方法和原来的方法有什么不一样的地方？ 小结：双脚前后站立，上体侧转，拿炮弹的手臂向后，眼睛看前方；蹬腿、转动身体，在头的前上方把炮弹投出去。这样的投掷方法叫单手肩上挥臂侧身投掷。	约3分钟 （1次）	同上
	4. 幼儿自由练习动作 师：大河沟练习场已经准备好了，请小羊们找到自己的队伍，开始练习。（听口哨练习）	约3分钟 （1次）	同上

续表

程序	进程	时间和次数	场地安排
基本部分	5. 玩游戏"羊羊大练兵" 师：小羊们，我已经把灰太狼藏炮弹的路线图复制到我们羊村了，小羊们要开始好好练习，争取早日打败灰太狼。 （1）幼儿循环游戏：将炮弹投过草地后，绕着跑过草地上的障碍捡回炮弹跑向下一个场地，接着将炮弹投过爬行垫后，爬过垫子捡回炮弹再跑向下一个场地，最后将炮弹投过沼泽地后，跳过沼泽地捡回炮弹到村长处集合。（每条投掷线路的距离控制在4米） 师：小羊们，你们训练得都很棒！这一次我要把每条训练路线的距离拉长，看看这次你们能不能成功。 （2）幼儿再次进行游戏。（每条投掷线路的距离控制在5米）	约6分钟 （1次）	——— 起点 □ 草地 ■■■ 爬行垫 □ 沼泽地 ——— 村长处
放松部分	（三）稳定情绪、放松身心 1. 幼儿跟着音乐做动作放松全身 师：小羊们，今天我们锻炼得非常认真，相信一定能把灰太狼藏着的炮弹扔回狼堡去。我们放松放松，一会儿回去品尝美味的青草蛋糕吧。 2. 教师和幼儿一起收拾场地离开	约3分钟 （1次）	

【活动延伸】

在一日生活中继续开展"丢沙包"的游戏，可以逐渐加大距离，发展幼儿投远投准的能力；活动中还可以增加沙包的数量，发展圈内幼儿四散跑和躲闪的能力。

【专家评析】

沙包是常见的游戏材料。《指南》指出，5—6岁幼儿能躲避他人滚过来的球或扔过来的沙包，能单手将沙包向前投掷5米左右。

（1）在幼儿原有经验的基础上再创新，使新旧经验有机地融合。任何教学活动的开展都是建立在幼儿原有经验基础上的，体育活动更要了解幼儿的动作发展基础及现有水平。本活动中，教师在幼儿原有投掷经验基础上变换材料增加动作难度，引导幼儿学习转身挥臂投掷的方法。有效的教学需要教师不断地观察幼儿，了解幼儿的需要，使新旧经验有机地融合，让幼儿在活动中得到发展。

（2）组织形式丰富有趣，游戏情境性强，调动幼儿参与的积极性。在体育活动中，幼儿最不喜欢的是单调乏味的动作训练。游戏化的体育活动是解决问题的最好途径。本活动中，教师围绕幼儿感兴趣的动画人物内容设计游戏，从情境游戏出发，引导幼儿在玩中学、玩中练，以此发展幼儿的基本动作。

77. 植物大战僵尸（投准）

【设计意图】

投掷是幼儿动作发展过程中比较难的动作，需要全身很多部分协调一致行动。投掷移动的物体，更需要手眼协调，对投掷的力度和方向也有一定的要求。为了让幼儿能够更好地掌握投掷的要领，我们将幼儿喜爱的"植物大战僵尸"游戏迁移到活动中。幼儿通过扮演"豌豆射手"，用"炮弹"进攻"僵尸"，在游戏的过程中练习投掷的本领，初步学习根据目标的距离和方向，调整投掷的力度和投掷的方向。适合的游戏情境，不仅能够激发幼儿活动的积极性，更使活动变得生动、有趣，在游戏的过程中，幼儿掌握了动作要领。

【活动目标】

（1）继续学习肩上投掷的动作，学习投掷击准移动中的物体，发展协调、灵敏能力。

（2）在"植物大战僵尸"的游戏情境中，通过调整投掷的方向和力量击准物体。

（3）勇于接受挑战，积极参加活动。

【活动准备】

（1）经验准备：幼儿看过《植物大战僵尸》的图书，了解游戏的基本方法。

（2）物质准备：空旷的场地，尖顶帽子，花环，报纸球，小椅子，起始标记。

【活动过程】

程序	进　程	时间和次数	场地安排
准备部分	（一）激发兴趣，活跃情绪 师：豌豆射手们，我们一起到农场去看看，蔬菜是不是需要松土、施肥了？ 1. 热身活动 教师和幼儿一起扮演"豌豆射手"，以"长龙跑"的队形进场，在欢快的音乐背景下，进行正向绕圈跑、绕障碍跑、反向跑、高抬腿走等多种形式的走、跑练习。	约2分钟 （1次）	
	2. 专项准备 幼儿站成六路纵队，师幼成做操队形，进行手部和腿部的各项活动，为"植物大战僵尸"做重点部位的专项热身，包括头部运动、手腕脚腕运动、肩部环绕、扩胸运动、膝关节运动、压腿运动。	约2分钟 （1次）	●●●●●● 幼 ●●●●●● ●●●●●● ◀师 ●●●●●● ●●●●●●
基本部分	（二）层层累加、不断挑战，发展能力、体验快乐 1. 引出"豌豆射手"的情境，复习肩上投掷的动作 师：豌豆射手们，我们菜地里的蔬菜长得真好呀！如果僵尸来了怎么办呢？我们要用手中的炮弹进行攻击，你们还记得怎么发射炮弹吗？ 游戏玩法：幼儿在场地上扮演"豌豆射手"，找一个空地方自由地练习肩上投掷的动作。在练习的同时，教师观察幼儿的动作，用情境性的语言："注意安全，不要射到我们自己人哦""×××的炮弹发射得真远"……提醒幼儿找空地方练习以及投掷的动作要领。	约3分钟 （1次）	
	2. 引出"植物大战僵尸"的情境，学习投准移动的"僵尸" （1）初步尝试投准移动的"僵尸"。 ①一半幼儿做僵尸，一半幼儿做豌豆射手，进行投掷练习。 师：这里就是我们的农场，豌豆射手躲在菜地里，当僵尸来了，我们就要用手中的炮弹投掷到僵尸的身上，看哪个豌豆射手投掷得准。 游戏玩法：在场地的两端拉两根绳子，中间相距6米。一半幼儿站在绳子的一边扮演僵尸，双臂伸直向前跳跃；另一半幼儿站在另一边绳子的后面扮演"豌豆射手"，用手中的报纸球（每人4个）向跳跃的僵尸进行投掷。 ②交换角色进行游戏。	约5分钟 （1次）	僵尸 ● ● ● ● ● 6米 ● ● ● ● ● 豌豆射手

续表

程序	进　程	时间和次数	场地安排
基本部分	③师生集中站成半圆，共同讨论：僵尸在不停地跳跃，你是怎么投准他的？你有什么好办法吗？	约2分钟（1次）	幼 ◯ 师（半圆队形）
	（2）在讨论的基础上，幼儿再次游戏。 师：你们说得都很好，我们用刚才想到的好办法再来试一试，看看你的炮弹是不是投得更准了！ 游戏玩法：幼儿站成上次游戏的队形，分角色进行游戏。	约5分钟（1次）	队形位置同①
	3.引出"保护植物"的情境，幼儿结伴玩游戏"植物大战僵尸" （1）教师出示材料，介绍游戏的玩法和规则，并请两名幼儿示范。 师：瞧，这是僵尸的尖顶帽，这是豌豆射手的叶子帽，豌豆射手还有一个炮弹盒子，里面有4发炮弹。豌豆射手要躲在菜地上的椅子后面。如果击中了僵尸，两名小朋友就互换角色，再次游戏。谁愿意来试一试？ 游戏玩法：一名幼儿戴上僵尸的帽子，站在一端绳子的后面；另一名幼儿戴上叶子帽，蹲在另一端椅子的后面。游戏开始，僵尸手臂伸直向前跳跃，豌豆射手用报纸球投掷僵尸，如果击中了，就互相交换角色重新游戏；如果没有击中，保持原来的角色分配重新开始。	约5分钟（1次）	僵尸 ● ●　● ● ● ●　● ● —————— 6米 椅子 ▭▭▭▭▭▭ ● ●　● ● ● ●　● ● 豌豆射手
	（2）幼儿自由结伴、分配角色，进行游戏。 师：豌豆射手们，保护农场的责任就交给你们了！	约5分钟（1次）	队形位置同上
	（3）"僵尸"升级，增加击中次数再次游戏。 师：豌豆射手们，我收到一条重要情报：僵尸升级了，我们需要击中三次才能打败他们。有没有信心？ 游戏玩法：同环节（1）。	约5分钟（1次）	队形位置同上
放松部分	（三）稳定情绪，放松身心 师：我们一起来松松土、施施肥，让我们的豌豆射手生长得更强壮吧！ 幼儿散点站在圈里，根据教师的儿歌做动作。松松土呀松松土（手握拳头，从脚面往上敲到膝盖），拔拔草呀拔拔草（从膝盖捏到大腿根部），浇浇水呀浇浇水（体侧运动，做身体拉伸动作），豌豆射手长高了（下蹲再跳起来，双手上举）。重复动作。	约2分钟（1次）	

【活动延伸】

　　鼓励家长和幼儿扮演"僵尸"和"豌豆射手"，在家里进行游戏。

【专家评析】

　　肩上投掷的活动，对于幼儿来说比较难于掌握的是动作技能的关键点。有些关键点不太好用语言描述，更多的是需要通过动作技能的积累和反复练习，从而形成一种肌肉记忆，当正确的肌肉记忆形成后，正确的动作模式就形成了。而这样正确的动作模式有助于迁移到各种游戏及运动中。那么，如何形成正确的肌肉记忆呢？在运动的练习阶段，幼儿如何能让自己的动作比较规范，就成为教师设计游戏情境、引导幼儿参与游戏的重要因素之一。

　　本活动中，教师通过"植物大战僵尸"的游戏情境，引发幼儿积极投准目标的动力。在这样的动力驱动下，幼儿不断调整自己投掷的动作，努力让自己的动作准确，以便能投中目标。这样的调整，是幼儿根据游戏的需要主动做出的，当"豌豆"可以准确地投掷目标时，就会极大地激发幼儿的参与积极性，更加有利于幼儿的记忆。在积极结果的不断引导中，幼儿正确的动作记忆不断被引发，从而逐渐形成了正确的肩上投掷动作。这样的动作形成过程是幼儿主动建构并调整的，更容易被记住。

建议

　　可以在游戏场地设置上一些障碍物，增加僵尸跳跃的难度；指定"豌豆射手"攻击"僵尸"的部位，增加投掷的挑战性和精准性。

78. 穿越烽火线（侧身钻）

【设计意图】

　　《指南》指出，要鼓励幼儿进行跑跳、钻爬、攀登、投掷等活动，发展幼儿动作的协调性和灵活性。大班幼儿对于"钻"的动作并不陌生，在晨间锻炼或者平时的游戏中我们也常常会发现孩子会使用钻的动作过障碍，但很多幼儿偏向于正面钻，面对更低的障碍更喜欢爬过去，缺少了对钻的动作技能的探索。所以本活动利用幼儿喜欢的解放军形象鼓励幼儿对侧面钻的动作进行探索，并根据大班幼儿求胜的心理创设"去敌人基地取地图""炸碉堡""运武器"的情境让幼儿在其中不断地练习，从而掌握侧身钻的动作要领。

【活动目标】

（1）学习侧身钻过65～70厘米高的障碍，发展动作的协调性。

（2）通过同伴观察、情境设置等感知身体位移对侧身钻过"铁丝网"动作的影响。

（3）在穿越烽火线游戏中体验侧身钻过"铁丝网"完成任务的快乐。

【活动准备】

（1）经验准备：幼儿在中班学习过正面钻的动作，在晨间锻炼和体育游戏中会使用钻的动作过障碍。

（2）物质准备：椅子3把，皮筋若干条，圈12个，武器、地图、炸弹代替物（积木、塑料、沙包），拱门3个，垫子6块，彩色垫2块，起始点12个，障碍物12个，图片若干（望远镜、敌人），背景音乐，录音机。

【活动过程】

程序	进　程	时间和次数	场地安排
准备部分	（一）通过队列练习及解放军准备操，活动身体，激发兴趣 师：今天我是指挥官，你们是解放军。现在解放军快速地走到操场中间，听着指挥官的口令进行操练！ 1.热身运动 幼儿听音乐跟着教师边走队形（四路纵队走—并队走—大正方队走—两个小圆走—开花走—四路纵队走），边做解放军活动操（头部、腰部、腿部、全身、整理等）。	约3分钟 （1次）	
	2.专项准备：主要针对头部、腰部、腿部等部位 幼儿四人一组玩"钻山洞"游戏，两人一组玩"猜数字"的游戏。	约3分钟 （1次）	
基本部分	（二）在"解放军学本领"的游戏情境中学习侧身钻过障碍物 1.通过"铁丝网""望远镜"的情境引导幼儿探索侧身钻的动作 师：指挥官接到任务，我们要去敌人基地取地图、炸碉堡、运武器。可是路上会遇到很多这样的障碍网，我们可以怎么通过呢？ （1）幼儿6人一组分别在三道拉起来的"松紧带"下练习钻过"铁丝网"，教师观察幼儿钻的动作。 师：这是什么？敌人会用望远镜随时侦察敌情，所以我们钻的时候要随时观察望远镜（贴于椅背上），不能让它发现我们。你们再去试一试怎么钻。 （2）幼儿再次尝试。	约5分钟 （1次）	

续表

程序	进程	时间和次数	场地安排
基本部分	2. 个别幼儿示范侧身钻的动作，观察讨论侧身钻的动作要领 师：看一看这位解放军钻的时候身体有了哪些变化，先做了什么？ （1）个别幼儿示范侧身钻的动作，其他幼儿观察。之后，师幼站在半圆上讨论动作要领。 师：身体侧向"铁丝网"，先伸出一只脚，然后蹲下、弯腰、蜷身低头钻过去，另一只脚再靠过来。 （2）幼儿6人一组在"川"字形三道"铁丝网"下练习侧身钻，教师观察并纠正错误动作。	约4分钟 （1次）	～
	3. 通过"小铃铛"的情境引导幼儿感知身体位移对侧身钻过"铁丝网"动作的影响 师：敌人的"铁丝网"上都设有机关，一旦被碰到后会发出警报，敌人就会发现我们，我们的任务就会失败。所以在钻的时候一定不能碰到铁丝网，你们想一想，钻的时候用什么样的方法不会碰到"铁丝网"，去试一试。 （1）幼儿6人一组在"川"字形的"铁丝网"下练习，教师重点观察幼儿侧身钻时身体的位移。	约3分钟 （1次）	～
	（2）集中讨论：用什么方法不会碰到"铁丝网"？ 小结：身体靠近铁丝网伸出一只脚，钻的时候身体要低下去蜷缩起来，慢慢地移过铁丝网后另一只脚再靠过来，再起身。	约2分钟 （1次）	幼 ○ 师
	4. 玩竞赛游戏"穿越烽火线"，巩固侧钻的动作要领 （1）师生共同布置游戏场地，教师介绍游戏。 师：接下来指挥官要把解放军分成三队去侦察敌军的路线，每一队去侦察一条路线，以最快的速度侦察好以后，到这里集合。（教师指导幼儿摆放游戏材料，熟悉路线） 师：三条路线都是设有机关的铁丝网，铃铛一响就会被敌人发现。指挥官现在要看看哪一队的解放军本领最强，速度又快又不被敌人发现。是窃取武器组呢，还是窃取地图组，或者是窃取炸弹组？马上要出发了，一定要看清楚去的路线和回来的路线。所有解放军准备好了吗？（交换任务，比赛三次） （2）幼儿比赛，教师重点观察指导幼儿侧身钻过65~70厘米的障碍物。	约7分钟 （3次）	

续表

程序	进 程	时间和次数	场地安排
放松部分	（三）稳定情绪，放松身心 1.师幼一起听音乐做放松动作，重点对腿部、腰部进行拉伸放松 师：我们胜利了！听到胜利的号角了吗？我们中的每一位都立功了，你们很了不起！下面跟着指挥官听着音乐，放松一下身体。 2.师幼一起收拾整理场地	约3分钟 （1次）	幼 〇 师

【活动延伸】

在晨间游戏中可以结合侧身钻的动作技能和爬、跳等动作，设计一些大循环游戏，让幼儿在平时的活动中进行练习和巩固。

【专家评析】

"穿越烽火线"是一节充满惊险，需要幼儿勇敢、机智、灵活的体育活动。幼儿在活动中不断接受身体动作的挑战，不断改变自身动作的灵活性来完成任务。教师有效地设计教学情境，让幼儿在角色身份的引领下，主动积极地参与动作练习。

（1）活动情境激发幼儿参与体育活动的兴趣。小解放军的身份，让幼儿在自我意识中有了积极、勇敢、进取的认知，对角色的认知激发了幼儿对活动的积极性、主动性以及创造性。通过场景的不断变化，幼儿对动作练习一直保持着兴趣，并不断地提高自身的动作水平。

（2）环节设计的层次性让幼儿不断地挑战自我。从让幼儿尝试转过"铁丝网""望远镜"，引导幼儿感知"侧身钻"；再增加"小铃铛"，提升侧钻是"蜷身"的动作要领；最后利用各种"烽火线"，让幼儿在任务中不断巩固动作，变被动练习为主动练习。

（3）融洽的师生关系。幼儿在教师的有效组织下积极地练习动作，不断地调整动作；教师关注幼儿的动作发展需要，适时调整环境、变化难度，鼓励幼儿迎接挑战，增强自信，这些真正体现了教师是幼儿活动的组织者、合作者、参与者。

建议

教师还可以利用圈或者竹梯等材料让幼儿来练习，并根据班级幼儿侧钻的水平调整大小和高度。

79. 孙悟空种桃树（侧身钻）

【设计意图】

"钻爬"是基本动作之一。中班幼儿已掌握了正面钻动作，到了大班，钻的速度和灵活性都增强了。他们特别喜欢钻被遮盖的"洞"，但在控制动作的能力上还较欠缺。由于空间知觉和体位知觉较差以及害怕碰到障碍物，他们在钻"洞"时常过早弯腰低头，过"洞"中不会团身，屈腿程度小，过"洞"后过早直立，因此经常出现身体碰撞运动器械的现象。本节活动以孙悟空钻水帘洞为游戏情境，引导幼儿在正面钻的基础上学习侧身钻的动作，迁移以往经验，进一步发展幼儿动作的协调性与灵活性。

【活动目标】

（1）学习侧身钻过直径60厘米的圈，发展动作的灵活性。

（2）迁移已有经验，比较正面钻与侧身钻的不同，探索侧身钻的方法。

（3）感受春天的美好，体验集体种桃树、看桃花的乐趣。

【活动准备】

（1）经验准备：幼儿了解种花的基本流程，已掌握正面钻的基本方法。

（2）物质准备：拱形圈8个，平衡木4个，树枝若干，自制桃花花瓣若干，花盆4个，喷水壶，孙悟空胸饰，音乐，录音机。

【活动过程】

程序	进程	时间和次数	场地安排
准备部分	（一）激发兴趣，活动身体 师：春天天气多好啊！我的猴儿们，跟着大王一起来活动活动吧！ 教师以孙悟空身份带领小猴来到场地，听音乐做小猴健身操，包括上肢、下肢、体侧、体转、腹背、跳跃、放松等动作。	约3分钟 （1次）	播放音乐

续表

程序	进　程	时间和次数	场地安排
基本部分	（二）学习侧身钻过直径60厘米的圈 1. 幼儿尝试用自己的方法钻圈，要求身体不能碰到圈 师：猴儿们看，水帘洞就在这，它怎么样？（"很矮很窄"）可以怎么过去呢？（"钻"）你们去试一试，钻的时候不能碰到头。 （1）幼儿自由尝试用自己的方法钻圈。 （2）师生集中站成半圆（地上有圆圈线），共同讨论：怎样钻才不会碰到头呢？怎样才能安全走过水帘洞呢？（个别幼儿示范） （3）教师示范并小结。 师：今天大王可要教你们一个钻水帘洞的好办法，看好啦。和正面钻有什么不同的地方？（教师示范侧身钻圈） 小结：身体对圈侧站，下蹲，一只脚伸过圈，低头缩身过圈，最后收另一只脚钻过去。	约6分钟 （1次）	幼　师
	2. 在讨论的基础上，幼儿再次尝试侧身钻 师：猴儿们，你们再去练习一下，练好本领跟大王一起过水帘洞种桃树去。 幼儿分组练习，教师注意提醒并帮助幼儿掌握动作要领。	约6分钟 （1次）	
	3. 玩游戏"种桃树" （1）讲解游戏规则。 师：猴儿们的本领已经学的差不多了，走，大王带你们种桃树去。你们要钻过水帘洞，走过独木桥，才能到达种桃树的地方，等桃树种下去以后，猴儿们可要辛勤地浇水，桃树才会开花，最后结出又大又甜的桃子来。 游戏玩法：幼儿分成四组，每组第一个幼儿种树，第二个幼儿浇水，第三、四、五、六个幼儿贴花瓣。 （2）幼儿游戏。教师提醒幼儿掌握侧身钻圈的动作要领，不犯规。 师：猴儿们，准备好了吗？记住，一定要侧身钻过水帘洞不能犯规哦，到达目的地后可要认真干好自己的活再回来，后面的小猴一定要等他们回来后拍到你的手才能出发。 教师小结幼儿游戏的情况。	约6分钟 （1次）	独木桥 水帘洞 种桃树

续表

程序	进　程	时间和次数	场地安排
放松部分	（三）稳定情绪，放松身心 师：劳动了一天，可真累啊，快擦擦汗。猴儿们，你们看，我们种的桃树多茂盛啊，桃花开得多漂亮啊。过不了多久，一定会结出又大又甜的桃子来，到时候，大王再带你们来摘桃吃，好吗？现在让我们回去休息一下吧。 幼儿散点找空站，随着轻松的音乐放松，调整呼吸，拉伸身体各部位，重点进行腿部、脚踝的拉伸。	约3分钟 （1次）	散点

【活动延伸】

在日常体育游戏时，可以采用多种方式让幼儿练习侧身钻，如持物侧身钻（手持羽毛球拍，上面放置羽毛球），增强侧身钻的稳定性，发展动作的灵活性。

【专家评析】

幼儿喜欢钻，已经能较好地掌握正面钻的动作。对于侧面钻，他们知道身体不能碰到圈，但动作不准确，如何才能让幼儿较好地掌握钻的基本动作呢？在活动中，教师只是一个观察者、引导者、支持者，让幼儿在游戏中成长进步，逐步掌握动作要领。其活动特点主要体现在以下两个方面：

（1）动画片形象的引入。对于孙悟空的动画形象，幼儿比较熟悉和喜欢；而水帘洞的出现正好符合钻的动作练习，因此引导幼儿扮演小猴子尝试用钻的动作过水帘洞，能激发幼儿练习动作的积极性。

（2）迁移正面钻的经验。幼儿对正面钻的基本动作已经很熟悉，在尝试侧面钻圈中，当发现幼儿的动作存在问题时，教师迁移以往经验，示范讲解动作要领，比较两者的异同，引导幼儿发现站姿不同，但钻的方法类似，便于幼儿更好地掌握侧面钻的动作，并在反复练习中使动作变得规范而熟练。

建议

可以在拱形圈下方拉一道横线，便于幼儿掌握侧身钻的正确方法。

80. 小兔钻山洞（侧身钻）

【设计意图】

　　大班下学期的幼儿非常喜欢玩"城门城门几丈高"和"钻拱门"的游戏。在平时的户外活动中，幼儿也会自发地两人搭山洞玩钻山洞的游戏，但在钻的过程中经常会出现抢着一起钻而导致拥挤摔跤和把山洞碰倒的现象。因此，教师应该顺应幼儿的需要，引导幼儿学习侧身钻的方法，让幼儿尝试钻过更加低矮的物体。同时在活动中，教师有意识地让幼儿"躲"在一个山洞里增加碰撞的概率，从中引导幼儿观察周围的环境，灵活地躲闪，避免身体的碰撞。这些能力的提高，对于幼儿避免危险的活动，综合锻炼腿部肌肉力量以及身体的灵活性有重要意义。而且整个活动还以"小兔采蘑菇"的情境贯穿其中，让幼儿在游戏中挑战不同的高度，体验钻爬的乐趣。

【活动目标】

　　（1）学习侧身钻的方法，发展身体动作的敏捷性、协调性。

　　（2）通过教师指导、动作分解练习，探索钻过不同高度的山洞的身体动作，并与同伴保持一定距离不碰撞。

　　（3）克服由于高度变化而遇到的困难，喜欢玩"钻山洞"的游戏。

【活动准备】

　　（1）经验准备：幼儿玩过搬运轻物钻爬和侧身钻的游戏。

　　（2）物质准备：拱门8个，小兔子的胸饰每人1枚，大灰狼头饰1枚，蘑菇若干个，软垫8块，跨栏12个；录音机和音乐磁带。

【活动过程】

程序	进　程	时间和次数	场地安排
准备部分	（一）激发兴趣，活跃情绪 师：小朋友，现在老师是兔妈妈，你们是小兔子，跟妈妈一起出去玩玩吧！ 1.热身活动 幼儿与教师以兔妈妈和兔宝宝的角色一路纵队进场，在欢快音乐的伴奏下做双脚蹦跳的动作，边跳边爬过草地、跨过小河、钻过山洞。	约3分钟 （1次）	草地 小河　山洞
	2.专项准备 幼儿站成四路纵队，师幼成做操队形，听音乐做操，从中渗入头部运动、扩胸运动、伸展运动、下蹲运动、体转运动、腹背运动、跳跃运动、放松运动。	约3分钟 （1次）	播放音乐 ○○○○ ○○○○ ○○○○幼 ●师
基本部分	（二）在游戏中自主练习动作，发展平衡能力，体验活动的乐趣 1.引出"大灰狼"的游戏情节，幼儿自由练习钻山洞的动作 师：小兔子们，今天妈妈带你们去采蘑菇。不过，采蘑菇的时候要当心大灰狼，如果大灰狼来了就赶紧钻到山洞里，这样大灰狼就抓不到我们了！ （1）幼儿游戏：幼儿自由散点蹦跳采蘑菇，当教师喊"大灰狼来了"的时候，幼儿赶紧钻到山洞里。	约2分钟 （1次）	幼儿在中间采蘑菇
	（2）师幼集中站成半圆，共同讨论：你们刚才是怎样又快又稳地钻山洞的？（请个别幼儿介绍、示范） （3）教师示范、讲解动作要领，把动作分解为：侧身站—蹲下—伸腿—低头弯腰钻过拱门。	约3分钟 （1次）	幼 ○ 师
	2.幼儿再次游戏，教师引导幼儿讨论如何避免碰撞 师：大灰狼走了，我们再去采蘑菇，这次请你用刚才的方法钻山洞。怎样才能在钻山洞的时候不碰到别的小兔子呢？ （1）幼儿讨论，教师引导幼儿注意观察，要一个接着一个钻，注意躲避。 （2）幼儿自由练习，教师根据幼儿的情况给予不同的指导和帮助。	约3分钟 （1次）	幼儿在中间采蘑菇

续表

程序	进程	时间和次数	场地安排
基本部分	3.尝试钻不同高度的山洞，巩固侧身钻的动作 师：我们的山洞被大灰狼堵住了，怎么办呢？那边还有更矮一点的山洞，你们能钻过去吗？ 幼儿再次游戏，教师巡回指导，帮助有困难的幼儿。	约5分钟 （2次）	场地安排同上
	4.玩游戏"小兔运蘑菇" 师：大灰狼被赶走了，小兔们要回家了，我们一起钻山洞把里面的蘑菇运回家吧！ 游戏规则：幼儿依次爬过草地，跳过障碍，钻过山洞，到山洞中拿一个蘑菇跑回来，直到蘑菇全部被拿完。	约5分钟 （2次）	
放松部分	（三）稳定情绪，放松身心 师：小兔们，你们刚才不但采到了蘑菇，还搭出了各种山洞躲避了大灰狼，真能干。现在我们一起来放松一下。 幼儿散点找空站好，师幼一起随音乐放松做律动，调整呼吸、放松肌肉、调节情绪，重点进行腿部和手臂的放松。	约3分钟 （1次）	散点

【活动延伸】

教师可在体育活动中开展"炒蚕豆"的游戏（幼儿两两合作，面对面双手握紧，两人同时边念"炒蚕豆，炒蚕豆，炒不出来翻跟头"边把同侧的手臂高举翻转，形成背靠背；之后，继续边念儿歌边把同侧的手臂高举翻转，形成面对面。之后，游戏反复进行），让幼儿继续巩固练习钻。在早操时，可加入钻山洞的队形游戏提高幼儿的兴趣。在阴雨天，教师可组织幼儿在室内继续开展此类游戏。此外，家长和幼儿在家中还可以进行此类活动，增加亲子之间的情感。

【专家评析】

本活动以一个简单的游戏材料——垫子，引发了幼儿由个体到同伴、由自己到合作等多种过山洞的方法，充分调动起幼儿的主体性与自主性。通过游戏发展了幼儿的基本动作，更让幼儿体验到了合作的乐趣。

（1）尊重信任，突出自主。整个活动中，教师尊重幼儿，结合大班幼儿的"最近发展区"，充分放手，从垫子的摆放到如何选择、合作，都让幼儿处于主体地位。幼儿通过自己的动脑、动手、动口来积极参与游戏,其乐无穷。

(2)合作探究,突出重点。合作是本活动的核心目标,也是活动的难点。活动中,教师心中有目标,鼓励幼儿通过自主探索和多种合作方式来寻找过山洞的多种方法。孩子们在活动中协商谁来搭山洞、谁来钻、方向在哪里,通过有效的同伴合作达成了活动目标。

(3)积极引导,有效互动。教师在本次活动中的角色定位清晰,只是观察者、引导者、发现者,运用简短的语言引导幼儿去探索。活动一开始,教师自己做山洞,让幼儿根据山洞的变化改变钻山洞的方法;结束时,让幼儿合作来做山洞,其他幼儿来钻山洞,师幼间的互动、生生间的互动、幼儿与材料间的互动都是那么积极。

建议

可让幼儿两人或多人合作搭不同的山洞,并鼓励他们选择合适的方法钻过人体山洞;还可以让幼儿在躲避大灰狼时钻同一个山洞,让幼儿学会躲避、谦让,同时也增加了很多的挑战性。最后游戏时,教师可根据幼儿完成的情况,设置三种不同的钻:钻现成的山洞、钻一人搭的山洞和钻两人或多人搭的山洞,幼儿可根据情况灵活地选择。

81. 丛林野战军(匍匐爬)

【设计意图】

《纲要》指出:"(教师应)善于发现幼儿感兴趣的事物、游戏和偶发事件中所隐含的教育价值,把握时机,积极引导。"本活动引用国庆阅兵时幼儿认识到的一个兵种——野战军,作为活动的引入媒介。在前期经验中幼儿对野战军作战环境已经有了一定的认识,并且对此充满兴趣。活动充分考虑幼儿作为学习的主体这一特点,通过提出不同层次的问题一步步引导幼儿在反复的尝试、分享、再尝试、再分享中获得知识。教学方法上,教师结合游戏、情境、图示等,让幼儿在通过情境串联的游戏过程中发展动作技能和协调性。

【活动目标】

(1)初步学习俯身匍匐爬过高度不低于0.4米、长度约为1米的障碍,发展身体的协调性。

（2）探索爬过障碍时，发现重心下移调节身体高度爬行才能顺利通过的方法。

（3）在"丛林野战军"的游戏情境中挑战自己，体验完成任务的成功和喜悦。

【活动准备】

（1）经验准备：幼儿知道野战军的作战环境是在户外；有比较熟练的手膝着地爬行的经验，双手能交替用力向前，在一定的问题情境下出现无意识的匍匐爬的动作

（2）物质准备：50厘米高的丛林带（上拴铃铛），铁丝网一组，绕关卡；小红旗人手一面，大海泡沫垫7组（每组6块，上贴起点和拐弯标志）；匍匐爬的图片一组，最后游戏时的布置图一张；音乐，收音机。

【活动过程】

程序	进　程	时间和次数	场地安排
准备部分	（一）小战士们跟着指挥官入场，听音乐做热身操 师：小战士们，跟着指挥官一起来运动身体吧！ 1.幼儿一路纵队进场，跟着教师做走、跑练习 2.幼儿听音乐做头部、上肢、下蹲、体侧、体转、腹背运动，专项练习腹部和颈部	约6分钟 （1次）	
基本部分	（二）幼儿练习匍匐爬 1.幼儿分散进行爬的动作练习 师：战士们，刚才我们的野战部队接到了一个战斗任务，要去消灭一座敌人的碉堡。在去敌人碉堡的路上有一片敌人的监视区，为了不让敌人发现我们，要又轻又快地爬过去。下面我们来练习一下，请注意每条路的起点和转弯方向。	约2分钟 （2次）	
	2.探索俯身匍匐爬的动作 师：刚才我们小战士用了很多又轻又快的好方法。在你们练习的时候，指挥官又接到了先锋部队传来的新情况，说敌人为了打败我们，现在用了新的扫描监视系统。指挥部为了让战士们练习，模拟监视区的地形，给小战士们布置了一些上面由草丛做掩护的道路，你们觉得在爬的时候要注意什么问题？（"身体的所有部位都不能碰到掩护物"）现在请小战士们去试试看，待会儿把你发现的爬的好方法告诉大家。 幼儿分散在高度40～50厘米、长度约为1米的"掩护物"下练习，教师重点发现幼儿俯身匍匐爬动作的出现。	约3分钟 （3次）	

续表

程序	进程	时间和次数	场地安排
基本部分	3. 交流并总结俯身动作 师：刚才指挥官发现有很多小战士用自己的方法爬过了有掩护的道路，指挥官想问问小战士们是怎样通过的。 幼儿说出身体紧贴地面，教师帮助他们总结出胸、腹、腿紧贴地面的动作叫俯身。 师：当我们的身体贴近地面时，怎么向前爬？指挥官要请一位小战士来爬一爬，大家看看他是怎么爬的。（请个别幼儿示范） 师：刚才××做的这个动作，指挥官查过资料了，叫俯身匍匐爬，（出示图示）看！这是解放军在作战时为了不让敌人发现，用来掩护自己的一种爬的方法。俯身爬的时候，身体的什么部位在用力呢？	约3分钟 （1次）	幼 ⌒ ○ 师
	4. 幼儿分散练习俯身匍匐爬 师：大家都知道了俯身匍匐爬这个动作。下面指挥官要请小战士们练习俯身匍匐爬。试试看当你俯身时，能不能像××和解放军那样向前爬。 （1）幼儿练习，教师重点指导幼儿手肘与膝盖内侧轮流用力向前爬。 （2）教师与幼儿共同总结俯身匍匐爬的动作要领：身体贴在地面上，手肘与膝盖内侧轮流用力向前爬。	约5分钟 （4次）	
	5. 玩循环游戏"穿越监视区" （1）师幼共同布置场地。 师：这是我们的作战行军图（出示场地布置图）。这儿是敌人的监视区，我们要用俯身匍匐爬的动作小心爬过，要小心地绕过敌人设置的关卡。下面让我们按照行军作战图，一起来布置一下这条去战区的路吧。	约2分钟 （1次）	
	（2）教师交代活动要求。 师：我们的部队马上就要出发啦。我们首先要俯身匍匐爬过敌人的监视区，小心地绕过敌人的关卡，然后再次爬过一片监视区，向敌人的碉堡投掷一枚手榴弹，每个士兵每次只能投一枚，再接着战斗。等我们向敌人的碉堡投了一定数量的手榴弹，敌人的碉堡被炸掉后，就会出现胜利的小红旗。每个士兵取一面，插到我们的胜利区里。小战士们，准备好了吗？出发。	约2分钟 （1次）	

续表

程序	进　程	时间和次数	场地安排
	（3）幼儿进行循环游戏，教师注意观察幼儿俯身匍匐爬的动作。（播放背景音乐）	约6分钟（1次）	
放松部分	（三）放松身体，共同收拾 师：小战士们，你们真英勇，都完成了今天的任务，真是了不起！下面我们一起放松一下我们的身体。 幼儿跟随教师听音乐，放松身体，拍打手臂和腿，揉揉膝盖关节等。 师：战士们，我们要回我们的根据地了，请大家把我们的装备一起收一收。	约3分钟（1次）	散点

【活动延伸】

在晨间锻炼活动中，创设相应的丛林情境，将匍匐爬的动作与其他动作练习相组合，进一步提升幼儿匍匐爬的能力。

【专家评析】

匍匐爬是"爬"这个动作技能中的一种，从行动姿势上可分为侧身爬和俯身爬，从身体姿势上可分为高姿爬和低姿爬。本活动，教师从幼儿的已有经验出发，选择了"俯身匍匐爬"的内容，对于发展幼儿的身体协调性有着良好的促进作用。活动过程中浓厚的游戏情境感染着幼儿，环环相扣的活动环节引导着幼儿，让幼儿在愉快的氛围中快乐地体验着。

（1）运用幼儿感兴趣的教学方法，吸引幼儿的活动兴趣。首先是情境法贯穿本节活动始末。活动一开始就向"战士们"引入了"本领"一说，让幼儿带着目的去探索，符合大班幼儿的挑战心理；在末尾的综合循环游戏中，布置整个"战场"，再配上轰鸣的冲锋号、枪炮、飞机声，让幼儿沉浸在情境中，更显游戏化。其次是运用图示法帮助幼儿观察、模仿和验证俯身匍匐爬的动作。在最后幼儿和教师共同布置"战场"的过程中，引用了"行军作战图"，让全体幼儿对于布置形成共识，教师自然地作为幼儿学习的"支持者"。

（2）在活动过程的设计上，循序渐进、环环相扣。首先是热身运动活动全身，并穿插进一些瞭望、打枪、轰炮、开飞机等动作，让幼儿率先感受到战场的气氛。其次，幼儿复习并感受不同爬的动作。第三环节，教师出示一定高度的"丛林"，要求

"战士们"从丛林下方顺利地穿过,探索俯身匍匐爬。第四,交流好方法,总结俯身匍匐爬的动作要领。第五,再次完整且正确地练习俯身匍匐爬的动作。第六,向幼儿出示"行军作战图",让幼儿在自己布置的"战场"中运用俯身匍匐爬的动作。最后,放松环节,师幼共同收拾,体现了幼儿的自主性。

【建议】

根据幼儿的不同能力发展水平,可适当调节丛林带的高度;在循环游戏中,可以适当提供不同高度的丛林带,满足不同发展水平幼儿的需要。

82. 蜘蛛侠(手足爬)

【设计意图】

大班幼儿的身体处于迅速发展阶段,动作的稳定性和灵活性也增强了。在此基础上,引导幼儿模仿"蜘蛛"的动作,学习在一定高度的梯子上爬行,可以提高幼儿手脚着地爬行的协调性和身体的灵敏性。本活动借助幼儿感兴趣的"蜘蛛侠"角色以及换取"能量卡"的措施,采取"层层累加、逐步提高"的方法展开。活动开始,教师充分调动了幼儿已有的爬行经验;然后通过"斜坡""架空"等不同难度的路线,让幼儿在适度的挑战中掌握动作要领。

【活动目标】

（1）进一步学习手足着地在一定高度的梯子上爬行,发展上肢力量及身体的协调平衡能力。

（2）在不同的游戏情境中,通过模仿蜘蛛爬行,感受四肢同时用力支撑身体向前移动的方法。

（3）坚持学习,勇于克服困难。

【活动准备】

（1）经验准备:幼儿在平地上玩过手膝着地爬的游戏,但是手脚、身体的协调性不够,动作比较机械。

（2）物质准备:空旷的场地,垫子若干,梯子6架,红黄绿能量卡（扣上绳子）,

蜘蛛侠卡片，录音机，磁带，排头点子标记。

【活动过程】

程序	进 程	时间和次数	场地安排
准备部分	（一）激发兴趣，活跃情绪 师：小蜘蛛们，我们在家已经休息很久很久了，出去运动运动吧！ 1. 热身活动：小蜘蛛热身操 幼儿与教师以小蜘蛛和蜘蛛妈妈的角色进场，站成六路纵队，在欢快的音乐背景下一起做热身操。	约2分钟 （1次）	●●●●●● ●●●●●● ●●●●●● ◀ ●●●●●● 师 ●●●●●● ●●●●●● 幼 播放音乐
	2. 专项准备：头部、手腕脚踝、原地纵跳、压腿 幼儿站成四路纵队，师幼成做操队形，进行专项活动的准备，为蜘蛛爬做准备活动。	约2分钟 （1次）	队形同上
基本部分	（二）累加学习，发展能力，坚持练习 1. 引出"小蜘蛛学本领"的游戏情境，复习手膝着地爬行 师：小蜘蛛们，我们蜘蛛家族有一个特殊的本领——蜘蛛爬。你们还记得吗？那你们表演给妈妈看看，看看你们都学会蜘蛛爬这项本领了吗？ 游戏玩法：幼儿六路纵队合并为三路纵队，一个接一个在垫子上模仿蜘蛛爬，爬到垫子的最后从两边走回来，排到队伍的后面。教师及时观察并醒幼儿注意动作要领，比如两腿分开，双手在身体两侧向前撑地，臀部离开地面。	约4分钟 （1次）	垫子 ◀师 ● ● ● 幼 ● ● ● ● ● ● ● ● ●
	2. 引出"小蜘蛛挑战赛"的游戏情境，学习在一定高度的梯子上爬行 （1）初步尝试在有坡度的梯子上进行蜘蛛爬。 ①创设情境，引导幼儿观察场地，猜测闯关的动作。 师：你们都长大了，现在妈妈带你们去参加一个闯关的比赛，如果闯关成功能够得到一张能量卡。请看第一关！ 师：你发现场地上有什么，怎么闯关呢？对，小蜘蛛只要从梯子的这边爬到另一边，就闯关成功了！（教师引导幼儿观察场地的材料摆放，以及猜测闯关的方法） ②请一名幼儿示范动作，其他幼儿观察。 师：这只小蜘蛛真勇敢，他是怎么爬过去的？他的手和脚都紧紧地攀在梯子上，这样才不会掉下去！恭喜他得到一张绿色的能量卡！ ③幼儿分成三路纵队，从梯子的一边爬到另一边，中途不掉下来，到游戏结束的地方可以得到一张绿色的能量卡，套在手腕上。	约5分钟 （1次）	绿色能量卡 梯子 ◀师 ● ● ●幼 ● ● ● ● ● ● ● ● ●

续表

程序	进程	时间和次数	场地安排
基本部分	④师幼站成六路纵队，进行讨论总结：你是怎么成功地爬过梯子不掉下来的？有什么办法可以让小蜘蛛不掉下来呢？	约2分钟（1次）	●●●●●●幼 ●●●●●● ●●●●●●◀师 ●●●●●● ●●●●●● ●●●●●●
	（2）初步尝试在一定高度的梯子上进行蜘蛛爬。 师：恭喜你们顺利进入第二关。这一关可是最难的，有没有勇气战胜？这次小蜘蛛们可以借鉴刚才想到的好办法，顺利爬过梯子就可以得到一张红颜色的能量卡哦，加油！ 游戏玩法：幼儿从一定高度的梯子上爬过去，中途不掉下来，到游戏结束的地方，就可以得到一张红颜色的能量卡，套在手腕上。	约5分钟（1次）	梯子 师▶幼
	（3）幼儿分组玩自选游戏"蜘蛛侠"。 师：最刺激、最勇敢的游戏开始了。每完成一个游戏就可以得到不同颜色的能量卡，当你得到红、黄、绿三种能量卡后，就可以换取蜘蛛侠卡片一张，成为本领最厉害的蜘蛛侠哦！ 游戏玩法：幼儿分成三队，每个幼儿可以自己选择，玩完三项游戏，积满3张能量卡就可以得到蜘蛛侠的卡片一张。 第一项游戏：在垫子上爬行，得到黄色能量卡。 第二项游戏：在有坡度的梯子上爬行，得到绿色能量卡。 第三项游戏：在一定高度的梯子上爬行，得到红色能量卡。	约8分钟（1次）	场地安排参考（1）、（2）
放松部分	（三）放松休息，调整身心 师：哇，你们都变身蜘蛛侠了，开心吗？你们特别地勇敢，在闯关的游戏中不怕困难，真棒！现在，我们一起来放松一下我们的身体吧！ 幼儿散点找空站，随音乐放松，调整呼吸，按摩手臂、按摩腿部、踢腿、伸胳膊等。	约2分钟（1次）	

【活动延伸】

在户外游戏和晨间锻炼活动中，教师可以利用周围环境，继续组织幼儿开展"蜘蛛侠"的游戏，为幼儿提供锻炼的机会。

【专家评析】

爬行游戏可以怎么玩，怎么玩才有挑战性？对于大班幼儿来说，单纯的爬行游戏已经不足以满足他们的需要了，他们需要更有挑战性的玩法满足自己的参与感和成就感。"蜘蛛爬"的游戏方式就这样产生了。活动中，幼儿首先在平地的垫子上掌握蜘蛛爬的动作要领，然后在梯子上爬行。教师在幼儿爬梯子的过程中进行了两次调整，一次是有一定坡度的梯子，一次是有一定高度的空中梯子。这三次调整，对幼儿爬行的平衡感的挑战一次比一次大。幼儿也在一次次努力的过程中，不断被激发出极大的积极性。

大班幼儿对自我能力已经有了比较粗浅的认识。基于这些了解，最后在自主练习中，教师充分相信幼儿，让他们自我选择参与挑战的方式，满足了不同能力幼儿的需要。

建议

活动中，教师还可通过调整梯子的高度、倾斜度以及组合多架梯子，增加游戏的难度和趣味性，激发幼儿参与游戏的积极性。此外，教师还可以引导幼儿探索不同的爬行方式，如侧爬、倒爬、负重爬等。

83. 小螃蟹爬爬乐（侧身爬）

【设计意图】

随着年龄的增长，大班幼儿动作的灵活性和协调性都得到提高。在一次户外体育活动中，我们在地上放了几块爬行垫，孩子们看到了有的在上面打滚，有的在上面用手膝爬，还有的把手放在垫子上，把脚放在地上，腿部弯曲着试图移动自己的身体。于是，带着幼儿玩侧身爬的活动诞生了。活动中，小螃蟹这一角色贯穿始终，让枯燥的动作变得有趣起来。幼儿通过自由探索、不断尝试，在挑战自己的同时，培养了不怕吃苦的精神。同时侧身爬时需要幼儿手脚交替移动身体，对于手臂和腿部力量也有一定的要求。

【活动目标】

（1）学习手脚着地侧身爬的动作，增强手臂和腿部的力量。

（2）在自主练习和游戏中掌握侧身爬的动作要领，提高手脚的协调性。

（3）体验侧身爬带来的快乐，游戏中勇于挑战自己。

【活动准备】

（1）经验准备：幼儿玩过一些爬行的游戏。

（2）物质准备：空旷的场地，小螃蟹臂章人手1枚，手套人手1副，起始线、直线通道、Z形线通道，食物图片（与幼儿人数相等），小动物图片（与幼儿人数相等），小筐4个，录音机，音乐，标记筒。

【活动过程】

程序	进　　程	时间和次数	场地安排
准备部分	（一）活动身体各部分，调动情绪 师：今天小朋友当小螃蟹，老师当螃蟹妈妈，让我们一起在草地上玩一玩，锻炼身体吧！ 1. 热身活动 幼儿与教师以小螃蟹和螃蟹妈妈的角色一路纵队进场，在音乐的伴奏下进行两腿交叉走、高抬腿走、侧步走、正向绕圈跑、绕障碍跑、反向跑等多种方式的走、跑练习。	约3分钟 （1次）	8个标记筒 △　△ △　△ △　△ △　△
	2. 专项准备：头部、肩部、扩胸、摆臂、脚掌腹背、压腿、手腕脚踝、跳跃、整理 幼儿站成三路纵队，师幼成做操队形，做韵律操，为侧身爬进行重点部位（手部、肩部、腿部和脚部）的专项热身。	约3分钟 （1次）	播放音乐
基本部分	（二）探索练习，学习侧身爬的动作，感受爬行的乐趣 1. 幼儿探索爬行，感受爬行的乐趣 （1）幼儿自由模仿螃蟹爬。 师：你们知道螃蟹是怎样爬行的吗？请大家找一个空旷的地方，模仿螃蟹爬一爬。 游戏玩法：幼儿散点找空旷的地方自由爬行，教师观察幼儿出现的动作，提醒幼儿不碰撞，注意安全。 （2）尝试爬直线通道。 师：这里有长长的直线通道，请你们用手脚爬的方法来试一试。 游戏玩法：幼儿分成三队，每个幼儿用手脚爬的动作爬过直线通道，教师观察幼儿的动作。	约5分钟 （1次）	

续表

程序	进　程	时间和次数	场地安排
基本部分	2. 学习侧身爬的动作 （1）共同讨论侧身爬的正确动作。 师：你们刚才是怎样爬过通道的？谁愿意来爬给大家看一看？ ①请个别幼儿示范侧身爬的动作。 师：请仔细看一看，他是怎么爬的？爬行时，他的手和脚是怎样做的？膝盖碰到地面了吗？ ②小结并示范讲解动作：侧身爬时手脚着地，膝盖不能碰到地面，爬行时要手脚交替移动身体。爬直线通道的时候，手始终在一条线上，脚始终在另一条线上移动身体。	约5分钟 （1次）	幼 ◯ 师
	（2）幼儿练习侧身爬，寻找食物。 师：我为小螃蟹们准备了一些食物放在小筐里，下面请你们用侧身爬的动作，爬过通道去找食物吧。 游戏玩法：幼儿分成三队，每个幼儿用侧身爬的动作爬过直线通道，从筐中拿出一种食物。教师观察幼儿动作的掌握情况，并予以指导。	约3分钟 （1次）	
	（3）出示Z形通道，提出新的挑战。 师：这里还有一个Z形线通道，你们愿意来试一试吗？ 游戏玩法：幼儿分成三队，每个幼儿用侧身爬的动作尝试爬过Z形线通道。教师对动作有困难的幼儿予以引导和帮助。	约4分钟 （1次）	
	（4）幼儿跟随音乐放松自己的手臂和小腿。 师：小螃蟹们，让我们先坐在草地上休息一下，一会儿我们就要去救同伴了。	约1分钟 （1次）	播放音乐
	3. 分组玩游戏"小螃蟹救同伴" （1）介绍游戏玩法。 师：小螃蟹们找到了食物，吃饱了肚子，就要去救小动物了。遇到通道时，记得要用侧身爬的方法爬过。 游戏玩法：幼儿分成四队，听到开始的口令后，第一个幼儿侧身爬过直线通道的小沟，然后绕过小树林，再爬过Z形线通道的小沟，拍一下铃鼓，从筐中拿一个小动物直线返回，和同伴击掌后下一个幼儿出发。	约6分钟 （1次）	起点 直线通道 树林 Z形线通道 ◯铃鼓
	（2）小结游戏中出现的情况，幼儿再次游戏一次。 师：刚刚在救小动物的时候，有的小螃蟹太着急了，爬Z形线通道的小沟时，脚踩到了小沟里。这次请小螃蟹们一定要注意安全哦！		

续表

程序	进程	时间和次数	场地安排
放松部分	（三）放松身体，调节情绪 师：小螃蟹们，你们的表现真是太棒啦！小动物都被你们救出来了，它们说感谢你们呢。你们也累了吧，让我们一起来放松一下吧！ 幼儿散点找空站，随着舒缓的音乐，放松身体，调整呼吸，轻轻捶一捶、拍一拍，重点进行手臂、肩膀、腿部和脚踝的放松。	约3分钟 （1次）	播放音乐

【活动延伸】

晨间锻炼时，教师还可以投放 S 形线通道，让幼儿练习侧身爬，加大难度；当幼儿熟练掌握侧身爬的动作后，教师可以换成两张爬行垫（中间空合适的距离），供幼儿练习和玩耍。

【专家评析】

《指南》提出："幼儿的学习是以直接经验为基础，在游戏和日常生活中进行的。"本次活动中教师善于发现幼儿的兴趣点，通过自主练习和情境游戏锻炼幼儿手脚着地侧爬的能力，让幼儿在活动中获得直接经验，增强手臂和腿部的力量。

（1）角色特点明显，教师示范准确。一提到螃蟹，幼儿就知道它的明显特征是横着爬，也非常乐意去学小螃蟹走路的样子。为了帮助幼儿准确掌握手脚着地侧身爬的动作，教师进行了示范，和幼儿一起探讨动作要点，分享好的动作经验，激发了幼儿大胆尝试的愿望。

（2）情境练习中不断提升动作经验。活动的开始部分，幼儿模仿螃蟹爬的动作，教师从中提炼出手脚着地侧身爬的动作，鼓励幼儿练习。之后，在情境中鼓励幼儿爬直线通道和 Z 形通道，动作难度有所增加。幼儿在不断的尝试和分享中，提升了动作的稳定性。再之后，在"小螃蟹救同伴"的循环游戏中，幼儿进一步提升了手脚着地侧身爬动作的协调性。

建议

分组游戏环节，教师也可采用区域游戏的形式，让大班幼儿根据自己的能力去选择和练习，发展他们的自主性。

84. 勇敢的解放军（匍匐爬）

【设计意图】

　　大班上学期的幼儿乐于参加各种项目的体育运动，特别喜欢参与竞赛活动，掌握动作要领、技巧的能力较强。在室内体育活动中，幼儿喜欢从桌子底下钻爬，但由于身体协调能力的限制，钻爬时会出现碰撞、损坏物品的情况。而本活动围绕"小解放军去执行任务"展开，由易到难、由简到繁科学合理地安排了各个小任务，巧妙地连成一个富有情节和趣味性的游戏活动，让幼儿练习了匍匐爬和各种基本动作，同时也培养了幼儿勇敢、坚强、不怕挑战的品质和团队精神。

【活动目标】

　　（1）学习匍匐爬行的基本动作要领，发展上下肢力量、身体的协调性等。

　　（2）通过游戏情境，逐步掌握蹬、伸腿时膝部边蹬边转，不隆起臀部的动作要领。

　　（3）乐于学习解放军，体验坚持和不怕吃苦的精神。

【活动准备】

　　（1）经验准备：幼儿有手脚爬、手膝爬的经验，玩过接力游戏。

　　（2）物质准备：匍匐爬的绳网4组，地垫12块，小桥4组，筐4个，娃娃玩具若干，起始线1条，录音机，歌曲《我是一个兵》磁带。

【活动过程】

程序	进　程	时间和次数	场地安排
准备部分	（一）激发兴趣，活跃情绪 1.教师带领幼儿跑步进场，边跑边跨跳过障碍物（地垫） 师：小解放军们，我们一起去训练场上练习本领吧！	约3分钟 （1次）	教师带幼儿边跑边跨跳过障碍物

续表

程序	进　程	时间和次数	场地安排
准备部分	2. 队列队形练习 幼儿在场地上站成四路纵队，随音乐变大圆、两队变一队、开花走等。	约3分钟 （1次）	☆师 〇〇〇〇 幼 〇〇〇〇 〇〇〇〇 〇〇〇〇
	3. 操节准备：头部、上肢、下蹲、扩胸、体侧、体转、腹背、跳跃、放松	约2分钟 （1次）	
基本部分	（二）在游戏中自主练习动作，掌握动作要领 1. 引出钻铁丝网的游戏情节 师：刚接到报告，敌人在我们前进的路上设置了铁丝网，你们有办法过去吗？ 师幼讨论，请个别幼儿尝试。	约3分钟 （1次）	幼　师 　☆
	2. 学习基本动作——匍匐爬 师：教官想出了一个好办法，你们看看我是怎么爬的。 教师示范动作并讲解动作要领：预备时俯卧，右手臂弯曲，放在胸前的垫子上，同时左腿外张并屈膝贴在垫上，右腿伸直，然后右手和左腿同时用力向前爬行，身体贴在垫上前进，接着左手屈肘，右腿屈膝，动作同上。	约3分钟 （1次）	场地安排同上
	3. 幼儿自由四散练习 师：请解放军们抓紧时间练习一下！	约3分钟 （1次）	散点
	4. 玩游戏"穿越封锁线" 师：解放军们练习得很好，现在我们出发去完成任务吧！ 幼儿尝试，教师针对幼儿的问题进行指导：爬的时候，肚子要贴紧垫子，头放低，屁股不要翘。	约3分钟 （2次）	起始线 ⬇ 垫子
	5. 增加难度，再次游戏 师：刚才我们穿过了第一道封锁线，下面是第二道封锁线，上面被敌人安装了定时装置，如果我们爬得慢了或者碰到了铁丝网它就会报警。你们有信心穿越吗？ 幼儿再次游戏，教师提醒幼儿加快速度。	约3分钟 （1次）	起始线 ⬇ 垫子

续表

程序	进 程	时间和次数	场地安排
基本部分	6.玩游戏"解救人质" 师：敌人抓了很多老百姓，我们要分成四组去解救人质，大家准备好，看谁最先完成任务！ 游戏玩法：幼儿分成四组进行游戏，首先要跳过地雷阵，走过小桥，钻过铁丝网，救一个人质赶紧跑回来。下一个人接着出发，直到人质全部被救出为止。	约7分钟 （2次）	起始线 地雷阵 小桥 铁丝网 人质
放松部分	（三）稳定情绪，放松身心，收拾场地 1.幼儿散点找空站好，师幼一起随音乐放松做律动，调整呼吸、放松肌肉、调节情绪，重点进行腿部和手臂的放松 师：小小解放军顺利地完成了任务，真棒。现在我们来放松一下！ 2.教师和幼儿一起整理场地材料 师：请解放军赶紧打扫一下战场，准备迎接敌人下一轮的进攻！	约3分钟 （1次）	散点

【活动延伸】

日常体育活动中，教师可创设一个"解放军"的系列主题，设计多种活动，如小小投弹手（投掷）、小小特种兵（攀爬2米高的网）等。教师也可在活动中设置"封锁线"，让幼儿练习，引导幼儿创新出更多的爬法。雨天时，教师可引导幼儿利用桌子下面的空间进行此类游戏。

【专家评析】

本活动以"勇敢的解放军"情境游戏为主要形式，激发出幼儿学做解放军的积极性。幼儿在学习解放军匍匐前进的过程中掌握了动作要领，发展了动作的协调性，增强了四肢的力量，体验了团结合作的快乐。

（1）体现了幼儿的主体性和教师的主导性。依据《指南》精神，教师遵循由易到难、由简到繁的原则设计活动，层次清楚，衔接自然。比如，"爬"的通道的长度及高度考虑到了幼儿的耐力及能力。幼儿在第二次爬时，通道的长度和高度都增加了。

（2）关注幼儿的个体差异。《指南》提出："尊重幼儿学习和发展的个体差异。"活动中，幼儿间的能力有很大的差异，比如有的幼儿爬得快，有的幼儿爬得很慢。教师关注到了幼儿的个体差异，在活动中不断地鼓励幼儿，让每个幼儿的能力都能有所提高，体验到成功的喜悦。

建议

活动中，教师可设置高度不同的铁丝网，让不同能力的幼儿练习匍匐爬、侧身爬或者负重爬。集体练习环节，如果幼儿的基本动作掌握不熟练，就多给幼儿一些时间练习。游戏环节，教师切记不强调竞赛形式，重点关注幼儿动作的掌握情况。

85. 我是小小兵（侧滚翻）

【设计意图】

随着年龄的增长和日常练习，到了大班，幼儿的平衡能力已经有了较大的提高。他们开始喜欢较有挑战性的体育活动，比如在较高的长凳上行走，在窄道内快速跑，在排成排或架起来的轮胎上走、跨、翻越等。而幼儿在幼儿园进行侧身滚翻的机会却很少，但是侧滚翻能促进幼儿全身的协调性、平衡性以及方位知觉的发展，因此设计了此次活动。

【活动目标】

（1）练习侧滚翻，提高平衡能力和灵敏素质。

（2）在创设的"小兵过草地"情境中，通过不断练习感知身体的侧滚位移，增强前庭器官的功能和位觉。

（3）体验情境游戏的乐趣和打败敌人后的喜悦。

【活动准备】

（1）经验准备：幼儿观看过解放军训练的视频。

（2）物质准备：不同宽窄、厚薄的海绵垫若干，拴有铃铛的皮筋若干，圈、筐、沙包若干，敌营图片，音乐。

【活动过程】

程序	进程	时间和次数	场地安排
准备部分	（一）唤醒身心，激起动机，集中注意 师：小兵们，今天我们要去完成一个重要的任务，就是去炸敌军的碉堡，你们有信心吗？我们赶紧先热个身吧！ 1. 教师带领幼儿一路纵队走跑进场 走跑间，教师可带领幼儿呼数，以激发小兵的气势，唤醒机体，快速进入小兵角色。	约2分钟 （1次）	
	2. 做热身操（教师自编） 在操节中教师可加入平衡动作练习，如金鸡独立等。	约3分钟 （1次）	
基本部分	（二）探索感知，发展平衡能力 1. 小兵过草地 （1）幼儿自主尝试侧翻过草地。 师：小兵们，敌人很狡猾，在自己的营地前安置了很多侦查兵，并在草地上设下了埋伏，我们要用侧身翻的方法过去才能不被敌军发现。所以，我们现在得先把侧身翻的本领练一练！ （2）请个别幼儿示范，师幼集中小结动作要领。 师：哪个小兵来展示一下你是怎样侧翻过草地的？ 提醒幼儿侧翻时方向的控制以及手臂、腿的姿势的协调，共同讨论动作要领：肢体滚动，身体挺直，两臂胸前交叉或放于体侧，依靠腰和腿的转动使身体滚动起来。 （3）幼儿再次自主尝试侧翻动作。 师：瞧！草地上被拉上了电网，这次可要小心了，侧身翻时可别碰到了！ 在海绵垫上拉上几条间隔摆放的不同高度的皮筋作为电网，教师吹哨，以哨音为信号，幼儿分四路纵队，一排排轮流循环侧翻过草地。	约7分钟 （1次）	排队侧翻过草地
	2. 玩游戏"过草地炸敌营" 师：小兵们的侧翻本领练得很棒，我们一起去炸敌营吧！ 游戏玩法：幼儿站成四路纵队，排尾小兵在队尾拿一个炸弹（沙包）后从队尾以头上传的方式依次传至排头，排头幼儿拿到炸弹后从起点出发侧身翻过有电网的草地后，跑至起投线后，将炸弹投进敌营内，从两边返回拍下一个小兵的手后，站至队尾排队，下一个小兵出发。	约3分钟 （1次）	敌营 起投线 草地 起始点 四队幼儿

续表

程序	进程	时间和次数	场地安排
基本部分	3. 玩游戏"过埋伏炸总部" 师：小兵们，我们已经成功地将敌营炸掉了，现在我们可以去炸敌人的总部了。要到达敌人的总部，我们要翻过草地、钻过山洞、跳过雷区，从两边回来，准备好了吗？我们出发吧！	约3分钟 （1次）	敌营 起投线 雷区 山洞 草地 起始点 四队幼儿
放松部分	（三）恢复身心，庆祝成功，感受喜悦 师：今天你们顺利地把敌营和敌军总部都给炸了，你们开心吗？小兵们都辛苦了，来放松放松吧！ 幼儿散点站，随轻音乐拉伸放松，调整呼吸、调节情绪，重点进行腿部、腰部的拉伸和拍打放松。	约3分钟 （1次）	散点

【活动延伸】

可将此侧翻动作运用在家庭游戏中，比如鼓励家长和幼儿一同在床上侧翻，或在家里准备一张大床单，幼儿躺在床单的一边，边侧翻边连同床单一同卷进去等。

【专家评析】

"我是小小兵"活动针对侧滚翻动作的关键要点，以大班幼儿熟悉与喜爱的"解放军炸敌营"的故事主题切入，创设了让幼儿学习侧滚翻的运动情境，调动起幼儿活动的积极性，促进其平衡机能的发展。

幼儿在日常翻滚中，翻滚方位的随意性与动作不够协调较为明显。本活动中，教师创设了"小解放军过草地"的游戏，成为引导幼儿学习的关键策略。首先，海绵垫的宽窄范围以及摆放的位置，暗示了幼儿侧滚翻的方位。在情境引导下，教师结合幼儿练习的情况给予经验的提升，引导幼儿体验侧翻滚的动作要领，减少幼儿滚动中无方向的随意性。其次，在幼儿学习中增加高矮不同的"电网"，提醒幼儿"小心别碰到电网"，进一步培养幼儿侧滚翻中的体位感以及身体的灵敏协调性。

> 建议

教师可以根据幼儿的侧翻能力，为幼儿提供不同宽度、不同软硬质地的垫子让幼儿练习侧翻。在后面的练习过程中，可改变材料的摆放形式，如部分叠加，让幼儿感知在不同坡度上侧翻动作发力点的不同。

86. 直体滚动（直体滚动）

【设计意图】

大班下学期的幼儿即将进入小学，他们将面临与幼儿园不同的学习和生活环境。小学班级的人数较多，空间不足，幼儿需要有较好的身体协调性以及灵敏性。为了帮助幼儿更好地适应小学生活，教师选择通过练习直体滚动的动作促进其身体协调能力、平衡能力的发展。在不断的练习中，幼儿刺激着大脑皮层上的前庭器官，促进神经系统和脑功能的完善，为今后进入小学学习奠定基础。教学活动中的游戏内容来源于幼儿日常喜欢的民间游戏，在此基础上利用幼儿爱模仿的特点，通过引导他们观察实物滚动过程的直观学习法，帮助他们很快地掌握直体滚动的动作要领。

【活动目标】

（1）学习平躺在地上直体向前滚动，发展动作的协调性、灵敏性。

（2）通过模仿实物滚动、自身练习，总结出胯部用力使身体滚动起来的方法，并逐步加快滚动的速度。

（3）自觉遵守活动规则，体验积极动脑、挑战成功的快乐。

【活动准备】

（1）经验准备：幼儿听过《匹诺曹》的故事，会玩"木头人"的游戏，进行过队列队形的练习（六路—大圆—小圆—六路）。

（2）物质准备：由长1.8米、宽1米的纸盒做成的垫子3块，小木棍1根，小球上贴有5以内的算式题，音乐。

【活动过程】

程序	进程	时间和次数	场地安排
准备部分	（一）活跃情绪，激发兴趣 1. 玩"木头人游戏" 师：我们来玩木头人的游戏吧！ 教师和幼儿散点站好进行游戏。	约2分钟 （1次）	散点
准备部分	2. 进行队列队形练习 师：木头人们，赶紧来排队，我们来做队形练习吧！请听好口令！ 队形变化：六路纵队—大圆—六个小圆—大圆—切断分队走成六路。	约2分钟 （1次）	
准备部分	3. 做"木头人操" 操节准备：头部、上肢、下蹲、扩胸、体侧、体转、腹背、跳跃、放松运动。	约2分钟 （1次）	☆师 〇〇〇〇 幼〇〇〇〇 〇〇〇〇 〇〇〇〇
基本部分	（二）在游戏中自主练习动作，掌握动作要领 1. 观察小木棍滚动的方式，总结滚动的基本要领 （1）教师操作小木棍让其滚动起来，幼儿观察。 师：今天，小木头人要学习一个让身体滚动的本领。我们先来看看这个小木棍是怎么滚动的。 （2）小结：小木棍在滚动时都是直直的，向着前方滚去，没有滚歪。	约1分钟 （1次）	第一、二竖排幼儿向左转，第三、四竖排幼儿向右转，面对面站好 ☆师 1 2 3 4 幼〇〇〇〇 〇〇〇〇 〇〇〇〇
基本部分	2. 模仿小木棍学习直体滚动的动作 师：小木头人要像小木棍一样让自己的身体滚起来，滚的时候身体是什么样的？请你们站在垫子上箭头的后面排好队，从箭头开始的方向向前试着滚一滚！（在垫子上做好标记，让幼儿了解头和脚的位置）	约3分钟 （1次）	头脚 ← 头脚 ← 头脚 ←

程序	进　程	时间和次数	场地安排
基本部分	3. 师幼总结动作要领 师：你滚的时候身体的哪些部位在用力，是怎么用力才让自己滚起来的？（请个别幼儿做动作示范） 总结动作要领：首先身体要在纸盒边上躺直，手臂和腿可以同时向前用力，动作要连起来，小心不要滚到外面。这样滚的时候就可以又连贯又快。	约2分钟 （1次）	☆师 幼
	4. 集体练习，幼儿听哨声一排一排练习动作，教师注意讲解动作要领 师：我们再来练习一次，请小木头人在箭头后面排好队听到我的哨声后再出发，一个个依次练习。	约4分钟 （1~2次）	头脚 ← 头脚 ← 头脚 ←
	5. 玩游戏"我的头脑最聪明" 师：看，前面有三条小路，木头人自己选条路滚过去，钻过山洞，到山的那边拾起果子从两边回来，算出果子上算式题的答案，放到相应的筐里。一次摘一个果子，送完果子还可以再去摘果子，每一条小路都去试一试，看看哪个木头人的头脑最聪明，算式算得最好，仙女就可以让他变成真正的小朋友。	约6分钟 （2次）	贴有算式题的筐 起始线 两种衡木　轮胎 纸盒垫子 贴有数字的果子
	6. 玩竞赛游戏 师：小木头人的头脑都很聪明，让我们来检查一下有没有算错的。现在我们要来一次真正的比赛，比一比哪一个木头人最先获胜。	约5分钟 （1次）	头脚 ← 头脚 ← 头脚 ←

续表

程序	进　程	时间和次数	场地安排
放松部分	（三）稳定情绪，放松身心 师：小木头人，看谁来了？仙女来把我们变成真正的小朋友啦！我们一起和仙女跳个舞吧！（舞蹈可以是自编的放松操）	约4分钟 （1次）	散点

【活动延伸】

（1）在幼儿动作掌握熟练后，教师可以提供多种材料的垫子，因为不同硬度的垫子对幼儿的动作练习有不一样的挑战。根据幼儿动作的发展需要，教师还可以将垫子拼接加长，增加幼儿活动的趣味性。

（2）滚动的游戏很多，幼儿也感兴趣。除了直体滚动外，还有抱腿屈身滚动、把手放在身体两侧滚动以及抱臂滚动等。此外，活动中的竞赛游戏，也可以作为单独的游戏，但一定要在幼儿熟练掌握动作的情况下进行。

【专家评析】

本活动内容深受幼儿喜爱，幼儿在丰富变化的木头人游戏中逐步掌握直体滚动的动作要领。本活动有以下两个突出特点：

（1）注重各领域的渗透学习。《指南》中指出："关注幼儿学习与发展的整体性，要注重领域间的渗透和结合。"本活动以游戏为基本的学习方式，开始部分的木头人游戏锻炼了幼儿的规则意识和控制能力，队列队形练习让幼儿提高了合作能力，竞赛游戏中让幼儿算算式题，增强了幼儿的任务意识，在潜移默化中渗透了数学的学习，使得游戏的内容更加丰富，幼儿产生了学习的欲望。

（2）以木头人游戏的学习方式解决重难点。幼儿逐步掌握平躺直体向前滚动的动作要领，理解自己身体的哪些部位在运动中是发力的是本次活动的重点。通过自己对动作的体验增强身体的灵敏、协调性并加快滚动的速度是本次活动的难点。教师根据直观性原则和幼儿喜爱游戏的特点，在幼儿练习基本动作前观察木头人的直体滚动动作，观察后让幼儿带着问题体验与练习动作，通过总结问题、同伴间互相学习、竞赛游戏等方式，逐步突破难点。

87. 小足球真好玩（定点射门）

【设计意图】

　　球是幼儿最喜爱的活动器械之一，以往我和孩子在球类活动中都是用手来完成游戏的，比如用手拍球、用手传球、滚球等，孩子们刚开始兴趣很浓厚，但时间长了，这些动作练习就显得枯燥、乏味了。大班幼儿随着运动经验的积累，常会把皮球当作足球踢着玩。因此，我们应该让幼儿学会正确踢球的方法，用脚内侧大力踢球，通过踢球、传球、控球游戏，提高幼儿的运动能力、身体协调能力，使幼儿在足球运动中体验玩足球的乐趣，培养幼儿对足球活动的乐趣。这些能力的提高，对于大班幼儿更好地进行球类活动，更好地与他人合作，增强团队意识有重要意义。教师在教学中通过幼儿之间的合作，听声音感知谁踢球的力量大，以及打大灰狼的游戏，让幼儿完全投入到游戏当中，在玩中体验足球活动的激情与快乐，增强身体素质，磨炼意志品质。

【活动目标】

　　（1）学习定点射门的足球基本技巧，发展身体协调能力。

　　（2）通过集体练习、分享经验、游戏情境，体验将球大力踢出及脚内侧踢球进门的动作。

　　（3）喜欢和同伴一起玩足球射门的游戏，体验打败大灰狼的成功感。

【活动准备】

　　（1）经验准备：幼儿玩过足球游戏，已学会传接球和定点射门。

　　（2）物质准备：足球人手1个，大灰狼的图片，桌子若干，障碍桶若干，起始线1条；录音机，音乐磁带。

【活动过程】

程序	进程	时间和次数	场地安排
准备部分	（一）热身活动，激发兴趣 师：运动员们，让我们带着足球一起出发吧！ 1.热身活动 教师和幼儿一起带球跑步进场，边跑边绕过障碍物。	约2分钟 （1次）	
	2.专项准备 （1）幼儿分散站立，听音乐做足球操，从中渗入头部运动、扩胸运动、伸展运动、下蹲运动、体转运动、腹背运动、跳跃运动、放松运动。 （2）幼儿玩往返跑的游戏，重点活动腿部。	约3分钟 （1次）	播放音乐 幼○○○○ ○○○○ ○○○○ ●师
基本部分	（二）玩足球游戏，体验活动的乐趣 1.复习传接球和控球 师：小运动员们，之前我们一起玩了传接球和控球，现在我们就来复习一下这两个本领。 幼儿两人一组分散练习传球，教师指导幼儿随球的运动方向调整自己的跑动方向，提醒幼儿不用脚尖踢球。	约4分钟 （1次）	☆师 ○ ○ ○ ○ ○ ○ ○
	2.集体练习定点射门 （1）幼儿游戏：幼儿分两组面对面站立，中间放置若干障碍桶，要求幼儿将球从障碍物的中间穿过，不能碰到障碍物，碰到障碍物的要将障碍物放回原处。	约4分钟 （1次）	☆ ○ ←→ ○ ←→ ○ ←→ ○ ←→
	（2）师幼集中站成半圆，共同讨论：有的小足球老是踢到中间的桶，怎样才能让球听小脚的话呢？（请个别幼儿介绍、示范） 教师总结原地踢球的动作顺序：放球、支撑、摆腿、踢球。	约3分钟 （1次）	幼 ◎师

续表

程序	进　程	时间和次数	场地安排
基本部分	3. 玩游戏"足球小将" 游戏方法：将桌子侧倒放置，幼儿面对桌面一定距离站好队，画好踢球点、出发线。然后，幼儿将足球放在踢球点上，用原地踢球的方法踢球，看谁的球踢得有力，桌子发出的声音响亮。 指导要点：提醒幼儿遵守规则，按照踢球的动作要领和顺序进行，注意摆腿。	约4分钟 （1次）	师☆ ○　▭ ○　▭ ○　▭ ○　▭ ○　▭ ○　▭ ○　▭ ○　▭
	4. 玩游戏"打大灰狼" 师：草地上来了一群大灰狼，你们能帮助我消灭它们吗？ 游戏玩法：哨声响起，每队第一名幼儿双脚交替向大灰狼方向运球，把足球运到"大灰狼"前面的红点子上停住，对准"大灰狼"踢去。然后往回跑，拍第二名小朋友的手。第二名幼儿继续双脚交替向前运球，依次接力。	约7分钟 （2次）	●●●● ●●●● ⊗⊗⊗⊗ ❋❋❋❋
放松部分	（三）稳定情绪，放松身心，收拾场地 1. 幼儿散点找空站好，幼儿每人抱一个小足球，用球轻拍同伴的肩、背、手、脚等部位，达到放松的目的，重点进行腿部的放松 师：小小运动员们表现得都很棒，还打跑了大灰狼！现在让我们来放松一下吧！ 2. 师幼一起收拾场地	约3分钟 （1次）	

【活动延伸】

（1）在日常体育活动中，教师可以继续增设足球游戏，比如组织幼儿两人合作传接球，玩脚上跳球、腿上停接球、足球比赛等，为幼儿提供练习的机会，提高幼儿对足球运动的认识和喜爱。

（2）请家长带幼儿去观看或者参加足球比赛，让幼儿在进一步了解足球的同时，增加亲子之间的情感。

【专家评析】

足球运动是最具魅力的体育项目之一，具有活泼型、丰富性、生动性及竞赛性等特点。如果把足球设置成适合幼儿玩乐的足球游戏，幼儿便会对其感兴趣，并在足球运动中使身心得到健康发展。本活动针对大班幼儿对足球的兴趣，以足球合作练习为主,提高其运动能力,使幼儿在足球运动中体验快乐玩足球的乐趣。

(1)活动紧扣"球"的主题。本次活动中的每一个环节都能紧紧围绕"足球"的主题而开展,是本次活动的亮点和特色。在热身运动中,教师和幼儿一起带球入场,一下就调动了幼儿的积极性。教师设计了足球操准备活动,让球充分发挥它的用处。幼儿在游戏中,自由探索踢球的动作要领,通过孩子们之间的经验分享、教师的总结帮助幼儿提升了经验。为了让幼儿感受到什么样的踢法才是大力踢球,教师特意为孩子们准备了桌子,通过踢球声音的大小,让幼儿的感受更为直观,也更容易接受。幼儿在玩一玩、比一比的情境中快乐学习,从而掌握"在行进中用均匀的力量踢球,听到口令后能用脚尖马上控制皮球"技能技巧,突破难点。放松活动时,请幼儿用球来轻轻敲打身体的各个部位,使得活动具有连贯性。

(2)活动环节层层递进。在"一球多玩"的环节中,通过让幼儿自由探究,以一个人玩、两个人合作玩等多种形式,引导幼儿积极探究,体验一物多玩的快乐。此外,从一个人玩到两个人合作玩,体现了大班幼儿的学习特点,环节也具有层次性与递进性。

建议

首先,在材料的投放上,还可增加层次,比如打大灰狼时,可为幼儿设置不同远近的射门点,也可设置不同的障碍让幼儿带球绕过。其次,根据季节的变化,可以适当调整进场准备、"打大灰狼"游戏的活动内容,以便幼儿有更加适合的活动量。再次,在开展此活动时,有条件的幼儿园可与足球教练或运动员联系,邀请他们参与教学,效果会更好。

88. 击地传球(双人击地传球)

【设计意图】

大班年龄阶段,幼儿对于球的玩法已经不再局限于传统的拍、踢等,会自己探索不同的玩法,也会和同伴合作玩球。这节活动从幼儿熟悉的篮球游戏出发,帮助幼儿学习击地传球的基本方法,在锻炼身体素质的同时满足了幼儿合作游戏的愿望。击地传球这个基本动作,对幼儿的身体协调性有一定的要求,所以设计了循环游戏,在保证幼儿基本动作规范的同时，也让幼儿身体的其他部位得到了锻炼。

【活动目标】

（1）初步学习双手胸前击地传球的方法，尝试和同伴合作传接球。

（2）能在调整距离、击中目标点等方法的帮助下，提高传球的精准度。

（3）在击地传球活动中体会篮球运动的趣味性及与同伴合作玩球的快乐。

【活动准备】

（1）经验准备：幼儿玩过抛接球的游戏。

（2）物质准备：篮球人手1个，目标线6条，目标点9个，球筐3个，音乐。

【活动过程】

程序	进　程	时间和次数	场地安排
准备部分	（一）激发兴趣，活跃情绪 1. 热身活动 教师带领幼儿单手夹球跑步进入场地，在场地中听信号进行快走、慢跑练习。	约2分钟 （1次）	
	2. 专项准备 在音乐的伴奏下，幼儿跟着教师做球操，活动头颈、腰腹、髋部、膝盖、脚踝等。	约3分钟 （1次）	△师 〇〇〇〇〇〇 〇〇〇〇〇〇 〇〇〇〇〇〇幼
基本部分	（二）自主学习，发展能力，体验乐趣 1. 幼儿自由尝试玩传球游戏 师：小朋友们，你们玩过传球游戏吗？现在两个小朋友一个球，你们试一试可以怎样传球，一会儿把好方法告诉大家。	约3分钟 （1次）	
	2. 幼儿示范击地传球的动作方法 师：请两个小朋友向大家展示刚才是怎样玩传球游戏的。 3. 教师示范击地传球的动作方法 （1）教师将球传给某个幼儿。 师：刚才我是怎样把球传给他的，他接住了没有？像这样远距离传球就可以用刚才这种方法，这种方法叫做击地传球。 （2）教师讲解动作要领：双脚自然分开，双手托住球的两边，眼睛看好球，把球推出去，球落在地上弹起后，对面的同伴把球接住。 （3）运用图例帮助幼儿巩固击地传球的方法。	约3分钟 （1次）	幼　△　师 ｜　　｜ ｜　　｜ ｜　　｜

续表

程序	进　程	时间和次数	场地安排
基本部分	4. 幼儿自由练习击地传球的动作 师：这里有三种不同颜色的线，代表不同的距离，请你们站在线的两边，用击地传球的方法去试一试能不能成功。 幼儿两人一组进行击地传球练习。	约4分钟 （1次）	
	5. 提供目标点让幼儿再次练习 师：现在你们都学会了击地传球的方法，现在我可要加大难度喽，你们敢不敢挑战？你们看两条线中间有绿色的点子，这次你们在击地传球的过程中球的落点要在点子上，你们再去试一试。 幼儿再次自由练习。	约4分钟 （1次）	
	6. 玩游戏"击地传球接力赛" （1）介绍游戏玩法：幼儿分成4组，每组5人，每两组为一队。每队用行进间击地传球的方法把球传到对面，再跑回来和下一个队友击掌，第二个幼儿再出发，先把球运完的队伍获胜。 师：这次我们要在运动中击地传球，同样球的落点也要在点子上。 （2）幼儿进行接力游戏。	约3分钟 （1次）	同上
	7. 玩循环游戏 游戏玩法： 第一组：爬过垫子，用击地传球的方法把球运到对面的球筐中得到一面小红旗。 第二组：绕障碍跑后，用击地传球的方法把球运到对面的球筐中得到一面小红旗。 第三组：跳过圈，用击地传球的方法把球运到对面的球筐中得到一面小红旗。 师：请你和同伴随意选择路线出发，完成三条路线后带着你们的小红旗来排队，看哪组能最先完成三条路线的挑战。	约5分钟 （1次）	第一组 第二组 第三组
结束部分	（三）稳定情绪、放松身心 1. 幼儿跟着音乐做洗澡的动作放松全身 师：小朋友们今天锻炼得非常认真，让我们洗洗澡放松放松吧。 2. 师幼一起收拾场地离开	约3分钟 （1次）	

【活动延伸】

首先，教师可以结合篮球活动，让幼儿在相互击地传球一定距离后挑战投篮，满足大班幼儿的竞赛欲望。其次，当幼儿的动作掌握得比较熟练时，可以变换两名幼儿的站位，采用对角线传球的方式增加传球的距离，也可以组织一队幼儿运用击地传球的方法共同游戏。

【专家评析】

随着幼儿年龄的增长，球类运动越来越被幼儿所喜爱，本节活动是结合篮球比赛中的传球动作而设计的。活动的特点体现在：

（1）教学策略的多样性。本活动中，教师运用自由探索、教师示范、图标暗示等策略帮助幼儿学习击地传球的正确方法。递进式的学习方式，帮助幼儿掌握了合作游戏的动作重点，发展了动作的协调性。

（2）结合大班幼儿的年龄特点，采用多种练习方法提高幼儿锻炼的兴趣。活动中教师运用了竞赛游戏和循环游戏两种游戏方式，来提高幼儿练习击地传球的兴趣。竞赛游戏特别适合大班年龄段的幼儿，能激发幼儿的竞争意识，能增强他们的团队合作意识，还会让幼儿运动时的生理负荷达到一个高潮。但是在满足幼儿生理负荷的同时也要兼顾幼儿的心理负荷，所以接下来的循环游戏没有竞赛游戏的紧迫感和压力，能让幼儿在一个轻松的氛围下进行练习，从而达到游戏的目的。

89. 好玩的气球（行进间垫气球）

【设计意图】

幼儿从小就喜欢玩五颜六色的气球，所以选择气球作为体育活动的主要材料，可以激发幼儿对体育活动的兴趣。当他们拿到气球的时候，会想出很多的方法来玩耍，激发了创造力。在各种气球游戏中（如抢气球、踩气球、隔网对抗等），幼儿不但可以提高身体素质、手眼协调能力和灵敏性，还可以培养团队作战的合作意识。

【活动目标】

（1）学习行进间用手连续垫气球，使气球不落地。

（2）通过小组比赛、行进间垫气球、合作垫球等方法，提高动作的协调性和灵活性。

（3）在隔网对抗赛中，感受合作游戏带来的乐趣

【活动准备】

（1）经验准备：幼儿观看过排球比赛（或录像），知道一些简单的比赛规则。

（2）物质准备：气球，球网。

【活动过程】

程序	进　程	时间和次数	场地安排
准备部分	（一）激发兴趣，活跃情绪 1. 热身运动 师幼绕场地慢跑两圈后，进行高人走、矮人走练习。	约5分钟 （1次）	一路纵队
	2. 准备活动：头部运动、扩胸运动、体转运动、腹背运动、膝踝关节活动		体操队形
	3. 听口令做相反动作		散点
基本部分	（二）玩游戏，学习行进间连续垫气球 1. 学习连续垫气球的动作要领 （1）尝试探索气球不落下来的方法。 师：我们都看过精彩的排球比赛，今天我们也要来比赛，在比赛之前我们要学会一个本领——垫球。请每人拿一个气球，找空地方尝试一下，看看怎样才能将气球垫起来，不让它落到地上。	约1分钟 （1次）	散点
	（2）通过师幼对比示范动作，总结动作要领。 师：你是用什么方法不让气球落下来的？（请个别幼儿示范） 师：请仔细看我是怎么做的。先将气球向上抛起，手心向上准备接球。当气球慢慢飘下来的时候，再轻轻将球向上垫起来，1次、2次……（教师示范，并强调垫球的方向和力度）	约1分钟 （1次）	两横排站立
	（3）幼儿再次练习。 师：请你们自己找空地方再试一试。	约1分钟 （1次）	散点
	（4）分小组比赛，在规定时间内连续垫球。 师：我们来一个小比赛，哨声响起开始垫气球，看谁能坚持到最后。如果中途掉球，请你们捡起来站在老师的两边给你的队友加油。	约1分钟 （1次）	散点
	2. 学习行进间连续垫气球的方法 （1）尝试行进连间续垫气球。 师：现在增加难度了，用用刚学习的垫球的方法，把气球从起点线垫到中线的位置。	约1分钟 （1次）	散点

续表

程序	进　程	时间和次数	场地安排
基本部分	（2）教师示范并总结动作要领。 师：要把气球始终保持在自己身体的前上方，当球偏离了方向或者快要掉下去的时候，要迅速将气球向上垫起来，每一次都要控制好手上的力量轻轻垫哦，还要控制好向前行走的速度，不能太快。	约1分钟 （1次）	两横排站立
	（3）幼儿再次练习行进间连续垫气球。 ①比一比，坚持走到中线，教师巡回指导。 ②击球过网，教师示范并巡回指导。 ③两人合作垫球，教师巡回指导。 ④四人合作垫球，教师巡回指导。	约6分钟 （①来回一遍，②—④各练习2次）	两横排站立
	3.玩游戏"隔网对抗赛" （1）邀请客人老师参加游戏并在对抗赛中探寻了解比赛的简单规则。 师：小朋友要准备比赛了，不过任何比赛都有规则，在进行比赛的时候需要遵守哪些规则呢？	约5分钟 （1次）	两横排站立
	（2）总结规则，幼儿独立比赛。 师：比赛时，球不能落地、不能出界，手不能碰网、不能抱球。谢谢客人老师的帮助，现在你们自己独立地进行一次比赛，好不好？	约6分钟 （1次）	两横排站立
放松部分	（三）放松情绪，调节身心 1.整理放松 幼儿跟随音乐调整呼吸，自由放松，重点进行上肢的拉伸运动；还可以两人一组，玩"炒蚕豆"的游戏。 2.教师小结 师：今天小朋友在隔网对抗赛中的表现都很不错哦！大家要记住，这是一个集体的比赛项目，大家在比赛中只有团结一致、相互合作，遵守比赛的规则，才能战胜对手哦。	约2分钟 （1次）	散点

【活动延伸】

　　体育游戏时，可以组织幼儿进行原地垫气球、在一定范围内垫气球、行进间垫气球比快等游戏，不断提高幼儿动作的协调性和灵活性。

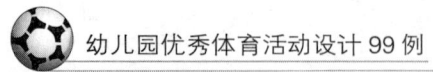

【专家评析】

本活动充分利用气球这一幼儿常见的材料,以及幼儿对气球的已有游戏经验优势,全方位、多角度训练幼儿对物体运动速度和方向的判断,发展手眼协调能力;同时,通过比赛的形式,给幼儿一个充分展示自己和挑战他人的机会,萌发幼儿对体育活动的热爱之情,激发幼儿的快乐情绪,体验合作的乐趣。这些都充分体现了《指南》中指出的"最大限度地支持和满足幼儿通过直接感知、实际操作和亲身体验获取经验的需要","促进幼儿身心健康发展"的教育理念。

(1)环节紧凑,组织有序。本活动充分考虑到幼儿的年龄特点和体质特征,开始以绕场地慢跑、高人走、矮人走等,让幼儿做好参与活动的身心准备;中间部分通过让幼儿先练习简单垫球再向行进间持续垫球过渡,引导幼儿逐渐掌握动作要领,最后引出隔网对抗赛,进一步巩固、强化幼儿对动作技巧的掌握和运用;结束部分,通过"炒蚕豆"游戏让幼儿的身体活动趋于平静。整个教学活动过程紧凑,环环相扣、层层递进,达成了活动目标。

(2)构思全面,适应需要。整个活动充分考虑到了幼儿的全面发展需要,选用较受幼儿喜爱的气球作为教学用具,激发了幼儿参与活动的积极性和创造性,增强了他们的愉快游戏体验;垫球、持续垫球锻炼了幼儿的手眼协调性,增强了幼儿身体各部位的协调性和灵活性;隔网对抗赛则在游戏中引导幼儿遵守规则,同时让幼儿体验合作,极大地提高了幼儿的社会交往能力。

90. 我是小小建筑师(坐滑板车前行)

【设计意图】

大班幼儿的动作协调性及体力明显增强,喜欢尝试一些新奇的、富有挑战性的动作,并喜欢竞争性强的活动。结合幼儿的年龄特点及近阶段的兴趣,设计了本活动,旨在利用滑板车的滑行特性发展幼儿的身体协调性、平衡能力,在引导幼儿创造多种玩法中培养幼儿的创造力、合作能力及自我保护意识,并鼓励幼儿克服困难、完成任务。

【活动目标】

（1）学习滑板车的多种玩法，发展上下肢力量及平衡能力。

（2）在相互模仿学习以及闯关游戏中，创造出多种玩滑板车的方法，提高身体协调性。

（3）游戏中勇于克服困难，增强自我保护能力。

【活动准备】

（1）经验准备：幼儿玩过滑板游戏，但游戏玩法单一且缺乏安全意识。

（2）物质准备：滑板车，障碍物，斜坡4个，积木玩具若干，录音机，音乐。

【活动过程】

程序	进程	时间和次数	场地安排
准备部分	（一）热身活动，激发兴趣 1.幼儿听音乐"开车"进入活动场地，进行走跑练习 师：小建筑师们，今天我们开车去上班，好吗？	约2分钟 （1次）	
	2.利用滑板车做各种热身运动	约3分钟 （1次）	○○○○ 幼 ○○○○ ○○○○ ○○○○ △师
基本部分	（二）玩游戏，探索并掌握滑板车的多种玩法 1.幼儿自由探索滑板车的多种玩法 师：今天我们要使用新的工具来工作。看，这是滑板车！你们想一想可以怎样操控它呢？ （1）鼓励幼儿独立完成探索，提示他们注意空间位置及安全。（玩法可以是：坐在滑板上双手拨地滑动，坐在滑板上脚蹬地滑动，趴在滑板上手脚拨地滑动等） （2）集中幼儿，请个别幼儿示范自己的玩法，其余幼儿相互模仿练习。	约7分钟 （3次）	集中队形 幼 ○师

续表

程序	进程	时间和次数	场地安排
基本部分	2. 尝试通过不同玩法的闯关游戏，进一步增强身体的平衡性、协调性 （1）第一关（走直线）：幼儿用自己喜欢的玩法骑滑板车，进行直线距离比赛，先到终点者获胜。 （2）第二关（绕障碍）：幼儿用自己喜欢的玩法骑滑板车，进行绕障碍比赛，先到终点者获胜。 （3）第三关（持物走直线）：幼儿用自己喜欢的玩法骑滑板车，持物（积木）进行直线距离比赛，先到终点者获胜。 （4）第四关（小组合作持物直线接力）：幼儿用自己喜欢的玩法骑滑板车，持物（积木）进行小组间直线接力比赛，先完成接力的小组获胜。	约9分钟 （3次）	
	3. 玩游戏"小小建筑师" 师：建筑师们都学会了骑滑板车的本领，下面就让我们蹲着滑板车去盖房子吧！ 玩法：幼儿站成四路纵队，依次出发，骑滑板车，走过小桥（斜板），绕过小树林，将一块积木搭建到指定区域，然后回队，下一名幼儿再出发，直至搭好所有的积木。	约6分钟 （1次）	
放松部分	（三）放松整理，调节身心 1. 幼儿随音乐做放松操 2. 收拾器材，离开场地，结束活动	约3分钟 （1次）	

【活动延伸】

日常体育活动中，教师可以变换场地布置，设置各种不同难易程度的障碍物，让幼儿进行不同的体验，发展他们的身体素质；同时，鼓励幼儿继续探索玩滑板车的方法，引导幼儿相互学习、合作游戏。

【专家评析】

"我是小小建筑师"是大班幼儿运用滑板车开展的一物多玩的探索活动。本活动有以下两个特点：

（1）在充满趣味的活动中体现运动实效。大班幼儿喜欢竞赛性以及需要体力与智力相结合的游戏，他们好模仿、想象、玩耍。活动中，教师通过创设多种滑板车的闯关路径，将幼儿熟悉的生活器械与大肌肉运动相结合，引导幼儿通过自主尝试滑行走直线、绕曲线、持物滑行、循环接力盖建筑等进行有重点的动作练习，使得幼儿的动作水平、体能状态有所提高，激发了幼儿玩中学、学中练、练中锻炼的运动成效。

（2）在自主尝试中促进幼儿的全面发展。滑板车活动以幼儿为主体，教师注重科学安排运动密度与强度，合理安排动作变化与难度要求。在滑板车下斜坡、绕行走等锻炼中，幼儿不但发展了大肌肉和视觉运动能力，发展了空间知觉与判断能力，更在学习独立、坚持、克服困难中得到磨砺；在游戏中，他们激发了想象力；在小组同伴的合作中，他们培养了良好的合作品质，感受到自豪与独立感。

91. 过河不湿鞋（在有间隔的物体上走）

【设计意图】

游戏是对幼儿实施全面发展教育的重要形式。集民族性、地方性、趣味性、娱乐性为一身的民间游戏，富含生活化的内容，易学、易用，材料简单，随时随地都能开展，是幼儿园的主要体育游戏之一。"过河不湿鞋"正是这样一个受幼儿喜爱的民间体育游戏。本活动重点在于引导幼儿探索两人配合又快又稳地在有间隔的物体上行走的方法；难点是合理调整物体的间隔距离，促进幼儿合作探索、平衡和身体协调能力的发展。

【活动目标】

（1）学习两人合作在有间隔的纸板上又快又稳地走过，发展平衡及协调能力。

（2）探索两人配合走过有间隔的物体时相互协调的方法。

（3）培养合作意识，能与同伴协调一致，体验合作成功的乐趣。

【活动准备】

（1）经验准备：幼儿有纸板一物多玩的初步经验。

（2）物质准备：纸板，龙头及龙尾头饰；录音机，背景及放松音乐。

【活动过程】

程序	进　程	时间和次数	场地安排
准备部分	（一）玩过关游戏"长龙跑" 师：小龙们准备好了吗？跑的时候注意听信号，不能撞到别的龙哦！ 游戏玩法：幼儿5人一队共4纵队，每个纵队为一条长龙，排头为龙头，排尾为龙尾。幼儿听信号由每队龙头带队找空地方四散跑，不能断开或与其他龙交叉，听哨声返回为过第一关；再听信号跑出，中途听语言提示两龙相接继续跑，听哨声返回为过第二关；第三次跑出后听信号提示四龙相接跑，听哨声返回就为过第三关。 指导要点：教师观察幼儿并及时带领弱队找空地方，帮助个别幼儿跟上自己的队伍。	约6分钟 （1次）	●
基本部分	（二）探索学习两人在有间隔的纸板上走 1.引导幼儿逐步探索两人合作走间隔纸板的方法 （1）幼儿两人结伴自由探索纸板的玩法。 师：请两个小朋友拿一张纸板找个空地方玩，看看谁的玩法多。	约2分钟 （1次）	散点
	（2）交流模仿，引出走有间隔的纸板的方法。 师：你们会走有间隔的纸板吗？	约2分钟 （1次）	⌒ 幼 ○师
	（3）自由探索两人合作走纸板。 师：第一、二组为一队，第三、四组为一队，两队小朋友分别找对面的小朋友为伴，一起玩双人合作走纸板的游戏。想想可以用什么好方法让脚不落地走在纸板上，等会儿介绍给老师和小朋友。	约2分钟 （1次）	散点
	（3）师幼共同小结交流。 师：走板幼儿双脚站在纸板上，一只脚先踏上前面的纸板，另一只脚再踏上去站好。移板幼儿把板放在与第一块板对齐的前面，等走板幼儿双脚离开第一块板踏上第二块板后再把后一块板前移。	约2分钟 （1次）	⌒ 幼 ○师
	（4）引导幼儿进行第二次探索。 师：用刚才的好方法试试，看看怎样又快又稳地走有间隔的纸板。	约2分钟 （1次）	散点
	（5）师幼共同小结交流：纸板摆放的间距要适合。 师：要走得又快又稳，纸板的距离很重要。	约2分钟 （1次）	⌒ 幼 ○师

续表

程序	进程	时间和次数	场地安排
基本部分	2. 玩竞赛游戏"过河不湿鞋" （1）游戏规则：第一、二队一组，第三、四队一组进行比赛，每组第一队幼儿从起始点出发走过"石头"过河，跑回拍打第二队幼儿的手站至队尾，第二队幼儿出发过河，最先完成的小组获胜。 （2）第二次游戏：走"石头"和摆"石头"的幼儿互换角色进行游戏。 活动要求：幼儿过河时必须踩在"石头"上，如落进"河里"要踏上"石头"站稳再走，鼓励幼儿相互鼓励争夺第一。 指导要点：幼儿四路斜纵队进行接力比赛，注意每队幼儿的实力均衡，让每个幼儿都有机会体验成功。主班教师在幼儿队伍前发令，观察并指导幼儿参与比赛；配班教师在比赛终止线处指导幼儿从指定的路线返回，同时观察幼儿的情况并及时指导。	约4分钟 （2次）	
放松部分	（三）听音乐放松身体 师：呼、吸，慢慢地呼吸，拍拍手臂、拍拍腿。 幼儿四散找空地围着教师坐在纸板上，引导幼儿调整呼吸，听音乐放松身体、拍打四肢。	约3分钟 （1次）	散点

【活动延伸】

日常体育活动中，组织幼儿两人合作走有间隔的纸板，还可以引导幼儿一人走或者三人走，进一步提升幼儿的探索及平衡能力。

【专家评析】

民间体育游戏作为经典的流传，内容生动、有趣，形式轻松活泼，材料简易、随处可见。本活动本着健康领域中"终生体育观""健康第一"的精神理念，旨在培养幼儿的平衡和身体协调能力，同时对幼儿的合作探索学习提出了要求。活动过程中的亮点设计，也给我们带来了一些思考：

（1）以民间游戏贯穿始终，保证了幼儿的活动兴趣及活动的完整性。活动的第一环节采用民间游戏"长龙跑"，为幼儿接下来的活动做了身心两方面充分的准备；探索学习两人在有间隔的纸板上走是本活动的第二环节，也是重难点所在；第三环节的竞赛游戏进一步巩固了幼儿双人合作走有间隔纸板的方法，把活动推向高潮；作为放松环节的第四环节，则使幼儿的身心逐渐恢复到相对安静的状态。

（2）探索过程层层推进，遵循了幼儿的学习规律。第二环节包括三个层次：第一层次是在纸板的一物多玩中自然引出合作玩的方法；第二层次让幼儿自己探索两人合作走有间隔纸板的基本方法；第三层次是在第二层次的基础上进一步探索两人怎样又快又稳地走有间隔纸板的方法——合理调节纸板摆放间距，这也是活动难点所在。三个小环节中，幼儿充分尝试、交流，迁移、扩展经验，充分发挥了幼儿的主动性、积极性。

92. 小小杂技员（在平衡木上走）

【设计意图】

这段时间，我班幼儿一直在谈论杂技员的本领大。在区域游戏中，有的幼儿会模仿杂技演员，把游戏材料顶在头上走，向同伴展示自己的本领。来自于幼儿身边感兴趣的事物就是我们教学的着眼点，所以从幼儿的兴趣出发，生成了本次活动，将幼儿置身于杂技表演的情境中，鼓励他们探索顶碗走的平衡技巧。顶碗的难度逐层递加，由反扣碗顶着在一定宽度的平地上走，到在一定高度、宽度的平衡木上走，再到正向顶碗在一定高度、宽度的平衡木上走；教学策略也逐步跟进，将活动推向高潮，使得幼儿的平衡能力得到较好的发展。

【活动目标】

（1）尝试头顶小碗在长260厘米、宽24厘米、高20厘米的平衡木上行走，发展身体的平衡能力。

（2）通过自由探索、情境游戏逐步体验头顶物走的动作要领，尽量保持平衡，小碗不落地。

（3）在活动中勇于探索和尝试，感受成功的喜悦。

【活动准备】

（1）经验准备：幼儿在生活中或在电视上看过顶碗的杂技表演，对杂技表演感兴趣。

（2）物质准备：每人1个小碗，平衡木3块，地垫、圈若干，空旷的场地，录音机、伴奏音乐。

【活动过程】

程序	进 程	时间和次数	场地安排
准备部分	（一）热身运动，激发兴趣 师：今天小朋友是小杂技员，老师是团长，让我们一起热身，准备杂技表演吧！ 1. 热身活动 小杂技演员跟着团长一起跑步、跳圈、走平衡木等，练习多种方式的走、跑、跳练习。	约2分钟 （1次）	
	2. 专项准备 幼儿站成四路纵队，师幼成做操队形，做"小碗操"，包括头部运动、上肢运动、体转运动、下蹲运动、腹背运动、跳跃运动、整理运动等，重点活动头部和上肢。	约3分钟 （1次）	师○ 幼 ○○○○ ○○○○
基本部分	（二）尝试顶碗走平衡木，发展平衡能力，体验乐趣 1. 引导幼儿自由顶碗行走，寻找平衡感 师：小杂技员要开始练本领啦！请你们将小碗反扣顶在头上，走一走、试一试，小碗能不掉下来吗？ 幼儿自由探索，教师引导幼儿顶碗随意走动，自己寻找平衡的感觉，并互相说一说感受。	约3分钟 （1次）	散点
	2. 鼓励幼儿尝试顶碗在24厘米宽的地垫上行走，互相介绍好方法 师：这次请小杂技员顶碗在这块地垫上走，找找保持身体平衡、小碗不掉下来的方法。 摆放三块地垫让幼儿分组行走，教师鼓励小碗落下的幼儿继续练习，提醒幼儿回来时从地垫的两边跑回来，缓解身心紧张。最后，请幼儿互相介绍保持平衡的好方法。	约4分钟 （2次）	24厘米宽的地垫
	3. 引导幼儿顶碗在有高度的平衡木上行走，教师示范动作要点 师：现在小杂技员们要挑战高难度了，顶碗从有高度的平衡木上走，看谁走得又稳又好。你们有信心吗？ 摆放三块平衡木供幼儿分组进行，先鼓励幼儿自己尝试，说说保持平衡的方法，教师及时做示范，提炼动作要点：顶碗走时步幅小，上体直，两臂自然摆动或侧举帮助身体平衡。回来时从平衡木的两边跑回来，缓解身心紧张。	约4分钟 （2次）	长260厘米、宽24厘米、高20厘米的平衡木

续表

程序	进 程	时间和次数	场地安排
基本部分	4. 引入情境游戏"杂技员表演"，介绍玩法 师：小杂技员的本领练习好了，现在团长要带你们到马戏团表演啦，先来看看我们做哪些表演。 游戏玩法：设置三种同样的情境，供幼儿分组游戏：顶碗走过平衡木，单、双脚交替跳过圈，最后从地垫绕"S"形跑回来。	约2分钟 （1次）	平衡木 ○○○ 圈 ○○ 地垫
	5. 小杂技员自由分三组玩情境游戏2～3次，教师针对游戏中出现的状况及时交流小结 师：小杂技员们，准备好表演了吗？预备——开始！ 教师个别辅导，遇到状况及时交流和小结。	约5分钟 （3次）	同上
	6. 小杂技员再次分组玩情境游戏2～3次，同时增加难度，把碗底顶在头上行走 师：小杂技员们的本领越练越强，这次的表演再增加难度，请你们把小碗的碗底顶在头上试试，保持平衡，尽量不要让碗落下！加油！ 教师鼓励幼儿保持平衡，注意小碗不落地，同伴间互相迁移经验尝试。	约6分钟 （3次）	同上
	7. 表扬动作稳、平衡好的幼儿，请他们再次介绍自己的经验 师：小杂技员们在加大难度正向顶碗时也能够完成得相当出色，你的好方法是什么？跟大家分享一下！ 教师同时表扬所有的孩子，今天的表演都完成得很出色。	约2分钟 （1次）	幼 ○ 师
放松部分	（三）玩"小小杂技员真爱玩"的游戏放松身心 师：小杂技员的表演结束了，我们一起玩"小小杂技员真爱玩"的游戏！小小杂技员真爱玩，摸摸这、摸摸那、摸摸花坛就回来！ 小游戏中，通过摸摸大树就回来、摸摸墙壁就回来等，运用不同方向的随意走动、跑动，帮助幼儿缓解心理压力，放松身体。最后随音乐调整呼吸，重点进行头、颈、上肢的放松。	约4分钟 （1次）	散点

【活动延伸】

将平衡木、小碗等材料投放到晨间锻炼中，让幼儿继续巩固顶碗走平衡木的动作,提高幼儿的活动兴趣和平衡能力。

【专家评析】

本活动中教师带领幼儿头顶现实生活中常见的小碗走平衡,把幼儿带入杂技演员的角色当中,形式新颖且具有一定的挑战性,深受幼儿喜爱。这次平衡活动还有以下两个特点:

(1)灵活调节幼儿身体的活动量和心理负荷量。活动中教师对幼儿的活动量和活动心理有着宏观的调控,因为幼儿头顶小碗走平衡的自我控制力和心理紧张感较强,所以教师在新授内容前后都有目的地创设了互补活动。比如准备活动比较充分,使幼儿的身体各部位都得到了合适的运动,又在新游戏结束后带领幼儿玩游戏,帮助幼儿放松身心。

(2)让幼儿在情境中学习。活动中,教师语言的引导和鼓励非常富有情境化,如"小杂技员们,看你们的表现啦!""杂技演员们加油啊!"通过杂技团的情境把幼儿领进杂技的世界,体验当杂技演员的快乐。活动中幼儿主动积极地练习,在难度的提升中锻炼自己的平衡能力。

建议

在"杂技员表演"这个环节,如果幼儿顶碗走平衡的动作整体发展得较好,就可以开展小组竞赛,比比哪组走得最稳最好,这也符合大班幼儿的年龄特点和爱挑战的个性。

93. 体操运动员(在平衡木上正面走、侧身走)

【设计意图】

大班晨间体育活动中,玩平衡木游戏的幼儿越来越少。通过观察和谈话了解到,一部分幼儿感觉此游戏不好玩,另一部分幼儿对走平衡类的游戏感到胆怯。因此,我们应该增强平衡木活动的趣味性,帮助幼儿克服胆怯心理,从而锻炼他们身体的平衡能力和协调能力,促进他们大脑神经系统的灵活性和调节功能。在日常活动中,幼儿很喜欢在椅子上走来走去,因此,本活动引导他们扮演体操运动员,在不同宽度的椅子上做各种不同的身体动作,发展他们的平衡能力,帮助他们体验挑战成功的乐趣。

【活动目标】

（1）尝试在不同宽度的椅子上做正面走和侧身走的动作，发展身体的平衡能力及灵敏性。

（2）通过儿歌练习和角色扮演，能听到哨声停止并做出不同的身体造型。

（3）大胆尝试不同宽度的平衡木，体验成功完成任务的喜悦感。

【活动准备】

（1）经验准备：幼儿会边念儿歌边做身体动作，看过体操运动员锻炼前后的视频。

（2）物质准备：小朋友的椅子人手两张，跳床，吊环；平衡浪桥，有间隔的木桩，木梯。

【活动过程】

程序	进程	时间和次数	场地安排
准备部分	（一）激发兴趣，活跃情绪 1.运动员做准备活动 师：前几天我们看过体操运动员训练的视频，今天我们都来做小小运动员，训练前我们要做什么呢？ 操节：头部、上肢、下蹲、扩胸、体侧、体转、腹背、跳跃、放松运动。	约2分钟 （1次）	师☆ 幼○○○○ 　○○○○ 　○○○○
	2.练习身体的平衡能力 师：这里有个锻炼平衡的游戏，让我们来试一试吧！ 幼儿按箭头的方向完成游戏。	约3分钟 （1次）	平衡浪桥 ⇒▯▯▯▯▯▯↓ 木梯 ↑ ○○○○⇐ 大小不同的木桩
基本部分	（二）在游戏中自主练习动作，掌握动作要领 1.边念儿歌边做身体动作 师：我们学过的平衡木儿歌和动作还记得吗？请运动员们找一条直线站好，我们一起来练习一下。 儿歌：上台阶，站站稳，双手平举眼看前，左脚向前迈一步，右脚向前迈一步。侧身站好手向前，走走走，抱抱臂，走走走，抱抱臂，转身向前走三步，一二三，做好准备跳下来。	约2分钟 （1次）	幼儿在场地上找直线练习

续表

程序	进 程	时间和次数	场地安排
基本部分	2. 幼儿自己把小椅子拼成四条路，一排8张椅子，双排椅子摆放 师：请运动员把小椅子摆成平衡木，我们开始练习。	约1分钟 （1次）	（四列方格图）
	3. 念儿歌，做动作，保持身体平衡从椅子上走过 师：运动员们，我们的训练开始了！请你们排好队走上平衡木开始锻炼吧！（前一个幼儿全部完成了，后一个幼儿才能出发）	约4分钟 （1~2次）	场地同上
	4. 更换平衡木，鼓励幼儿大胆尝试和练习 （1）幼儿回顾自己练习的经验与同伴分享。 师：刚才在做练习时，你们都顺利完成了吗？遇到了什么样的困难？ （2）幼儿排队练习。 师：现在平衡木加大了难度，变窄了，我们再去练习时还要注意些什么呢？	约4分钟 （2~3次）	场地同上，变单排椅子
	5. 总结前几次锻炼的经验，教师吹口哨，运动员做出造型停在平衡木上，保持身体平衡 师：这次教练要对所有的运动员提出新要求，当教练吹口哨的时候，运动员要像木头人一样停在平衡木上，保持身体不摇晃且不会从平衡木上掉下来。	约5分钟 （2次）	场地同上
	6. 幼儿分组进行区域游戏 师：第一组是平衡木练习，有更窄的平衡木等着运动员们来试一试。第二组是吊环项目，要能拉住吊环坚持一会儿，时间尽量长一点哦！第三组是跳床练习，每个运动员练习10次后交换。第四组是跳马练习，要能努力跳过前方的障碍物。	约5分钟 （1次）	平衡木区 吊环区 跳床区 跳马区
放松部分	（三）稳定情绪，放松身心 师：今天的训练很辛苦，让我们放松一下身体。 幼儿随音乐做身体的放松活动。	约4分钟 （1次）	散点

【活动延伸】

　　日常体育活动中，还可以引导幼儿在平衡木上练习倒退走，或者提供曲线的平衡木，增加难度，让幼儿充分地练习，提高幼儿身体的平衡能力及协调能力。

【专家评析】

　　本活动内容新颖、设计巧妙，各个环节由易到难、层层递进。平衡木这种器械每个园所都有，是幼儿园的常见体育器械，深受幼儿的喜爱。但在活动中，教师容易局限于走平衡的玩法，忽略各个年龄段幼儿的动作发展需要。本活动，教师从日常生活经验入手，通过运动会的情境，创新了平衡木的玩法，激发了幼儿的自豪感、成功感，帮助他们体验到了活动的趣味性。

　　首先，大班幼儿在电视上看过运动员得奖的镜头，他们崇拜世界冠军，对运动会上的各种项目充满了向往。活动中，幼儿融入运动员的角色中，通过扮演角色，树立了信心，自豪感油然而生。其次，大班幼儿喜欢挑战，他们已经不满足于简单的重复。教师遵循幼儿的学习特点，提供了不同的挑战材料，逐步让大班幼儿体会成功感。尤其是跳马、吊环、跳床等内容，幼儿生活中不常见，更是充满了兴趣。再次，儿歌练习让幼儿的动作学习变得生动有趣，易于接受和掌握。此外，各种器械的不同玩法也非常有趣，让幼儿对探索充满了兴趣，在与这些器械的互动中，幼儿锻炼了身体的各个部位，也体会到了各种游戏的有趣。

> 建议

　　活动中，教师可以根据幼儿的喜好更换一些区域游戏，而且每一个区域游戏都可以作为独立的游戏开展。

94. 百变金箍棒（三人移位接棒）

【设计意图】

　　大班幼儿在生理和心理发展方面都达到了一定的成熟程度，具备了瞬间较快的反应能力，也有一定的合作能力。从动作分析来看，移位接棒，将动作分为"移"和"接"两部分，而幼儿的上下肢动作发展常常分别处于不同的发展序列，因此这个动作对幼儿个体的协调能力、合作品质都提出了一定的挑战。本活动重点定位在掌握移位接棒的基本要领——同组幼儿按一个顺序同时移动；难点则是能在游戏过程中集中注意，听口令反应灵敏、快速移位。

【活动目标】

（1）尝试与同伴三人一组移位接棒，发展动作的灵敏性和快速反应能力。

（2）通过练习，发现调整间距、口令统一及快速移动与接棒之间的关系，掌握接住同伴棒子的方法。

（3）在游戏中主动与同伴合作，为成功接棒而努力，初步形成团队意识。

【活动准备】

（1）经验准备：幼儿知道《西游记》的故事与孙悟空的角色、本领；了解几种基本的移位游戏，知道移位的关键是个体位置移动、队形保持不变。

（2）物质准备：3段不同的音乐；金箍棒人手1根。

【活动过程】

程序	进　程	时间和次数	场地安排
准备部分	（一）进场热身，激发兴趣 1. 带领幼儿进场做走跑、队形练习 师：小猴子们，和孙悟空一起到花果山做运动吧。 幼儿听音乐跟着教师围成圆圈自然走、摆臂走、抬腿走、屈膝走跑、起踵走跑。	约1分钟 （1次）	
	2. 幼儿取"金箍棒"四路纵队为一组做棒操 操节内容：上肢、下蹲、体转、腹背、跳跃运动等。	约3分钟 （1次）	
	3. 全体幼儿分为两个大组持棒玩"钻山洞"的游戏，进行专项准备活动 师：孙悟空知道你们会"变山洞"的本领，今天我们要试试用金箍棒来变山洞、钻山洞。 游戏：幼儿每两人一组持棒相对站立搭成山洞，从排头开始依次钻过山洞，钻出山洞后排在队尾再搭山洞，其余幼儿依次轮流通过山洞并形成新的山洞。	约3分钟 （1次）	

续表

程序	进　程	时间和次数	场地安排
基本部分	（二）迁移经验，探索学习 1. 幼儿三人一组，迁移移位的经验 师：刚才我们是带着金箍棒一起移动的，现在你们试试看能不能让金箍棒不动，你们自己移动呢？现在请三个小猴子一组，将金箍棒放在地上摆成三角形，每个小猴子站在一个角上，同时都要移位到另一个小猴子的位置上，我们可以怎么办？和你的小伙伴去试试。 幼儿分组尝试，教师重点指导幼儿发现1→2、2→3、3→1的规律和口令统一的方法。	约5分钟 （1次）	▲　▲ ▲　▲ ▲　▲
	2. 交流、示范，幼儿介绍自己在游戏中的发现 师：你在刚才的游戏中是怎样做的？你的身体有什么变化？为什么要这样做？ 师幼共同小结：要完成三个人的移位游戏，要先商量好每个小猴子要移动到的地方，按照一个顺序轮流移动。此外，还要听好口令。	约3分钟 （1次）	幼 ▬▬▬▬ ▲ 师
	3. 再次迁移经验，尝试移位接棒 师：移位这个本领很重要，小猴子为了更快、更好地执行巡山任务，常常都会用到这个本领。今天孙悟空就要来考考你们，请将金箍棒立在地上，用刚才三人一组移位的方法，松开自己的棒子同时还要扶住同伴的棒子。看看这次你们能用什么方法完成任务。 幼儿分组体验，教师重点关注有准备环节（预备、集中注意力）、快速移动和同伴空间距离适合的小组。	约3分钟 （1次）	↑↑　↑↑ ↑↑　↑↑
	4. 分享移位接棒的方法，师幼共同小结要领 师：你和你的同伴都接住棒子了吗？你们用了什么样的好方法？ 教师通过示范、讲解，小结动作要领：喊口令之前大家要集中注意力，眼睛盯好即将要接的棒子；听到口令平稳松开自己的棒子并迅速移动接住同伴的棒子；与同伴之间距离不宜过远。	约2分钟 （1次）	幼 ▬▬▬▬ ▲ 师
	5. 幼儿再次练习，勇于尝试，体验成功的喜悦 师：刚才大家的发现都很重要，你们可以用这些方法再去练习，一会儿孙悟空要进行比赛，看看谁是最棒的传令兵哦。 幼儿分散练习，教师重点关注发口令的幼儿有无观察到同伴是否集中注意的细节，以及随时调整好与同伴的距离。 师：都练习好了吗？你们敢来比一比吗？找个空位准备好，听到孙悟空的哨声就开始。	约4分钟 （1次）	

续表

程序	进　程	时间和次数	场地安排
基本部分	6.集体游戏，愉悦身心 师：小猴子们可真棒，跟着孙悟空一起到水帘洞周围做游戏吧。 游戏玩法：教师收好金箍棒，播放背景音乐，全体幼儿分成3组，每组6人，幼儿依次手拉手站成直线（如图）。听到信号如"1"，则末尾幼儿带着其余幼儿手拉手从1号山洞（手臂与手臂之间）中钻出，最后1号、2号同时向内转身，全体幼儿均回到原位为胜。	约3分钟 （1次）	
放松部分	（三）放松调节，情感体验 幼儿跟着教师在音乐中进行放松活动： A段：想象自己是孙悟空在天宫漂浮、慢走，调节肢体。 B段：想象自己在龙宫潜水寻宝，调整呼吸。 C段：想象自己回到花果山和小伙伴们一起游戏，愉悦开怀。	约3分钟 （1次）	散点

【活动延伸】

在日常体育活动中，教师可进一步拓展游戏内容，引导幼儿尝试集体、多造型的移位接棒，引导幼儿讨论、生成更多有效的口令，提高幼儿的合作及反应能力。

【专家评析】

《纲要》指出，课程应与幼儿阶段的学习特点与身心发展水平相适应，要积极开发运动资源。同时也要求，培养幼儿对体育活动的兴趣是幼儿园体育的重要目标。本活动中一根简单的棒子，通过教师的设计，引导幼儿玩出了多种花样，让幼儿在欢乐的氛围中自然地提升了能力。

（1）情境串联，由始至终。本活动中，棒子、移动、快速、多变等都很符合"孙悟空"这个形象。活动以孙悟空带领着小猴子们在花果山学本领展开，引导幼儿探索多变、灵活的游戏方式，切合活动主题，而这样一个情境氛围，使得幼儿很容易接纳人物形象和活动本身。

（2）认知观察，解决重难点。通过对幼儿游戏现状的观察，教师了解到幼儿在快速移动时有快有慢，三人一组交换时总会有一个人不知所措等现象。之后，教师有目的、有针对性地帮助幼儿解决了活动中出现的重难点问题。

（3）层层递进的问题让幼儿逐步探索、掌握动作要领。环节的设计和幼儿知识经验的构建一样，是层层递进、环环相扣的，既有巩固又有提高。比如，准备活动部分，幼儿两人一组进行移位练习，为后面三人的练习奠定了良好的基础。基本部分的第一个环节解决了三人一组移位的顺序和时间问题（向一个方向，同时通过口令暗示）。第二个环节指导幼儿在接棒时要眼明手快，移动迅速。第三环节是一个团队活动，要求发口令的幼儿要注意观察，其他幼儿要做好准备。最后的小比赛环节，教师发出一些快慢不一、有变化的口令，给予幼儿一定的挑战。在这样一个层层推进的教学氛围中，幼儿自然地掌握了动作要领。

95. 石头、剪刀、布（轮胎上跳）

【设计意图】

"石头、剪刀、布"是我们中国传统的民间游戏，深受幼儿喜爱。传承经典，创新玩法，挖掘民间游戏锻炼的价值是我们在幼儿园体育游戏设计中一直在不断摸索着的。《指南》指出，体育活动重在激发幼儿参与的兴趣，以养成终生锻炼的习惯。因此，我们以幼儿感兴趣的小游戏为教育契机，在此基础上运用轮胎，让幼儿在一定高度的物体上进行双脚并拢跳、双脚立定跳、双脚前后跳的动作练习，进一步提升幼儿的平衡力以及视觉和动作的协调性。

【活动目标】

（1）尝试在轮胎上较灵活地进行左右分脚跳、前后分脚跳、双脚并拢跳，发展动作的平衡性和协调力。

（2）在相互探讨、合作游戏中，掌握在轮胎上跳跃的动作要领。

（3）体验游戏的紧张与快乐，遵守游戏中两人必须同时出的规则。

【活动准备】

（1）经验准备：幼儿会玩"石头、剪刀、布"的游戏，了解输赢的规则；会念《上高山》的儿歌（一米二米三，上高山，高山上不去，请你快下山）。

（2）物质准备：轮胎若干。

【活动过程】

程序	进　程	时间和次数	场地安排
准备部分	（一）在音乐中，带领幼儿做热身运动 师：让我们一起听着音乐，和好朋友利用轮胎锻炼身体吧！ 1. 做"轮胎操" 幼儿两两相对，利用轮胎听音乐活动身体各个部位。 专项准备：头部、扩胸、体转、体侧、腹背、跳跃、整理运动。	约3分钟 （1次）	四路纵队
	2. 玩游戏"站轮胎" 幼儿一列纵队，听音乐跟着教师绕轮胎慢跑，当音乐停止后，快速找到最近的轮胎站在上面，游戏反复进行。	约3分钟 （3次）	轮胎散点 ● ● ● ● ● ● ● ● ●
基本部分	（二）玩游戏，在轮胎上练习各种跳的动作 1. 复习游戏"石头、剪刀、布" （1）利用上肢玩"石头、剪刀、布"游戏。 师："石头、剪刀、布"是小朋友最喜欢的游戏之一，今天我们试着用上肢来玩这个游戏。说"石头"时，用抱臂动作表示；说"剪刀"时，用双臂前后竖直动作表示；说"布"时，用双臂张开动作表示。	约3分钟 （1次）	幼 师○
	（2）利用下肢玩"石头、剪刀、布"的游戏。 师：现在，我们试着用下肢来玩这个游戏。说"石头"时，用双脚并拢跳动作表示；说"剪刀"时，用前后分脚跳动作表示；说"布"时，用左右分脚跳动作表示。 幼儿通过游戏练习双脚并拢跳、前后分脚跳以及左右分脚跳的动作，熟悉动作的节奏。	约3分钟 （1次）	幼 师○
	（3）幼儿两两游戏，能够在规定的时间内做出胜负的判断。 师：你们两人谁赢了？你们是怎么判断的呢？谁有又快又好的判断方法？ 个别幼儿示范，教师鼓励幼儿用身体的动作快速反应。	约3分钟 （1次）	散点

续表

程序	进程	时间和次数	场地安排
基本部分	2. 玩轮胎上的游戏"石头、剪刀、布" （1）学习在轮胎上做"石头、剪刀、布"的动作。 幼儿尝试在轮胎上表现双脚并拢跳、前后分脚跳以及左右分脚跳的动作。 师：这次，有一个新的挑战就是请小朋友们站在轮胎上玩"石头、剪刀、布"的游戏。 （2）教师小结动作要领，允许动作有困难的幼儿简化动作难度。 （3）幼儿游戏2～3次。	约10分钟 （2次）	散点
	3. 玩游戏"上高山" （1）营造游戏情境，介绍游戏的规则与玩法：两人一组，轮胎就是高山，一人站在高山上当"大王"，另一人在下面攻山头，赢了的上山，输的下山。在规定的时间内，赢得次数多的小朋友为胜者。 （2）幼儿游戏。		散点
	4. 玩综合游戏"侦查兵" （1）师（介绍游戏玩法）：小朋友分为三组，小侦查员要去执行侦查碉堡的任务。要翻越钢索桥（两个轮胎靠拢，平摆成桥状，幼儿走过），绕过灌木林（两个轮胎靠拢平摆，中间留一人走空隙，幼儿S形绕过去），在安全线后用炸弹（沙袋）把敌人的碉堡（椅子）炸掉。比一比哪组小侦查员做得最好！ （2）教师示范一次。 （3）幼儿竞赛，教师鼓励幼儿要沉着，不要被敌人发现。	约6分钟 （2次）	三路纵队
放松部分	（三）放松活动 师：小朋友的表现真棒，让我们听音乐放松身体吧！ 幼儿散点找空站，随音乐调整呼吸、放松身体，重点进行腿部与脚踝的放松。	约3分钟 （1次）	散点

【活动延伸】

日常体育活动中，鼓励幼儿制定规则，发明新的类似"石头、剪刀、布"的小游戏，同时引导他们用身体的不同部位玩此游戏。

【专家评析】

这是一节利用轮胎开展的教学活动，设计新颖，玩法创新，符合大班幼儿的年龄与学习特点。

（1）充分利用轮胎的特点，体现锻炼价值。从准备活动到新授活动再到综合活动和结束活动，每个环节的游戏设计都紧紧围绕"轮胎"展开，有效地利用了运动器械，给人一气呵成的感觉。

（2）挖掘民间游戏，凸显创新玩法。《指南》一再强调教育生活化的重要作用。"石头、剪刀、布"不仅是民间游戏，更是传统的民间文化。在传承民族文化的同时挖掘其锻炼价值，是本次活动的出发点，更是教育亮点。

（3）活动设计层层递进，促进幼儿全面均衡发展。一节体育活动，不仅要让幼儿获得目标中的能力发展，更要渗透全身均衡锻炼发展的理念。本次活动，从"利用手玩石头、剪刀、布"到"利用上肢玩石头、剪刀、布"再到"利用下肢玩石头、剪刀、布"，让幼儿的全身得到了均衡锻炼。

建议

在活动的最后环节，可以设计发展上肢动作力量的游戏，如投掷、跨大步等，让大运动、大动作与小运动、小动作有机结合，大小肌肉获得均衡发展。

96. 搭桥寻宝去（在"椅子桥"上走）

【设计意图】

我班最近组织的一次参观军营活动，引起了幼儿极大的兴趣，他们兴致勃勃地谈论着战士叔叔用大块材料搭桥过河的场景。随着大班幼儿的动作发展越来越成熟，运动能力、合作能力越来越强，以及接受挑战的斗志高涨，针对他们之前的参观经历，设计了这个过桥的活动，让幼儿充分体会合作的力量。

【活动目标】

（1）尝试和同伴一起利用椅子搭桥寻宝，发展身体的平衡性和敢于挑战的能力。

（2）通过"寻宝"的游戏情境和同伴的合作力量，学会调节自己的身体找到适合自己的方法过桥。

（3）在游戏中学会协作和交往，勇于战胜困难过桥，体验找到宝藏的快乐。

【活动准备】

（1）经验准备：幼儿在晨间活动中走过用椅子搭的桥。

（2）物质准备：空旷的场地，椅子（数量大于幼儿人数），热身操音乐，背景音乐。

【活动过程】

程序	进程	时间和次数	场地安排
准备部分	（一）热身运动，激发兴趣 1. 用椅子做运动 师：今天我们和椅子一起玩游戏，排好队，出发了！ 幼儿绕着椅子走—绕着椅子大步走—绕着椅子跑—跨椅子—走上椅子再跳下来—调整呼吸走一走。	约3分钟 （1次）	
	2. 用椅子做热身操 幼儿随音乐跟着教师一起用椅子做热身操，包括头部运动、上肢运动、压腿运动、腹背运动、跳跃运动、整理运动。	约2分钟 （1次）	播放音乐
基本部分	（二）走椅子桥，寻找宝藏，发展平衡能力 1. 合作探索用椅子拼搭小桥的方法 师：今天我们要到河对面去寻宝，可是河面上没有小桥怎么办呢？我们分成3组，每组8个小朋友用不同的方法合作搭桥。 （1）自由分组，小组讨论：怎样用椅子搭桥？ 第一组：两张椅子相对搭一座比较宽的桥。 第二组：一张一张地连在一起搭一座比较窄的小桥。 第三组：一张挨着一张椅子背朝着正前方搭一座有障碍的小桥。 （2）幼儿分组搭桥。 师：下面我们按刚才讨论的方法搭桥。	约5分钟 （1次）	第一组： 第二组： 第三组：
	2. 幼儿自由尝试过不同的小桥 （1）集体讨论：刚才走的是哪座小桥？怎样走的？走的时候要注意什么？ （2）请个别幼儿示范。 （3）鼓励幼儿用讨论的方法再次过桥，大胆尝试每一座小桥。	约5分钟 （2次）	同上
	3. 玩游戏"过桥寻宝藏" 师：在三座小桥的对面都有不同的宝藏，宝藏就藏在河对面的沙坑里，你们想不想去寻宝？我们出发去寻找宝藏，看谁找到的宝藏最多。 幼儿过桥寻宝。	约5分钟 （多次）	同上

续表

程序	进　程	时间和次数	场地安排
基本部分	4.集体游戏：勇敢的小海盗 师：刚才我们的小朋友们都很棒，都找到了很多宝藏。老师告诉你们，在前面的大海对面有更多宝藏，你们想不想去？现在我们都是勇敢的小海盗，我们要去寻宝藏，可是大海很宽，我们搭的小桥不够长，怎么办？ （1）集体讨论：怎样用所有的椅子搭一座跨海大桥。 （2）幼儿游戏：幼儿一人拿一张椅子，一张靠一张地摆放，教师再多放一张椅子。幼儿全部站在椅子上，站在第一个位置的幼儿拿起多的一张椅子往后传，传到最后一名幼儿处，该幼儿把椅子往后排，然后集体向后移动一张椅子，第一名幼儿继续将空椅子往后传，直至一起移至大海对面，最终获得宝藏。	约7分钟 （1次）	
放松部分	（三）放松活动 师：你们今天真棒，让我们跟着轻音乐来放松我们的身体吧！ 教师带领幼儿坐在蓝色的溜溜布上，跟着舒缓的音乐做放松动作。	约3分钟 （1次）	坐在溜溜布上

【活动延伸】

引导幼儿利用生活中的其他材料搭建大桥，在晨间活动中继续进行探宝游戏。

【专家评析】

"搭桥寻宝去"整个活动给人趣味无穷的感觉，它以一个个生动有趣的小游戏贯穿其中，由易到难、层层递进。其活动特点主要体现在以下三个方面：

（1）构思巧妙。本活动以"寻宝"这条主线贯穿始终，活动环节衔接自然，幼儿通过与同伴合作一起"寻宝"的游戏情境，来发展身体的平衡性和敢于挑战的能力。

（2）师幼关系和谐。《纲要》中明确指出，教师应为幼儿创设宽松、舒适的活动氛围。活动中，当幼儿遇到问题——用所有的椅子搭一座大桥时，教师能够准确地把握并针对幼儿的实际水平提供合适的支架，通过语言、提问的方式引导幼儿，从而促进幼儿的有效学习和发展。

（3）评价注重过程而非结果。本次活动教师能够注重活动的过程，而不是以活动的成败来评价幼儿，这既保护了幼儿的自尊心，强化了幼儿的自信心，同时也培养了幼儿良好的学习品质。

97. 我们去哪儿——造新家（一物多玩）

【设计意图】

《指南》指出，发育良好的身体、愉快的情绪、强健的体质、协调的动作、良好的生活习惯和基本的生活能力是幼儿身心健康的重要标志，也是其他领域学习与发展的基础。大班上学期的幼儿应该具备一种合作的意识，但因为他们大多是独生子女，合作意识不强。本活动结合近期比较火热而孩子们又很感兴趣的电视栏目《爸爸去哪儿》，让两个或两个以上的幼儿为了实现共同目标（完成村长布置的任务）而自愿地结合在一起，相互之间配合和协调，最终实现活动目标和个人利益。

【活动目标】

（1）学习两人持物通过不同的障碍物，提高动作的协调性。

（2）通过自由探索、两两合作、竞赛等形式，基本掌握合作持物走的方法。

（3）积极参与活动，勇敢地完成造新家的任务，体验合作游戏的快乐。

【活动准备】

（1）经验准备：幼儿看过亲子节目《爸爸去哪儿》。

（2）物质准备：彩虹桥，大积木，梯子，轮胎，彩虹伞，障碍瓶，小动物；两队的标记。

【活动过程】

程序	进　程	时间和次数	场地安排
准备部分	（一）热身运动，激发兴趣 1. 交代任务 师：你们有没有看过《爸爸去哪儿》？我是村长，今天你们的爸爸不在身边，你们要管好自己哦！现在，请你们跟着村长一起来锻炼身体！	约3分钟 （1次）	散点

续表

程序	进 程	时间和次数	场地安排
准备部分	2.热身运动 （1）教师带领幼儿随音乐跑步。 （2）教师带领幼儿玩游戏。 师：跟着村长一起来玩一玩、动一动（平衡、上肢、"炒蚕豆"、"玩钻城墙"）。	约2分钟 （1次）	播放背景音乐
基本部分	（二）幼儿合作搬东西过小河，造新家 1.熟悉造新家的不同路径，能与同伴共同尝试空手过不同的河 师：今天要布置一个新任务——给小动物造家。看，有三条不同的路可以过河，待会儿你们自己找一个朋友试一试、走一走。注意音乐停了，要赶快回来。 （1）幼儿自由尝试。 （2）讨论：哪条路最简单？哪条路最难？（给不同的路贴上难易标记：一颗星代表路有一点难，两颗星代表路比较难，三颗星代表路最难）	约5分钟 （1次）	
基本部分	2.两人合作抬空箱子过障碍 （1）自由找朋友合作通过障碍。 师：你们今天的任务是帮助小动物造新家，会有很多的东西要两人合作抬过河。瞧，村长为大家准备了许多箱子，请你们两人合作抬箱子过河。每条路都可以试一试，记住要两人合作抬箱子，音乐停止赶快回来。 （2）讨论合作的方法。 师：谁来试一试你们是怎么抬箱子过河的？（重点讲最难的路） 3.用适合自己的方法送小动物回家 师：这次我们要把小动物送到新家去。看，我们对面有红家和黄家。红队的小朋友把小动物送到红家，黄队的小朋友把小动物送到黄家，看谁能又快又稳地把小动物送回家哦！注意：不能让小动物掉河里，送好之后赶快回来。 （1）幼儿分队活动。 （2）讨论总结：你们都把小动物送回新家了吗？遇到了什么困难？怎样和同伴克服困难的？	约12分钟 （3～4次）	同上

续表

程序	进程	时间和次数	场地安排
基本部分	4.玩游戏"我们造新家" 师：你们的本领学得真不错，小动物都在家等着了。现在，我们要分队给小动物搭建新家。黄队的小朋友站在这里，红队的小朋友站在那里。瞧，村长为你们准备了一样的材料，请你们两两合作把材料抬过河，然后开始搭建新家，哪队先把房子搭建好哪队获胜。	约5分钟 （3次）	同上
放松部分	（三）结束活动，放松身心 师：今天你们出色地完成了任务，村长奖励你们一起去和彩虹伞玩游戏喽，出发。	约3分钟 （1次）	

【活动延伸】

在晨间活动中可以通过旅行的游戏环境，让幼儿进行练习，同时可适当添加不同高度、宽度的障碍物增加难度。

【专家评析】

本活动以近期幼儿耳熟能详的《爸爸去哪儿》为蓝本，教师以"村长"的身份传达并监督任务的执行，幼儿则通过两人间或多人间的合作，共同完成"工作"。有趣而富挑战性的游戏情节预设以及"村长"在组织策略上的创新举措，让游戏中的每个幼儿都能积极参与，获得成功的快乐和喜悦。

（1）多管齐下，让活动有趣、有序。活动中，不同难易程度的星级标识，初步让幼儿尝试学习相对客观地评价自我及同伴，加上选择后的操作验证，让每个幼儿都能体会到努力后达成目标的喜悦；游戏情节的合理设置以及游戏材料的不断变化，从尝试运送空箱到真正运送动物，再到运送造房子的材料，让幼儿乐在其中；红队与黄队间的比赛，满足了大班幼儿的比拼求胜心理。

（2）任务意识，促进幼儿自我意识发展。以运空箱、送动物回家、盖新房这三个任务连贯整个活动，顺应大班幼儿的发展需要，让幼儿初步养成为达成目标而约束自我不懈努力的习惯，并体会帮助他人的快乐；三条过河路径的正确选择，让幼儿逐步认识自我；来自于"村长"语言提示下失败原因的自我查找，让幼儿逐步学会关注自我；两人及多人的合作游戏，让幼儿初步感知到团队及自我在团队中的位置和价值。幼儿正确的自我意识的建立，将促进幼儿成为真正的社会人。

98. 功夫小子（武术）

【设计意图】

发扬中华武术要从娃娃抓起。在挖掘中华民族传统文化的过程中，对幼儿进行武术教育，可以增强幼儿的体质，锻炼幼儿的意志品质，传承中国的传统文化。但武术本身结构复杂、易忘难学，因此如何让武术学习与幼儿的一日生活有效地结合起来，达到幼儿园体育教学改革的要求，成为我们思考和研究的重点。通过尝试和实践，我们将幼儿早操教学作为切入点，以练习武术的基本动作为主，再结合"六一"儿童节和毕业典礼等大型活动，设计简短的小套路作为表演的节目，并对其教学方式进行了一些有益的尝试。

【活动目标】

（1）学习看图做动作，完成以弓步为步型的套路动作。

（2）通过观察图谱、运用口诀、音效声音、玩打虎游戏等方法，提高动作的准确性，加强动作的力度。

（3）能够仔细观察图谱，认真学习动作。

【活动准备】

（1）经验准备：幼儿能看懂图谱，观看过一些武术套路动作的图片。

（2）物质准备：大图谱5张，小图谱16张，梯形线，音乐，节拍器。

【活动过程】

程序	进　程	时间和次数	场地安排
准备部分	（一）热身活动，激发兴趣 1. 准备活动 幼儿在教师的带领下做头部运动、扩胸运动、体转运动、腹背运动、膝、踝关节运动。 2. 素质练习 幼儿原地碎步跑，根据教师的节奏进行调节。 3. 弓箭步跳，唤起经验	约5分钟 （1次）	四路纵队 幼 ＊＊＊＊ 　　＊＊＊＊ 　　＊＊＊＊ 　　＊＊＊＊ 　　¤师
基本部分	（二）观看图谱，做武术动作 1. 观看图谱，了解动作的名称和顺序 师：功夫小子们，我们毕业典礼的节目是《中国功夫》，我们一起来学一学吧。 师：图谱右下角的数字表示动作的顺序，除了数字还有名称，如双风贯耳等。	约1分钟 （1次）	同上
	2. 教师讲解读图要领，幼儿仔细观察图谱一 师：我们先看第一个动作，这个动作的口诀：一腿弓，一腿绷，两臂弯曲，像把刀。 师：腿上做了什么动作？手上是什么动作？拳还是掌？ 师："两臂弯曲，像把刀"，你们是怎样把胳臂弯曲得像把刀一样？ 师：最后，我们还要看一下脸是朝哪个方向的？你是怎么看出来的？（"空白的部分表示脸的正面，黑色表示后脑勺"）	约2分钟 （1次）	梯形 　＊＊＊＊ ＊　　　　＊
	3. 幼儿分组观看四组图谱，并自由地模仿学习 师：还有四个动作，请你们四人一组，选择一个动作，互相讨论学习。 教师巡回指导。	约5分钟 （1次）	散点
	4. 集体观察大图，幼儿交流分享 （1）总结步型动作——弓步。 师：你们有没有发现这5个动作有一个共同的地方。（"弓步"） 师：弓步的动作要求是：前腿弓，后腿绷，挺胸，塌腰；前腿同后腿成一直线。请连续做1分钟试试看。 幼儿跟随节拍器做动作，教师巡回指导。	约2分钟 （1次）	梯形

续表

程序	进　程	时间和次数	场地安排
基本部分	（2）共同分析手上的动作。 ①观看图谱二：双风贯耳。 师：第二个动作的口诀是：一腿弓，一腿绷，低头含胸，拳对拳。 师：低头含胸怎么做？ 师：这个动作叫做双风贯耳，你们怎样做才能把风贯到耳朵里，让我们听到风的声音。 幼儿共同练习2～3次。 ②观看图谱三：回头望月。 师：这个动作的口诀是：一腿弓，一腿绷，转身摆手，双推掌。 师：我们怎样才能从双风贯耳过渡到回头望月？ 师：老师现在就是这个小人，请一个小朋友上来帮我摆摆动作。 幼儿共同练习2～3次。 ③观看图谱四：隔山打牛。 师：这个动作的口诀是：一腿弓，一腿绷，侧腰抢拳，拳在上。我请两个小朋友上来做示范，一个人做，一个人摆。 师：摆得对不对？墙的后面真的有一头牛，如果你们的动作到位、有力量，就能听到牛被你们打到的叫声，你们一起来试一试。 幼儿共同练习2～3次。 ④观看图谱五：架拳打虎。 师：听，谁来啦？老虎，你等等再来，我们还没有准备好呢！最后一个动作叫做"架拳打虎"，口诀是：一腿弓，一腿绷，挺胸架拳，分上下。 师：拳为什么要分上下？老虎从上面扑过来的时候，就用上面的拳挡它；如果老虎从前面扑过来呢，就用前面的拳挡它。你们还可以加上眼神，用你们炯炯有神的眼睛征服它。收势的时候，用弓步的那条腿用力蹬起站直。 师：请女孩出列，找到一个男孩面对面站好，和我一起检查男孩做的有没有精神。 幼儿交换练习，各2次。	约6分钟 （1次）	同上

续表

程序	进程	时间和次数	场地安排
基本部分	5.集体练习 （1）教师指图说口令，幼儿做动作，教师纠错。 师：听老师的口令，把所有的动作一起做一遍，请你们在做动作的时候加上"哈"的口令。 （2）撤图（2张）。 师：你们都学会了吗？现在要撤掉2张图，你们说撤掉哪两张。 （3）撤图（全部） 师：现在要把图全部撤掉，你们能不能完成？	约4分钟 （1次）	四路纵队 幼 ＊＊＊＊ 　 ＊＊＊＊ 　 ＊＊＊＊ 　 ＊＊＊＊ 　 ¤师
	6.跟随音乐，展示完整动作 师：现在加上音乐，请你们听口令完整地表演一遍，有没有信心完成任务？	约2分钟 （1次）	同上
放松部分	（三）整理放松 师：今天你们的表演非常精彩，相信在毕业典礼上，一定能够获得爸爸妈妈们热烈的掌声。现在，放松一下身体。 幼儿跟随音乐调整呼吸，重点进行腿部的放松，做一些碎步、摸脚尖、拍打大小腿等动作。	约3分钟 （1次）	散点站圆

【活动延伸】

教师可以把本次活动内容列入角色区游戏中小舞台的表演节目单中，帮助幼儿进一步掌握和巩固动作；还可以让幼儿观赏武术表演类节目的视频，引导幼儿观察并感受练武者的精气神。

【专家评析】

"功夫小子"整个活动过程由易到难、层层递进，活动设计巧妙，达到了环环相扣的效果。同时教师创设了宽松的氛围，用图片、语言和动作示范来引导幼儿进行尝试和探讨，真正体现了以幼儿为主体的教育理念。

（1）教学方法灵活，组织张弛有度。在整个教学活动中，教师把大部分时间让给幼儿活动，比如每个环节让幼儿进行队形变化，每个动作都引导幼儿参与等，从而使活动具有一定的运动密度和强度。当幼儿进行动作练习时，教师能将全面观察和重点观察相结合，分类指导，及时调整活动组织，以满足幼儿的需要，从而改变了以往只重教材、忽视幼儿或只重结果、忽视过程的教学方法，在更大程度上激发了幼儿参与活动的积极性、主动性，有效完成了动作技能的练习，真正让幼儿体验到趣味体育活动的快乐。

（2）教学氛围和谐，活动安全有序。整个教学活动体现了《纲要》中提出的："用幼儿感谢兴趣的方式发展基本动作，提高动作的协调性、灵活性"和"在体育活动中培养幼儿坚强、勇敢、不怕困难的意志品质和乐观、合作的态度"的理念。教师用自然的教态，亲切、幽默、生动的语言，为幼儿创设了一个宽松、自由的心理环境。无论是幼儿的个体活动、结伴活动还是集体活动，教师始终能重视培养幼儿的创造才能。教学中，教师还具有较强的安全意识，比如准备活动中，充分活动幼儿的关节，避免幼儿在学习中受伤，从而有效地保证了幼儿的健康和安全。

99. 小火车过山洞（中大班混合活动）

【设计意图】

现在的幼儿大多是独生子女，缺乏和同伴交流沟通的机会、时间。学会和同伴交往合作对幼儿的学习与发展有着极为重要的作用。本活动通过开展混龄的体育游戏，让不同年龄的幼儿在合作钻过长长的山洞的过程中，相互模仿，学习照顾和考虑他人的感受，理解交往的基本规则，体验交往的乐趣；同时，锻炼幼儿的腿部肌肉力量和耐力，发展平衡能力、柔韧性和灵敏性。

【活动目标】

（1）探索钻山洞的不同方法，锻炼腿部肌肉的力量与身体的平衡能力、灵敏性。

（2）通过相互学习、自主探索，大班幼儿帮助中班幼儿逐步掌握各种搭山洞的方法。

（3）有合作意识，能与不同年龄的幼儿协调配合，体验参与"大带小"体育活动的乐趣。

【活动准备】

（1）经验准备：幼儿与不同年龄的小伙伴玩过游戏，会正面钻的动作。

（2）物质准备：篮球6个，小皮球20个，纸球10个，按摩球10个，毛毛虫山洞1个，木桩4个，跨栏3个，圆桶障碍物4个，圈20个，音乐。

【活动过程】

程序	进　程	时间和次数	场地安排
准备部分	（一）激发兴趣，活跃情绪 1. 大带小开火车进场 师：火车头带好火车车厢出发喽。火车爬山坡了，下山坡了。火车头注意带好自己的小火车，不能让车厢断开！火车钻山洞了。大班幼儿在前，中班幼儿在后，教师通过语言帮助幼儿开展游戏。	约2分钟 （1次）	散点
	2. 随音乐做操 操节准备：头部—下蹲—体侧—跳跃—放松。（幼儿注意一大一小并排站好，有大小的合作动作）	约3分钟 （1次）	师△ ○○○ 幼○○○ ○○○
基本部分	（二）在游戏中自主练习动作，掌握动作要领 1. 大班幼儿站着，把手举高搭山洞，中班幼儿钻山洞 师：现在请火车头站在这两条直线上，合作搭成一个长长的山洞，小车厢要连成一个长长的火车准备钻山洞了。 大班幼儿手举高搭成山洞，中班幼儿顺一个方向慢慢钻过山洞，注意不要碰到山洞。	约2分钟 （1次）	大班幼儿站在两条直线上搭山洞
	2. 大班幼儿把手放平搭山洞，中班幼儿钻山洞 师：现在山洞降低了（教师边讲边做山洞降低的动作），小火车们能钻过去吗？	约2分钟 （1次）	场地同上
	3. 大班幼儿蹲下来，把手高举搭山洞，中班幼儿钻山洞 师：山洞变得更矮了，你们还能钻过去吗？注意火车不能碰到山洞的岩石哦！	约2分钟 （1次）	场地同上
	4. 中班幼儿搭山洞，大班幼儿钻山洞 师：现在我们来换一换，请小车厢来搭山洞，火车头来钻山洞，看看火车头钻山洞的时候是不是又快又稳。如果列车员说火车头掉头，你们应该怎么做呢？ 同样用高、中、低三个高度来进行游戏，教师可以随时进行语言的提示。	约6分钟 （1次）	场地同上

续表

程序	进程	时间和次数	场地安排
基本部分	5. 大带小在场地上自由寻找空地方搭山洞、钻山洞 师：请1号组到4号组火车搭山洞，利用自己身体的任何部位来搭成各种造型的山洞哦，先去试一试！准备好了吗？请5号组到6号组钻山洞吧。	约3分钟 （1次）	散点
	6. 交换玩游戏2次 师：在搭山洞的时候有没有问题，你是怎样做的？钻山洞的小朋友有没有问题，怎样解决呢？还可以利用身体的哪些部位与同伴合作搭山洞呢？现在交换游戏。	约5分钟 （2~3次）	场地同上
放松部分	（三）稳定情绪，放松身心 师：刚才哥哥姐姐和弟弟妹妹一起玩得很开心，现在你们相互帮助对方揉揉肩膀、手臂和腿吧，抱一抱也可以。 大带小相互按摩。	约3分钟 （1次）	散点

【活动延伸】

　　混龄活动不仅可以帮助大孩子增强照顾同伴的意识，还可以使小孩子有更多的模仿学习的机会，因此在任何的体育游戏中都可以开展，只要注意对不同年龄段幼儿的动作发展情况提出不同的要求就可以。此外，教师还可以利用幼儿园的大型器材开展混龄活动，如攀爬架、荡桥等，让幼儿在相互帮助和模仿中获得更大的进步。

【专家评析】

　　本次体育活动将不同年龄段的幼儿组合在一起，通过各种"火车钻山洞"的游戏，让幼儿在宽容、和谐的情境中学习交往合作、友爱互助。比如，活动中教师先请大班的哥哥姐姐帮忙搭山洞，让中班的弟弟妹妹钻。然后再反之，中班的弟弟妹妹帮忙，大班的哥哥姐姐钻。在活动中大家相互支持，就像一个大家庭一样，相互鼓励、共同进步。

　　此外，本活动尊重了不同年龄层次幼儿的动作发展规律。《纲要》指出："幼儿园教育应尊重幼儿的人格和权利，尊重幼儿身心发展的规律和学习特点。"因此，在混龄活动中，教师不能用一个要求来面对不同年龄段的幼儿。本活动中，针对钻山洞的方法，教师要求中班幼儿平稳地钻过山洞，身体不碰到障碍物；而大班幼儿则侧重于又快又稳地钻，同时还有方位的变化，这既适合幼儿学习的需要，也符合本活动的目标。

万千教育 学前教育类书目

书号	书名	著、译者	定价(元)
幼儿园教师教学技能与活动指导			
2253	理解儿童心理从绘画开始（全彩）	陈 侃 著	38.00
0760	幼儿园备课·说课·听课·评课	俞春晓 等 著	42.00
8598	幼儿园集体教学活动设计方法与实例	俞春晓 著	28.00
9499	幼儿教师必须修炼的10项教学技能	俞春晓 著	25.00
9454	幼儿园教学诊断技巧与对策58例	王春燕 等 著	38.00
1799	幼儿园电影主题活动创意设计（全彩）	王微丽 等 主编	72.00
9612	幼儿园综合主题活动——设计技巧与优秀案例	赵旭莹 等 主编	42.00
1235	幼儿园绘本美术活动创意设计（全彩）	郭莉萍 赵福云 主编	68.00
9323	幼儿园美术活动创意设计（全彩）	罗 梅 赵福云 主编	56.00
0180	给幼儿教师和家长的81条美术教育建议（全彩）	李力加 著	62.00

9150	幼儿园节日活动精彩设计方案	刘洪霞 主编	35.00
9590	幼儿园语言活动创新设计	郭咏梅 著	32.00
0157	幼儿园优秀语言活动设计70例	郭咏梅 主编	26.00
0453	幼儿园优秀体育活动设计99例	朱清 侯金萍 主编	45.00
9892	幼儿园优秀美术活动设计99例（全彩）	陈学群 余晖 主编	58.00
9591	幼儿园优秀健康活动设计80例	范惠静 主编	38.00
9439	幼儿园优秀社会活动设计65例	伍香平 主编	25.00
9385	幼儿园优秀科学活动设计88例	董旭花 主编	35.00
9951	幼儿园科学探究故事20例	王明珠 主编	40.00
幼儿园教师教学技能与活动指导合计			**805.00**
幼儿园教师专业成长指导			
2113	做会沟通的幼儿教师	胡剑红 等主编	38.00
2236	幼儿园文案撰写规范与技巧	刘敏 等著	52.00
2311	幼儿园探究性环境创设（四色）	康丹 等译	48.00

……
欲了解更多图书信息，请登录：www.wqedu.com
联系地址：北京市西城区三里河路6号院2号楼213室　万千教育
咨询电话：010-65181109，65262933

*本目录定价如有错误或变动，以实际出书为准。